Carl-Christian Knobbe

Der Grundsatz der subjektiven Richtigkeit im Handels- und Steuerbilanzrecht

Bonner Schriften zum Steuer-, Finanz- und Unternehmensrecht

herausgegeben von
Prof. Dr. Rainer Hüttemann,
Prof. Dr. Christian Waldhoff
und Prof. Dr. Peter Fischer

Band 9

LIT

Carl-Christian Knobbe

Der Grundsatz der subjektiven Richtigkeit im Handels- und Steuerbilanzrecht

LIT

∞

Gedruckt auf alterungsbeständigem Werkdruckpapier entsprechend
ANSI Z3948 DIN ISO 9706

Bibliografische Information der Deutschen Nationalbibliothek
Die Deutsche Nationalbibliothek verzeichnet diese Publikation in der Deutschen Nationalbibliografie; detaillierte bibliografische Daten sind im Internet über http://dnb.d-nb.de abrufbar.

ISBN 978-3-643-10317-8
Zugl.: Bonn, Univ., Diss., 2009

Verlagskontakt:
Fresnostr. 2 D-48159 Münster
Tel. +49 (0) 2 51-620 32 22 Fax +49 (0) 2 51-922 60 99
e-Mail: lit@lit-verlag.de http://www.lit-verlag.de

Auslieferung:

Deutschland: LIT Verlag Fresnostr. 2, D-48159 Münster
Tel. +49 (0) 2 51-620 32 22, Fax +49 (0) 2 51-922 60 99, e-Mail: vertrieb@lit-verlag.de

Österreich: Medienlogistik Pichler-ÖBZ GmbH & Co KG
IZ-NÖ, Süd, Straße 1, Objekt 34, A-2355 Wiener Neudorf
Tel. +43 (0) 22 36-63 53 52 90, Fax +43 (0) 22 36-63 53 52 43, e-Mail: mlo@medien-logistik.at

Schweiz: B + M Buch- und Medienvertriebs AG
Hochstr. 357, CH-8200 Schaffhausen
Tel. +41 (0) 52-643 54 30, Fax +41 (0) 52-643 54 35, e-Mail: order@buch-medien.ch

Meiner Mutter

in herzlicher Erinnerung.

Vorwort

Die vorliegende Arbeit wurde im Sommersemester 2009 von der Rechts- und Staatswissenschaftlichen Fakultät der Rheinischen-Friedrich-Wilhelms-Universität Bonn als Dissertation angenommen.

Herzlich danke ich an dieser Stelle Herrn Professor Dr. Rainer Hüttemann für den Vorschlag, mich der Problematik der vorliegenden Arbeit anzunehmen. Herr Professor Hüttemann hat nicht nur das Wachsen der Arbeit mit großem Interesse verfolgt. Er hat die Arbeit vielmehr auch in mehreren Gesprächen durch Hinweise gefördert und mein Verständnis für die Zusammenhänge zwischen Handels- und Steuerbilanzrecht geschärft.

Auch Herrn Professor Dr. Christian Waldhoff sei an dieser Stelle für seine Bereitschaft gedankt, die Zweitbegutachtung zu übernehmen.

Danken möchte ich auch den Mitarbeitern des Instituts für Steuerrecht, die in ihrer herzlichen und freundlichen Art immer für ein gutes Arbeitsumfeld gesorgt haben. Besonders sind hier Dr. André Meyer und Carsten Meinert zu nennen, die stets auch für fachliche Diskussionen in freundschaftlicher Atmosphäre zur Verfügung standen und hierdurch die Arbeit gefördert haben.

Schließlich danke ich meiner Familie. Sie hat mir immer Kraft und Mut für den nächsten Schritt meines Lebens gegeben. Auch während der Erstellung der Arbeit haben mich alle mit ihrer Zuversicht durch die Höhen und Tiefen getragen, die mit einer derartigen Arbeit verbunden sind.

Bonn im Juni 2009

Carl-Christian Knobbe

Inhaltsübersicht

Inhaltsverzeichnis

Abkürzungsverzeichnis

a. A.	anderer Ansicht
Abs.	Absatz
ADHGB	Allgemeines Deutsches Handelsgesetzbuch
AEAO	Anwendungserlass zur Abgabenordnung
ADS	Rechnungslegung und Prüfung der Unternehmen (Hrsg.: Adler/Düring/Schmaltz)
AG	Aktiengesellschaft Die Aktiengesellschaft
AktG	Aktiengesetz
AO	Abgabenordnung
Art.	Artikel
Az.	Aktenzeichen
BB	Betriebs-Berater
BBK	Beck'scher Bilanzkommentar (Hrsg.: Budde/Clemm/Pankow/Sarx)
Bd.	Band
Begr.	Begründung
BewG	Bewertungsgesetz
BFH	Bundesfinanzhof
BFH/NV	Sammlung der nicht amtlich veröffentlichten Entscheidungen des BFH
BFHE	Sammlung der Entscheidungen des BFH

BFuP	Betriebswirtschaftliche Forschung und Praxis
BGB	Bürgerliches Gesetzbuch
BGBl	Bundesgesetzblatt
BGH	Bundesgerichtshof
BGHSt	Sammlung der Entscheidungen des Bundesgerichtshofs in Strafsachen
BGHZ	Sammlung der Entscheidungen des Bundesgerichtshofs in Zivilsachen
BiRiLiG	Bilanzrichtliniengesetz
BMF	Bundesminister der Finanzen
BoHdR	Bonner Handbuch der Rechnungslegung (Hrsg.: Hofbauer/Kupsch/Albrecht/Scherrer)
BR-Drucks.	Bundesratsdrucksachen
BRH	Bundesrechnungshof
BStBl	Bundessteuerblatt
BT-Drucks.	Bundestagsdrucksachen
BVerfG	Bundesverfassungsgericht
BVerfGE	Sammlung der Entscheidungen des Bundesverfassungsgerichts
DB	Der Betrieb
DStJG	Jahrbuch der Deutschen Steuerjuristischen Gesellschaft
DStR	Deutsches Steuerrecht
DStZ	Deutsche Steuer-Zeitung

DStZ/E	Deutsche Steuer-Zeitung, Eildienst
EAO	Entwurf einer Abgabenordnung
EFG	Entscheidungen der Finanzgerichte
Einf.	Einführung
Erl.	Erläuterung
ESt-Kartei SH	Einkommensteuerkartei des Landes Schleswig-Holstein
EStDV	Durchführungsverordnung zum Einkommensteuergesetz
EStG	Einkommensteuergesetz
f.	folgende(r/s)
FA	Finanzamt
ff.	folgende
FG	Festgabe Finanzgericht
FGO	Finanzgerichtsordnung
FR	Finanz-Rundschau
FS	Festschrift
GG	Grundgesetz
GKAktG	Großkommentar zum Aktiengesetz (Hrsg.: Gadow/Heinichen)
GmbH	Gesellschaft mit beschränkter Haftung
GmbHG	Gesetz betreffend die Gesellschaften mit beschränkter Haftung

h.M.	herrschende Meinung
HdbB	Handbuch der Bilanzierung (Hrsg.: Gnam)
HdJ	Handbuch des Jahresabschlusses (Hrsg.: Wyysocki/Schulze-Osterloh/Hennrichs)
HdbPersG	Handbuch der Personengesellschaften (Hrsg.: Westermann)
HdbGmbH	GmbH-Handbuch (Hrsg.: Kallmeyer)
HFA	Hauptfachausschuss
HGB	Handelsgesetzbuch
Hs.	Halbsatz
HURB	Handwörterbuch unbestimmter Rechtsbegriffe im Bilanzrecht des HGB (Hrsg.: Leffson/Rückle/Großfeld)
i. e. S.	im engeren Sinne
i. H. v.	in Höhe von
i. S. d.	im Sinne des/der
i. S. v.	im Sinne von/vom
i. V. m.	in Verbindung mit
i. w. S.	im weiteren Sinne
IDW	Institut der Wirtschaftsprüfer
JStG	Jahressteuergesetz
Jura	Juristische Ausbildung
JuS	Juristische Schulung
JW	Juristische Wochenschrift

KG	Kommanditgesellschaft
KKAktG	Kölner Kommentar zum Aktiengesetz (Hrsg.: Zöllner)
KÖSDI	Kölner Steuerdialog
KStG	Körperschaftsteuergesetz
LG	Landgericht
Lit.	Buchstabe
m.w.N.	mit weiteren Nachweisen
MüKoAktG	Münchener Kommentar zum Aktiengesetz (Hrsg.: Kropff/Semler)
MüKoHGB	Münchener Kommentar zum Handelsgesetzbuch (Hrsg.: Schmidt)
mbH	mit beschränkter Haftung
NJW	Neue juristische Wochenschrift
Nr.	Nummer
NWB	Neue Wirtschaft-Briefe
OFD	Oberfinanzdirektion
OFH	Oberfinanzhof
OHG	Offene Handelsgesellschaft
OLG	Oberlandesgericht
PS	Prüfungsstandard
PublG	Publizitätsgesetz
RAO	Reichsabgabenordnung

RegE	Regierungsentwurf
RFH	Reichsfinanzhof
RG	Reichsgericht
RGBl	Reichsgesetzblatt
RGSt	Sammlung der Entscheidungen des Reichsgerichts in Strafsachen
RGZ	Sammlung der Entscheidungen des Reichsgerichts in Zivilsachen
Rn	Randnummer
ROH	Reichsoberhandelsgericht
ROHGE	Sammlung der Entscheidungen des Reichsoberhandelsgerichts
RStBl	Reichssteuerblatt
S.	Seite
st. Rsp.	ständige Rechtsprechung
Stbg	Steuerberatung
StBJb	Steuerberaterjahrbuch
StBp	Die Steuerliche Betriebsprüfung
StGB	Strafgesetzbuch
StPfl.	Steuerpflichtiger
StuB	Steuern und Bilanzen
u.	und
UBg	Die Unternehmensbesteuerung

v.	von/vom
v. H.	von Hundert
vgl.	vergleiche
VwVfG	Verwaltungsverfahrensgesetz
wistra	Zeitschrift für Wirtschafts- und Steuerstrafrecht
WM	Wertpapiermitteilungen
WPg	Die Wirtschaftsprüfung
z. B.	zum Beispiel
ZfhF	Zeitschrift für handelswissenschaftliche Forschung
ZGR	Zeitschrift für Unternehmens- und Gesellschaftsrecht

Der Grundsatz der subjektiven Richtigkeit im Handels- und Steuerbilanzrecht

Teil 1: Einleitung

Jeder Kaufmann muss gemäß § 242 HGB jährlich Abschlüsse (Jahresabschlüsse) erstellen. Diese Abschlüsse bestehen aus der Vermögensübersicht (Bilanz), § 242 Abs. 1 HGB, und der Gegenüberstellung der Aufwendungen und Erträge (Gewinn- und Verlustrechnung), § 242 Abs. 2 HGB.

Im Gesellschaftsrecht dient die Bilanz der Bestimmung des ausschüttbaren Gewinns.[1] Auch für die steuerliche Gewinnermittlung ist die Bilanz die Grundlage, §§ 4 Abs. 1, 5 Abs. 1 EStG.[2] Eine Abschrift der Bilanz ist der Steuererklärung beizufügen, § 60 EStDV, und beim Finanzamt einzureichen.[3]

A) Die Fragestellung und ihre Bedeutung

Bei der Aufstellung der Bilanz sind alle Umstände zu berücksichtigen, die zum Bilanzstichtag vorlagen und bis zur Bilanzaufstellung bekannt werden, § 252 Abs. 1 Nr. 4 HGB. Wie aber ist die Rechtslage, wenn nach Aufstellung der Bilanz Tatsachen bekannt werden, die in der Bilanz nicht berücksichtigt wurden und mangels Kenntnis nicht berücksichtigt werden konnten?

Die fehlende Kenntnis dieser Tatsachen oder ihre falsche rechtliche Einordnung kann dazu führen, dass ein Bilanzansatz höher oder niedriger ist, als er den tatsächlichen und rechtlichen Umständen nach hätte sein müssen oder dürfen. Dies könnte einen Verstoß gegen zwingende Bewertungsvorschriften darstellen. Ferner kann die Unkenntnis dazu führen, dass ein Wirtschaftsgut aktiviert oder passiviert wird, das überhaupt nicht hätte angesetzt werden dürfen. Oder aber es

---

1 *Pochmann* DB 1963, S. 1369 (1370).

2 *Crezelius* in *Kirchhof*[8] § 4 EStG Rn 28 f.; *Heinicke* in *Schmidt*[27] § 4 EStG Rn 40 ff.

3 *Stapperfend* in *HHR* § 4 EStG Rn 385; a. A. wonach die Bilanz nicht nur beizufügen ist, sondern Teil der Steuerklärung ist: *Heuermann* in *HHSp* § 153 AO Rn 8.

fehlt ein Wirtschaftsgut in der Bilanz, obwohl der Kaufmann es hätte aktivieren oder passivieren müssen. Hierin könnte ein Verstoß gegen Ansatzvorschriften liegen.

In diesen Fällen stellt sich dem Kaufmann die Frage, wie diese neue Kenntnis zu berücksichtigen ist. Es ist denkbar, dass er seine Bilanz ändern darf oder muss. Auch ist möglich, dass eine Bilanzänderung ausgeschlossen ist. Zugleich könnte der Kaufmann sich der Pflicht ausgesetzt sehen, die Fehlererkenntnis dem Finanzamt zu unterbreiten. Gleichermaßen stellt sich die Frage für die Finanzverwaltung. Wie und wann darf das Finanzamt diese Erkenntnisse im Rahmen der Veranlagung berücksichtigen? Unterfallen diese neuen Erkenntnisse dem § 173 Abs. 1 AO?

Dass diese Frage nach der bilanziellen Behandlung eines Fehlers nicht nur Gedankenspielerei ist, zeigt sich, wenn man bedenkt, welche Folgen an die Bilanz anknüpfen. Da die Bilanz Grundlage der steuerlichen Gewinnermittlung ist, können sich aus der bilanziellen Behandlung solcher nachträglichen Erkenntnisse Steuervorteile in Form von Progressionsvorteilen ergeben. Dies wirkt um so drastischer, wenn sich der Steuersatz ändert.[4] Die zahlreichen Urteile des BFH[5] belegen die Brisanz dieses Themas. Drei dieser Urteile seien hier exemplarisch aufgeführt. Sie zeigen die typischen Fallkonstellationen, in denen diese Fragen auftauchen:

1. Der Bilanzierungspflichtige **irrt** sich in Bezug auf **bilanzerhebliche Tatsachen**. Der BFH entschied durch sein Diktum vom 11. Oktober 1960[6]

4 *Schießl* StuB 2007, S. 549; so zum Beispiel die Erhöhung des Körperschaftsteuersatzes von 25 v. H. auf 26,5 v. H. im Veranlagungszeitraum 2003 durch Art. 4 des Flutopfersolidaritätsgesetzes v. 19. 9. 2002, BGBl I 2002, 3652 oder die Senkung des Körperschaftssteuersatzes von 40 % auf 25 % im Veranlagungszeitraum 200 durch Art. 3 Nr. 8 des Steuersenkungsgesetzes v. 23. 10. 2000 BGBl. I 2000, S. 1433.

5 BFH v. 5. 6. 2007, Az. I R 47/06, BStBl II 2007, S. 818; BFH v. 5. 4. 2006, Az. I R 46/04, BStBl II 2006, S. 688 (691); BFH v. 19. 1. 1984, Az. IV R 111/81, nicht veröffentlicht; BFH v. 17. 11. 1987, Az. VIII R 348/82, BStBl II 1988, S. 430 (430); BFH v. 12. 11. 1992, Az. IV R 59/91, BStBl II 1993, S. 392 (392); BFH v. 5. 9. 2001, Az. I R 107/00, BStBl II 2002, 134 (134).

6 BFH v. 11. 10. 1960, Az. I 56/60 U, BStBl III 1961, S. 3.

einen derartigen Fall: Die Beschwerdeführerin – eine OHG – wollte eine Bilanzberichtigung durchführen, als offenbar wurde, dass einer der Schuldner am Bilanzstichtag objektiv überschuldet war. Wäre diese Tatsache schon bei Erstellung der Bilanz bekannt gewesen, hätte die Beschwerdeführerin eine (Teil-)Abschreibung der Forderung vornehmen müssen. Mit Hinweis darauf, dass der drohende Forderungsausfall aber nicht erkennbar war, wurde der Beschwerdeführerin die Bilanzberichtigung verwehrt.

2. Bei Bilanzaufstellung berücksichtigt der Bilanzierende die bisher ergangene Rechtsprechung. Später ergeht zu einer bestimmten Frage eine **geänderte höchstrichterliche Rechtsprechung**. So der am 12. November 1992[7] vom BFH entschiedene Fall: Ein Landwirt hatte in Entsprechung der bisherigen Rechtsauffassung des BFH Erschließungskosten als nachträgliche Anschaffungskosten des Grundstücks aktiviert. Als der BFH später judizierte, Erschließungskosten seien sofort abziehbar, wollte der Landwirt die nachträglichen Anschaffungskosten im Wege der Bilanzberichtigung gewinnmindernd ausbuchen. Weil aber seine ursprüngliche Bilanzierung der bei Bilanzaufstellung vorherrschenden Rechtsauffassung entsprach, wurde ihm die Bilanzberichtigung verwehrt.

3. Letztlich kann aber auch eine vom BFH noch nicht entschiedene Rechtsfrage dazu führen, dass der Bilanzierende seine Bilanz der ergangenen **erstmaligen Rechtsprechung** anpassen möchte. Am 5. April 2006[8] entschied der BFH einen so gelagerten Fall: Ein Landkreis unterhielt einen Eigenbetrieb, in dem er zwei Beamte beschäftigte. Pensionsrückstellungen wurden für diese Beamten zunächst nicht gebildet. Später entschied man sich, eine Bilanzänderung zu beantragen, um Pensionsrückstellungen einzustellen. Dieser Antrag wurde abgelehnt. Während des hierüber entbrannten Klageverfahrens erklärten mehrere Finanzgerichte Pensions-

---

7 BFH v. 12. 11. 1992, Az. IV R 59/91, BStBl II 1993, S. 392 (394 f.); Anders noch: BFH v. 29. 10. 1991, Az. VIII R 51/84, BStBl II 1992, S. 512 (515 f.). Beispiele für Rechtsprechungsänderungen, die für die Frage der subjektiven Bilanzrichtigkeit bedeutsam sind, finden sich bei *Rose/Telkamp* BB 1977, S. 1713 (1714).

8 BFH v. 5. 4. 2006, Az. I R 46/04, BStBl II 2006, 688 .

> rückstellungen für zulässig. Letztlich entschied der BFH[9], dass derartige Rückstellungen zu bilden sind. Weil infolgedessen kein Wahlrecht mehr bestand, ging es im laufenden Verfahren nun auch darum, zu klären, ob eine Bilanzberichtigung zulässig sei. Der BFH verneinte auch in diesem Fall die Möglichkeit der Bilanzberichtigung. Die Bilanz des Eigenbetriebes entsprach der kaufmännischen Sorgfalt. Bei ihrer Aufstellung war es vertretbar, keine Rückstellung zu bilden. Die Bilanz war damit subjektiv richtig.

Obgleich im Handelsbilanzrecht keine derartige Fülle an Urteilen vorliegt, ist auch hier die Frage von Bedeutung, wie solche späten Erkenntnisse zu behandeln sind. Jeder Kreditgeber wird nämlich den künftigen Darlehensschuldner einer Bonitätsprüfung unterziehen. Hierzu werden in erster Linie die aufgestellten Bilanzen herangezogen.[10] Im Falle des Forderungsausfalls wird dem Kaufmann daran gelegen sein, diesen Umstand möglichst spät bilanziell zu berücksichtigen, wenn er sich Fremdkapital beschaffen will. Ist der Kaufmann indessen rechtlich gezwungen, einen Forderungsausfall schon früher zu berücksichtigen, steht er schlechter, als er stünde, wenn ihm eine späte Berücksichtigung des Forderungsausfalls gestattet ist. Eine nicht zu vernachlässigende Frage ist auch, wie der Gesellschafter zu behandeln ist, wenn durch eine Berichtigung der Bilanz ein festgestellter und ausgeschütteter Gewinn schon in seiner Entstehung nicht existiert hat. Geht der Ausschüttungsanspruch unter? Ist die erfolgte Ausschüttung gar zurück zu erstatten?

Wie also kann der Bilanzierungspflichtige seine Handelsbilanz ändern? Muss die Steuerbilanz wegen der Maßgeblichkeit der Handelsbilanz folgen? Welche verfahrensrechtlichen Mitteilungspflichten treffen den Steuerpflichtigen? Darf oder muss das Finanzamt den auf der Bilanz beruhenden Steuerbescheid ändern?

---

9 BFH v. 30. 1. 2002, Az. I R 71/00, BStBl II 2003, S. 279.

10 *Thiel/Lüdtke-Handjery*[5] Rn 271.

B) Überblick über den Meinungsstand

Auf die Frage, wie Divergenzen zwischen Bilanzen und der tatsächlichen oder rechtlichen Lage eines Unternehmens zu behandeln sind, gibt es im Handelsrecht eigentlich nur eine Antwort. Derartige Divergenzen dürfen nicht hingenommen werden. Die falsche Bilanz ist zu berichtigen.[11] So einfach sich dieser Grundsatz darstellt, so zahlreich sind seine Ausnahmen und Grenzen. In Konsequenz dessen wird inzwischen häufig sogar nur noch von einem Recht zur Berichtigung gesprochen.[12] Dies ist aber, wie sich zeigen wird, verfehlt.[13]

Umstritten ist die Pflicht zur Berichtigung insbesondere für Fälle, in denen die Bilanz nicht den Tatsachen entspricht, der Kaufmann dies bei der Bilanzaufstellung aber nicht wusste und auch nicht wissen konnte. Es stellen sich daher folgende Fragen: Liegt überhaupt ein Fehler vor?[14] Verneint man diese Frage, muss die Bilanz nicht berichtigt werden, sie kann es nicht einmal. Bejaht man diese Frage aber, so führt dies zu der folgenden Fragestellung: Ist es geboten, für Fälle der subjektiv richtigen Bilanz eine Ausnahme von der grundsätzlichen Berichtigungspflicht zuzulassen?

Zu diesen Fragen haben sich in der Rechtsprechung und im Schrifttum unterschiedliche Meinungen entwickelt, die im Folgenden kurz aufgezeigt werden.

11 *Schön* in FG BGH Bd. II, S. 153 (154).

12 *Ellrott/M. Ring* in BBK[6] § 253 HGB Rn 706; *Stapperfend* in *HHR* § 4 EStG Rn 423 m.w.N.; *Winnefeld*[4], I Rn 20, die aber alle jedenfalls für Fehler, die zu einer Verzerrung des Unternehmensbildes führen, eine Pflicht zur Berichtigung anerkennen.

13 Siehe unten S. 12.

14 Zu diesen Rechtsfolgen siehe unten S. 76 für das Handelsrecht und S. 122 für das Steuerrecht.

I. Objektiver Fehlerbegriff

Der I. Senat des RFH vom 25. Oktober 1934[15] hat die Divergenz zwischen den tatsächlichen und rechtlichen Gegebenheiten am Bilanzstichtag und der Bilanz ausreichen lassen, um einen Fehler zu bejahen. Er ist der Auffassung, nur die Bilanz sei richtig, die alle am Bilanzstichtag vorliegenden Tatsachen rechtlich zutreffend berücksichtige. Würden also am Bilanzstichtag vorliegende Umstände nicht berücksichtigt, so sei die Bilanz falsch.[16] Dies gelte auch dann, wenn die Fehlerursache dem Bilanzierungspflichtigen unbekannt gewesen sei. Die Bilanz sei unabhängig von der Kenntnis des Fehlers fehlerhaft.[17]

Auch heute wird die Auffassung des RFH geteilt. So wird vertreten, dass die Bilanz – und insbesondere die Steuerbilanz – den „wirklichen"[18] und damit objektiv richtigen Gewinn ausweisen solle. Eine von den tatsächlichen Gegebenheiten abweichende Darstellung in der Bilanz führe zwingend zu einer Bilanzberichtigung.[19]

II. Subjektiver Fehlerbegriff

Der I. Senat des BFH hat diesen objektiven Fehlerbegriff in seinem Urteil vom 11. Oktober 1960[20] um ein subjektives Moment erweitert. Zu der objektiven Unrichtigkeit des Bilanzansatzes müsse ein Verstoß gegen die kaufmännische Sorgfaltspflicht treten. Ein Fehler der Bilanz liege damit vor, wenn

---

15 RFH v. 25. 10. 1933, Az. I A 44/32, RStBl 1934, S. 410 (410); OFH v. 13. 6. 1950, Az. IV 37/50 U, DStZ/E 1950, S. 382 (382); ähnlich auch schon das ROH v. 3. 12. 1873, Az. Rep. 934/73, ROHGE 12, S. 15 (18): Eine Bilanz muss „der objectiven Wahrheit der wirklichen Vermögenslage entsprechen".

16 So auch *Weber-Grellet* in *Kirchhof/Söhn* § 4 EStG Rn C 188, 106 ff.; *Zöllner* in KKAktG[1] § 256 AktG Rn 46.

17 *Sauer* StBp 1977, S. 173 (175).

18 *Weber-Grellet* in *Kirchhof/Söhn* § 4 EStG Rn C 106; *Weber-Grellet* in *Schmidt*[27] § 5 EStG Rn 81; *Weber-Grellet* in FS *Reiß* S. 483 (492); *Weber-Grellet* DB 2008, S. 2451 (2453); *Falterbaum/Beckmann*[14], S. 411.

19 *Weber-Grellet*, S. 300; *Klein* in HdbB Nr. 26 Rn 9.

20 BFH v. 11. 10. 1960, Az. I 56/60 U, BStBl III 1961, S. 3.

1. ein Bilanzansatz nicht den tatsächlichen und rechtlichen Gegebenheiten am Bilanzstichtag entspreche und
2. der Kaufmann dies bei Anwendung gewissenhafter Sorgfalt bei Bilanzaufstellung hätte erkennen können.

Dieser Einschätzung liegt die Überlegung zugrunde, dass die Grundsätze ordnungsmäßiger Buchführung für den Kaufmann Verhaltenskodizes seien, die ihm ein bestimmtes Verhalten bei Aufstellung der Bilanz abverlangten. Indessen begründeten die Grundsätze ordnungsmäßiger Buchführung nicht die Pflicht überhaupt zu bilanzieren. So könnten die Grundsätze ordnungsmäßiger Buchführung nur bis zum abschließenden Akt der Bilanzaufstellung Geltung besitzen. Solange also die Bilanzierungspflicht wirke, besäßen auch die Grundsätze ordnungsmäßiger Buchführung Geltung. Der Auffassung des I. Senats nach müssen Tatsachen nicht berücksichtigt werden, wenn sie erst nach Einreichung der Bilanz bekannt werden.[21] In ihrer fehlenden Berücksichtigung liege kein Bilanzfehler. Ein Verstoß gegen die Grundsätze ordnungsmäßiger Buchführung sei damit nicht gegeben.[22] Ein Verstoß gegen die Grundsätze ordnungsmäßiger Buchführung läge auch dann nicht vor, wenn sich durch Änderung der höchstrichterlichen Rechtsprechung oder bei erstmaliger Rechtsprechung ein Bilanzansatz als dem geltenden Recht zuwider erweise.[23] Er gelte als richtig, soweit er der bei Aufstellung geltenden höchstrichterlichen Rechtsprechung entspreche.[24] Sei noch keine Rechtsprechung ergangen, so müsse jeder vertretbare Ansatz als richtig gelten.[25]

Der I. Senat erachtet also einen (nur) subjektiv richtigen Bilanzansatz als richtig. Er meint, dies habe nicht nur zur Folge, dass die Pflicht zur Bilanzberichtigung ausgeschlossen sei. Da der Bilanzansatz nämlich als richtig gelte, sei

---

21 So auch *Biergans*, S. 563.

22 BFH v. 5. 6. 2007, Az. I R 47/06, BStBl II 2007, S. 818; BFH v. 5. 4. 2006, Az. I R 46/04, BStBl II 2006, S. 688 (691); BFH v. 19. 1. 1984, Az. IV R 111/81, nicht veröffentlicht; BFH v. 17. 11. 1987, Az. VIII R 348/82, BStBl II 1988, S. 430 (430); BFH v. 12. 11. 1992, Az. IV R 59/91, BStBl II 1993, S. 392 (392); BFH v. 5. 9. 2001, Az. I R 107/00, BStBl II 2002, 134 (134).

23 So auch FG Köln v. 21. 3. 2007, Az. 13 K 4358/06, FR 2007, S. 747 (747) m.w.N.

24 BFH v. 12. 11. 1992, Az. IV R 59/91, BStBl II 1993, S. 392 (392).

25 BFH v. 5. 4. 2006, Az. I R 46/04, BStBl II 2006, 688 (688).

er einer Berichtigung nicht zugänglich. Damit sei auch das Berichtigungsrecht ausgeschlossen. Einzig eine Bilanzänderung käme noch in Betracht. Aber auch diese Möglichkeit sei ausgeschlossen. Eine Bilanzänderung sei nur in Fällen erneuter Wahlrechtsausübung denkbar.

III. Objektiver Fehlerbegriff mit Bestandsschutz

Obgleich dem objektiven Fehlerbegriff folgend, fordern manche Vertreter doch einen Bestandsschutz zu Gunsten des Steuer- und Bilanzierungspflichtigen.[26]

Das Auseinanderfallen von tatsächlichen und rechtlichen Gegebenheiten auf der einen Seite und der Bilanz auf der anderen Seite sei ein Bilanzfehler. Grundsätzlich bestehe damit eine Bilanzberichtigungspflicht. Diese Pflicht zur Berichtigung der Bilanz sei aber dann ausgeschlossen, wenn der Bilanzierungspflichtige die fehlerbegründenden Umstände nicht gekannt habe und auch nicht hätte kennen müssen. Anerkannt werde insoweit das Dictum des BFH, wonach von einem Steuerpflichtigen nicht mehr verlangt werden könne, als die ihm zur Verfügung stehenden Erkenntnisse und Erkenntnismöglichkeiten zu nutzen und bilanziell zu berücksichtigen.[27]

Indessen bliebe aber – entgegen der Auffassung des BFH – der gewählte Bilanzansatz fehlerhaft. Es bestünde damit die Möglichkeit einer Bilanzberichtigung.

IV. Tatsachen- und Rechtsirrtümer

Eine differenzierte Auffassung vertritt *Ralf Wuttke*.[28] Er unterscheidet zwischen neu erkannten Tatsachen und einem Wandel in der Rechtsprechung. Eine Bilanz könne in Bezug auf neu erkannte Tatsachen nur dann unrichtig sein, wenn der Kaufmann sie bei Anwendung der Sorgfalt eines ordentlichen und gewissenhaften Kaufmanns hätte erkennen können.[29] Etwas anderes gelte, wenn die Bilan-

26 *Flume* DB 1981, S. 2505; *Knobbe-Keuk*[9], S. 61; *Sauer* StBp 1963, S. 93 (97); *Stapperfend* in *HHR* § 4 EStG Rn 411.

27 BFH v. 11. 10. 1960, Az. I 56/60 U, BStBl III 1961, S. 3.

28 *Wuttke* FR 1993, S. 459.

29 *Wuttke* FR 1993, S. 459 (460).

zierung einer geänderten höchstrichterlichen Rechtsprechung nicht gerecht werde. Zwar hätte der Kaufmann auch bei Anwendung der gebotenen Sorgfalt nicht erkennen können, wie der BFH eine Bewertungsfrage in Zukunft beantworten würde, und sei insoweit gezwungen gewesen, sich auf die bisherige Rechtsprechung zu verlassen; dennoch müsse der Kaufmann sich bei Erstellung der Bilanz an die geltende Rechtslage halten. Richtig sei aber das, was neuerdings aus der höchstrichterlichen Rechtsprechung hervorgehe. Die Änderung der Rechtsprechung stelle keine Änderung der Rechtslage dar, sondern zeige die schon bei Bilanzaufstellung geltende Rechtslage, an die sich der Kaufmann zwingend zu halten habe.[30] Die Kenntnis des Rechts sei für seine Geltung unerheblich.[31]

C) Gang der Untersuchung

Es soll in dieser Arbeit der Frage nachgegangen werden, welchem der vorstehenden Fehlerbegriffe der Vorzug zu geben ist. Ausgangspunkt soll dafür die Überlegung des BFH sein, dass dem Steuerpflichtigen nicht mehr abverlangt werden kann, „als dass er seine bis zur Aufstellung der Bilanz erlangte Kenntnis von dem am Bilanzstichtag vorliegenden Sachverhalt pflichtgemäß und gewissenhaft bei der Aufstellung der Bilanz verwertet".[32] Durch diese Aussage hat der I. Senat des BFH verdeutlicht, dass der von ihm vertretene subjektive Fehlerbegriff ein Element des Bestandsschutzes ist. Damit ist zunächst die Frage aufzuwerfen, ob überhaupt eine Berichtigungspflicht besteht. Nur wenn eine solche Pflicht besteht, ist ein Bestandsschutz überhaupt denkbar. Weiter ist dann zu ermitteln, ob ein berechtigtes Interesse des Bilanzierenden am Bestand seiner Bilanz besteht. Im letzten Schritt ist dann zu hinterfragen, ob der Bestandsschutz so auszugestalten ist, dass auch die Zulässigkeit der Bilanzberichtigung ausgeschlossen wird. Diese Fragen werden zunächst für das Handelsrecht und anschließend für das Steuerrecht zu klären sein.

---

30 *Wuttke* FR 1993, S. 459 (462); *Rose/Telkamp* BB 1977, S. 1713 (1714).

31 So auch grundlegend: BFH v. 21. 9. 1995, Az. IV R 50/93, BFH/NV 1996, S. 460; BFH v. 29. 10. 1991, Az. VIII R 51/84, BStBl II 1992, S. 512; BFH v. 25. 4. 1990, Az. I R 78/85, BFH/NV 1990, S. 630; a. A. aber: BFH v. 12. 11. 1992, Az. IV R 59/91, BStBl II 1993, S. 392.

32 BFH v. 11. 10. 1960, Az. I 56/60 U, BStBl III 1961, S. 3.

D) Bilanzberichtigung und Bilanzänderung

Da in Handels- und Steuerbilanzrecht unterschiedliche Terminologien vorherrschen, soll vorab auf die Begriffe der ‚Bilanzberichtigung' und ‚Bilanzänderung' eingegangen werden. In der Steuerrechtswissenschaft sind diese zwei Begriffe wegen der Regelung des § 4 Abs. 2 EStG gebräuchlich. Unzulässige Bilanzansätze werden als fehlerhaft gebrandmarkt. Solche Bilanzfehler, die Tatbestandsvoraussetzung des § 4 Abs. 2 Satz 1 EStG sind, werden *berichtigt*. Sollen aber zulässige Bilanzansätze durch andere zulässige Bilanzansätze ersetzt werden, zum Beispiel weil Wahlrechte anders als bisher ausgeübt werden sollen, so spricht man steuerrechtlich von der *Bilanzänderung* i. S. d. § 4 Abs. 2 Satz 2 EStG. Diese begriffliche Differenzierung ist auch in den handelsbilanzrechtlichen Sprachgebrauch übernommen worden.[33] Obgleich diese sprachliche Unterscheidung im Handelsbilanzrecht nicht allgemeine Anerkennung findet[34], soll sie in dieser Arbeit des Verständnisses halber gelten. Sie entspricht dem allgemeinen sprachlichen Verständnis und ist daher bestens geeignet, die Diskussion zu erleichtern.

---

33 So z. B. *Kaiser*, Berichtigung und Änderung des handelsrechtlichen Jahresabschlusses; anders aber WP-Handbuch 2000, Bd. I, E Rn 462; St/HFA 2/1991, WPg 1992, S. 89.

34 Siehe z. B. *Baetge/Kirsch/Thiele*[9], S. 735.

Teil 2: Handelsrecht

Das Handelsrecht fordert grundsätzlich eine richtige Bilanz. So war der Kaufmann schon im frühen (noch ungeschriebenen) Recht verpflichtet, alle in der Bilanz enthaltenen Posten dem Grund und der Höhe nach richtig anzusetzen.[1] Durch dieses Postulat wird eine völlige Übereinstimmung der Bilanz mit den tatsächlichen und rechtlichen Gegebenheiten angestrebt. Dies verlangt grundsätzlich nach der Berichtigung der Bilanz, wenn sie den tatsächlichen Verhältnissen nicht entspricht. Der Begriff der subjektiven Bilanzrichtigkeit wurde als Korrektiv der grundsätzlich bestehenden Bilanzberichtigungspflicht bei Fehlerhaftigkeit der Bilanz geprägt. Heute stellt er im Handelsrecht ein „zentrales Element bilanzrechtlichen Bestandsschutzes“[2] dar. Die Frage nach dem Erfordernis eines Bestandsschutzes ist immer die Entscheidung zwischen Rechtssicherheit und Rechtsrichtigkeit.[3] Eines derartigen Bestandsschutzes bedarf es also nur, wenn ansonsten nachteilige Rechtsfolgen zu befürchten sind. Auch müsste das Interesse am Fortbestand der fehlerhaften Bilanz das Interesse an der Rechtsrichtigkeit überwiegen.[4]

---

1 § 1468 des Zweyten Theils, Zwanzigster Titel, Preußisches Landrecht v. 5. 2. 1794; so auch schon im Mittelalter: Nürnberger Reformation v. 1564, Part. I. Tit. 8, Art. 7, Der Staat Nürnberg verneute Reformation 1564, S. 46.

2 *Schön* in FG BGH Bd. II, S. 153 (157).

3 So auch *Loose* in *Tipke/Kruse* Vor § 172 AO Rn 2 m.w.N. für den Bereich der Bestandskraft von Steuerbescheiden. Allgemeiner: BVerfG v. 8. 5. 1973, Az. 2 BvL 5, 6, 7, 13/72, BVerfGE 35, S. 41 (47); BVerfG v. 13. 5. 1986, Az. 1 BvR 99, 461/85, BVerfGE 72, S. 175 (196); BVerfG v. 14. 1. 1987, Az. 1 BvR 1052/79, BVerfGE 74, S. 129 (152); BVerfG v. 12. 3. 1996, Az. 1 BvR 609, 692/90, BVerfGE 94, S. 241 (258); BVerfG v. 20. 4. 1982, Az. BrL 26/81, BVerfGE 60, S. 253 (267 ff.).

4 So allgemein für den im Rechtsstaatsprinzip verankerten Gedanken des Vertrauensschutzes: BVerfG v. 10. 4. 1984, Az. 2 BvL 19/82, BVerfGE 67, S. 1 (14 f.); Sommermann in v. Mangoldt/Klein/Starck Art. 20 Rn 297.

A) Fehlerberichtigungspflicht

Zunächst gilt es daher zu klären, ob im Handelsrecht grundsätzlich eine Pflicht zur Fehlerberichtigung besteht. Da nur eine wirksame Handelsbilanz als Grundlage für die Gewinnermittlung in Betracht kommt,[5] ist zu prüfen, wie sich Bilanzierungsfehler auf die Wirksamkeit der Handelsbilanz auswirken und – sollte die Wirksamkeit der Bilanz nicht beeinträchtigt sein – wie und wann der Fehler zu beheben ist.

I. Nichtigkeit der Bilanz

Es ist denkbar, dass ein Fehler zur Nichtigkeit der Bilanz führt. Eine nichtige Bilanz ist keine Bilanz im Rechtssinne, sie ist rechtlich bedeutungslos.[6] Sie kann damit nicht korrigiert werden;[7] vielmehr kommt die ursprüngliche Bilanzierungspflicht durch Aufstellung einer nichtigen Bilanz nicht in Fortfall.[8]

Gesetzliche Regelungen für die Nichtigkeit einer Bilanz finden sich ausschließlich im Aktiengesetz, insbesondere in § 256 AktG. Bedeutsam sind für die infrage stehenden Fallkonstellationen die Regelungen des § 256 Abs. 5 und Abs. 1 Nr. 1 AktG. In § 256 Abs. 5 AktG geht es um die Missachtung von Bewertungsvorschriften. Werden Bilanzposten überbewertet, so folgt hieraus Nichtigkeit. Dem Wortlaut des § 256 Abs. 5 Satz 1 Nr. 1 AktG nach führt eine jegliche Überbewertung zur Nichtigkeit.[9] Wegen der sehr harten Rechtsfolge der Nichtigkeit ist heutzutage weitestgehend anerkannt, dass geringfügige Überbewertungen nicht sofort die Nichtigkeit der Bilanz nach sich ziehen.[10] Gleiches gilt für Unterbewertungen. Gemäß § 256 Abs. 5 Satz 1 Nr. 2 AktG führen Un-

---

5 *Knobbe-Keuk*[9], S. 55.

6 *Balthasar*, S. 215; *ADS*[6] § 172 AktG Rn 36 f.; *Claussen/Korth* in KKAktG[2] § 172 AktG Rn 21; *Hüffer* in *Geßler/Hefermehl/Eckardt/Kropff* § 256 AktG Rn 11; *Geist* DStR 1996, S. 306 (307); *Lutter* in FS *Helmrich*, S. 685 (693 f.); *Hundertmark/Herms* BB 1973, S. 1051 (1052).

7 *W. Müller* in FS *Quack*, S. 359 (362); *Hundertmark/Herms* BB 1973, S. 1051 (1052); a. A. wohl *Chenaux-Repond/Gimmy*, S. 153.

8 *Federmann*[9], S. 84; *W. Müller* in FS *Quack*, S. 359 (363).

9 *ADS*[6] § 256 AktG Rn 48; WP-Handbuch 2000 Bd. I, U Rn 204; *Schedlbauer* DB 1992, S. 2097 (2098); *Wichmann* DB 1993, S. 340 (341).

terbewertungen nur dann zur Nichtigkeit, wenn sie die Vermögens-, Finanz- und Ertragslage des Unternehmens verschleiern oder unrichtig darstellen.[11] Dem Wortlaut des § 256 Abs. 5 AktG nach werden nur Verstöße gegen die §§ 253 – 256 HGB i. V. m. §§ 279 – 283 HGB erfasst. Indessen wird häufig[12] die Auffassung vertreten, dass auch Verstöße gegen die allgemeinen Bewertungsgrundsätze des § 252 HGB die Nichtigkeit nach § 256 Abs. 5 AktG auslösen können. Darüber hinaus sollen auch Verstöße gegen die Ansatzvorschriften der §§ 246 Abs. 1, 248, 249, 250 HGB hierunter zu subsumieren sein.[13] Demgegenüber ordnet § 256 Abs. 1 Nr. 1 AktG die Nichtigkeit derjenigen Bilanz an, die gläubigerschützende Vorschriften verletzt. Nach „Art einer Generalklausel"[14] werden hiervon alle Verstöße erfasst, die nicht unter die übrigen Regeln des § 256 AktG fallen.

Umstritten ist, ob diese nur für Aktiengesellschaften geltende Norm auch auf die GmbH oder gar auf Personenhandelsgesellschaften und Einzelkaufleute zumindest analog anzuwenden ist. In Bezug auf die GmbH wird eine analoge Anwendung zumeist bejaht.[15] Insbesondere der Umstand, dass durch das Bilanzrichtliniengesetz die Bilanzierungsvorschriften von Aktiengesellschaften und Gesellschaften mbH vereinheitlicht werden sollten, wird hierfür als Grund herangezogen. Aber auch der Umstand, dass die explizite Regelung dieser Materie, wie im Regierungsentwurf[16] zum Bilanzrichtliniengesetz vorgesehen, mangels

---

10 BGH v. 1. 3. 1982, Az. II ZR 23/81, BGHZ 83, S. 341 (347) m.w.N.; *Geist* DStR 1996, S. 306 (306); *ADS*[6] § 256 AktG Rn 49; *Geßler* in FS *Goerdeler*, S. 127 (141) m.w.N.; *Zöllner* in KKAktG[1] § 256 AktG Rn 45; *Hüffer* in *Geßler/Hefermehl/Eckardt/Kropff* § 256 AktG Rn 87; *Schulze-Osterloh* in *Baumbach/Hueck*[18] § 42a GmbHG Rn 30; *Schedlbauer* DB 1992, S. 2097 (2099); a. A.: *Godin/Wilhelmi*[4] § 256 AktG Rn 10.

11 *ADS*[6] § 256 AktG Rn 50.

12 *ADS*[6] § 256 AktG Rn 39; *Hüffer* in *Geßler/Hefermehl/Eckardt/Kropff* § 256 AktG Rn 66; *Maier* in BoHdR § 256 AktG Rn 21; WP-Handbuch 2000, U Rn 198.

13 LG Stuttgart v. 11. 4. 1994, Az. 6 KfH O 169/93, DB 1994, S. 928 (929); *ADS*[6] § 256 AktG Rn 39; WP-Handbuch 2000, U Rn 198; *Döllerer* BB 1965, S. 1405 (1407).

14 *ADS*[6] § 256 AktG Rn 5.

15 Beispielhaft: *ADS*[6] § 256 AktG Rn 97.

16 In § 42g RegE BiRiLiG BT-Drucks. X/317, S. 38 f.

Erforderlichkeit vom Rechtsausschuss verworfen[17] wurde, zeigt, dass § 256 AktG analoge Anwendung finden soll. Auch bei Personengesellschaften und Einzelkaufleuten wird weitgehend die Möglichkeit einer nichtigen Bilanz akzeptiert.[18] Die zwingenden Vorschriften des Bilanzrechts können nicht abhängig von der Rechtsform in die Disposition des Unternehmers gestellt sein. Vielmehr muss unter gleichen Voraussetzungen – allerdings unter Berücksichtigung der strukturbedingten Unterschiede[19] – die Nichtigkeit der Bilanz eintreten.[20]

Nichtig ist eine Bilanz zum einen, wenn die formellen Grundsätze ordnungsmäßiger Buchführung nicht eingehalten sind. So ist zum Beispiel eine nicht nach § 245 HGB unterzeichnete Bilanz ein rechtliches Nullum.[21] Gleichermaßen kann eine Bilanz auch wegen Missachtung materieller Grundsätze ordnungsmäßiger Buchführung nichtig sein.[22] Jedoch reicht ein schlichter Verstoß gegen die materiellen Grundsätze ordnungsmäßiger Buchführung nicht aus. Vielmehr muss gegen die Grundsätze ordnungsmäßiger Buchführung in kaufmännisch schlechterdings nicht zu rechtfertigender Art erheblich verstoßen werden.[23]

In gleicher Weise wie die fehlerhafte, aber wirksame Bilanz setzt die nichtige Bilanz also einen Verstoß gegen die Grundsätze ordnungsmäßiger Buchfüh-

---

17 BT-Drucks. X/4268, S. 130 f.: „§ 42g GmbHG-E wird nicht übernommen, weil er nicht erforderlich ist. Die Entwicklung von Grundsätzen, in welchen Fällen der Jahresabschluß der GmbH nichtig ist, kann weiterhin der Rechtsprechung überlassen bleiben. Als Grundlage kann weiterhin auf § 256 AktG zurückgegriffen werden, der – anders als im Regierungsentwurf eines Bilanzrichtliniengesetzes vorgeschlagen – im wesentlichen unverändert bleibt."

18 *Kaiser*, S. 198; *Schedlbauer* DB 1992, S. 2097 (2101 f.).

19 *Geßler* in FS *Goerdeler*, S. 127 (134 f.); So kann z. B. § 256 Abs. 2 AktG keine Anwendung finden, weil es an Vorstand und Aufsichtsrat bei Personengesellschaften sowie Einzelkaufleuten mangelt.

20 *Winnefeld*[4], I Rn 91.

21 *Ellerich* in *Küting/Weber*[4] Bd. Ia, § 245 HGB Rn 14; *Knobbe-Keuk*[9], S. 55.

22 *Knobbe-Keuk*[9], S. 55.

23 h.M.: RG v. 29. 11. 1935, Az. II 135/35, JW 1936 919; *Federmann*[9], S. 85; *Winnefeld*[4], I Rn 91.

rung oder andere zwingende Bilanzierungsvorschriften voraus. Im Vergleich zur (nur) fehlerhaften Bilanz ist einzig die Schwere des Fehlers entscheidend.[24]

Bemerkenswert erscheint in diesem Kontext das Nichtigkeitsverständnis von *Thomas Kaiser*. Er geht davon aus, dass die Rechtsfolge der Nichtigkeit eine rein zivilrechtliche sei. Obwohl die Bilanz mithin ein rechtliches Nullum darstellt und „niemandem gegenüber Rechtswirkungen" entfaltet[25], kommt die öffentlich-rechtliche Aufstellungspflicht in Fortfall.[26] Dies hätte zur Folge, dass auch der (zivilrechtliche) Gewinnverwendungsbeschluss nichtig ist[27], eine Gewinnverteilung damit nicht erfolgen kann,[28] aber dennoch eine erneute Bilanzaufstellung nicht erforderlich ist.[29] Eine erneute (zivilrechtliche) Feststellung desselben Abschlusses wäre aber wiederum nichtig.[30] Daher geht die Auffassung *Thomas Kaisers* fehl. Insbesondere der Hinweis darauf, dass ein Jahresabschluss lediglich mit den Grundsätzen ordnungsmäßiger Buchführung in Einklang stehen muss, erscheint dann fragwürdig. Diese sind vornehmlich anhand der Bilanzzwecke zu bestimmen.[31] Einer dieser Zwecke aber ist die Gewinnermittlung.

Erachtet man die Divergenz zwischen den tatsächlichen Gegebenheiten am Bilanzstichtag und der Bilanz als Fehler, so ergibt sich zumindest ab einer gewissen Schwere des Fehlers eine ‚Berichtigungspflicht', richtiger eine fortdau-

---

24 *Knobbe-Keuk*[9], S. 55 f.; *Federmann*[9], S. 85; *Maier* in BoHdR, § 256 AktG Rn 9; *Balthasar*, S. 125; *Kaiser*, S. 233.

25 *Kaiser*, S. 202.

26 *Kaiser*, S. 233; a. A. z. B. *Lutter* in FS *Helmrich*, S. 685 (694) m.w.N. für die öffentlich-rechtliche Pflicht, Dritten gegenüber Rechenschaft zu legen.

27 § 253 Abs. 1 AktG; LG Mainz v. 16. 10. 1990, Az. 10 HO 57/89, DB 1990, S. 2361 (2364); *ADS*[6] § 174 AktG Rn 62, § 256 AktG Rn 78; *Kropff* in FS *Budde*, S. 341 (352).

28 *ADS*[6] § 174 AktG Rn 59; *Kropff* in FS *Budde*, S. 341 (352 ff.).

29 *Kaiser*, S. 233.

30 So auch *Claussen/Korth* in KKAktG[2] § 256 AktG Rn 21: „es ist ein geänderter Jahresabschluss aufzustellen, der die Nichtigkeitsgründe korrigiert."

31 *Leffson*[7], S. 29; ebenda auch zu dem inzwischen erledigten Streit zwischen induktiver und deduktiver Methode zur Gewinnung von Grundsätzen ordnungsmäßiger Buchführung.

ernde Aufstellungspflicht.[32] Zumindest insoweit könnte die Notwendigkeit eines Korrektivs bestehen, will man den Bilanzierungspflichtigen davor schützen, dass seine Bilanzen wegen seiner Unkenntnis nichtig sind.

II. Fehlerhaftigkeit der Bilanz

Schwieriger ist die Frage zu klären, ob auch rechtswirksame, aber fehlerbehaftete Bilanzen zu berichtigen sind. Denn eine gesetzliche Grundlage ist im Handelsbilanzrecht nicht gegeben. In Fällen, in denen die fehlerhaften Bilanzansätze sich nicht schwerwiegend auf die Bilanzposten auswirken, bleibt der Jahresabschluss seiner Fehlerhaftigkeit zum Trotz wirksam.[33] Zwar hat der Kaufmann seine Bilanz aufgestellt; denkbar ist aber dennoch, dass aus der Pflicht zur Aufstellung auch eine Pflicht zur Fehlerkorrektur resultiert. Der Aufstellungspflicht ist nämlich nicht oder zumindest nicht vollumfänglich entsprochen worden.

Daher wird die Berichtigungspflicht des Bilanzierungspflichtigen zum Teil – ähnlich wie bei der Nichtigkeit der Bilanz – aus seiner allgemeinen Pflicht zur Bilanzaufstellung hergeleitet. Der Kaufmann sei verpflichtet, ein den gesetzlichen Vorschriften entsprechenden Jahresabschluss aufzustellen. Dieser Verpflichtung sei er nicht vollständig nachgekommen, solange er fehlerhaft bilanziert habe.[34] Insbesondere wenn neben die Verletzung von Bilanzierungsregeln auch noch die Gefährdung oder gar die Verletzung von Gläubigerinteressen trete, sei die öffentlich-rechtliche Funktion der Bilanz nicht hinreichend erfüllt. Die Bilanz sei zu berichtigen.[35]

1. Berichtigungsmöglichkeit

Da in der Literatur aber vereinzelt Stimmen zu hören sind[36], die eine Bilanzberichtigung grundsätzlich für unzulässig halten, soll vorab geklärt werden, ob ge-

32 *W. Müller* in FS *Quack*, S. 359 (363); *Geist* DStR 1996, S. 306 (309); a. A.: *Kaiser*, S. 233, der die (zivilrechtliche) Nichtigkeit nicht auf die öffenlichrechtliche Aufstellungspflicht erstrecken will.

33 *Kaiser*, S. 245.

34 *Söffing* DB 1969, S. 185 (186); *Koschmieder* FR 1997, S. 130 (130).

35 *Balthasar*, S. 125; *W. Müller* in FS *Quack*, S. 359 (367).

36 *Brönner* in GKAktG^3 § 175 AktG Rn 9; *Offerhaus* DB 1966, S. 1705 (1706).

setzliche Regelungen bestehen, die eine Berichtigung der (nur) fehlerhaften Bilanz verbieten.

Gegen eine Bilanzberichtigung wird vor allem eingewandt, der Gesetzgeber habe mit der Nichtigkeit einen abschließenden Katalog der Fälle aufgestellt, in denen eine Bilanz zu ‚berichtigen' sei. Die §§ 256, 257 AktG würden die ‚Berichtigungsfälle' enumerativ und daher abschließend regeln.[37] Gegen diese Argumentation ist ins Feld geführt worden, dass die Feststellung der Bilanz durch einen Beschluss der Hauptversammlung auch den allgemeinen Regeln über Beschlüsse der Hauptversammlung folgen müsse. Ein Beschluss der Hauptversammlung sei aber trotz der in den §§ 241 – 255 AktG (abschließend) normierten Nichtigkeitsgründe auch dann nichtig, wenn eine hinreichende Zahl der abgegebenen Stimmen wirksam nach §§ 119, 123 BGB angefochten wurden. Der Beschluss würde so zu einem „Nichtbeschluß"[38]. Wie auch immer man hierzu stehen mag, die Abgeschlossenheit der Aufzählung in den §§ 256, 257 AktG erstreckt sich ausschließlich auf die Nichtigkeit, nicht aber auf die Bilanzberichtigung.[39] Diese Beschränkung der Nichtigkeits- und Anfechtungsgründe dient nämlich der Rechtssicherheit der Gesellschaft. Ein Ausschluss des Berichtigungsrechts würde aber Bestandsschutz zu Gunsten anderer Bilanzadressaten sein.[40] So kann denn auch im Falle der §§ 256, 257 AktG die Nichtigkeits- oder die Anfechtungsklage erhoben werden. Eine wirksame Bilanz aber kann nur durch die Gesellschaft selbst berichtigt werden. Die §§ 256, 257 AktG verbieten nicht grundsätzlich die Berichtigung fehlerhafter Bilanzen.

Auch durch die gemäß § 245 Satz 1 HGB erforderliche Unterzeichnung der Bilanz wird keine Bindung an die fehlerhafte Bilanz begründet.[41] Die Unterschrift dient der Funktion, die Fristwahrung bei Aufstellung der Bilanz sicherzustellen und zu dokumentieren. Ferner bestätigt der Kaufmann durch die Unterschrift, alle Angaben nach bestem Gewissen gemacht zu haben.[42] Die Unter-

---

37 *Brönner* in GKAktG[3] § 175 AktG Rn 9; *Offerhaus* DB 1966, S. 1705 (1706).

38 *Schilling* in GKAktG[2] § 195 AktG Rn 8.

39 *Schilling* in GKAktG[2] § 195 AktG Rn 8; Hundertmark/Herms BB 1973, S. 1051 (1053).

40 Hundertmark/Herms BB 1973, S. 1051 (1053).

41 *Schön* in FG BGH Bd. II, S. 153 (157).

42 *Wiedmann* in *Ebenroth/Boujong/Joost* § 245 HGB Rn 1.

schrift manifestiert damit die persönliche Verantwortlichkeit des Kaufmanns für den Jahresabschluss. „Einer späteren Bilanzkorrektur mit anschließender erneuter Unterschrift stehen keine gesetzlichen Vorschriften im HGB entgegen.“[43] Damit ist grundsätzlich die Möglichkeit gegeben, fehlerhafte Bilanzen zu korrigieren.

2. Berichtigungspflicht und Bilanzzwecke

Eine Berichtigungspflicht könnte aus der Aufstellungspflicht resultieren. Solange nämlich fehlerhaft bilanziert wurde, ist die Aufstellungspflicht nicht voll erfüllt und besteht fort.[44] Eine Berichtigungspflicht kann aber nur dann auf die ursprünglich bestehende Aufstellungspflicht gemäß § 242 HGB gestützt werden, wenn tatsächlich die mit § 242 HGB verfolgten Zwecke mit einer fehlerhaften Bilanz nicht erreicht werden können. Eine solche Zweckverfehlung ist ihrerseits aber nur denkbar, wenn durch die mögliche Alternative – eine Korrekturbuchung in der laufenden Buchführung – der Zweck nicht erfüllt werden kann.

Die Handelsbilanz erfüllt unterschiedliche Zwecke. Insbesondere in Abhängigkeit von dem jeweiligen Adressatenkreis der Bilanz ergeben sich unterschiedliche Zweck- und Zielsetzungen, denen die Bilanz zu dienen bestimmt ist.[45] Als Adressaten kommen die geschäftsführenden Organe, die Gesellschafter, die Gläubiger, eine interessierte Öffentlichkeit und nicht zuletzt der Fiskus in Betracht.[46] Kurzum, die Bilanz dient der Dokumentation, der Eigeninformation, der Rechenschaft und der Gewinnermittlung.[47]

a) Dokumentationsfunktion

Die Bilanz wie auch die Buchführung erfüllen zunächst Dokumentationszwecke.[48] Gemäß § 238 Abs. 1 Satz 2 HGB muss die Buchführung derart beschaffen sein, dass ein verständiger Dritter „innerhalb angemessener Zeit einen Über-

43 *Ortmann-Babel/Bolik* DStR 2006, S. 1139 (1140).

44 *Söffing* DB 1969, S. 185 (186); *Koschmieder* FR 1997, S. 130 (130).

45 *Winnefeld*[4], Einf. Rn 17.

46 *Winnefeld*[4], Einf. Rn 17 f.

47 *Winnefeld*[4], Einf. Rn 18; *Hüffer* in *Staub*[4] § 242 HGB Rn 2; *Balthasar*, S. 73 f.

48 *Schön* in FG BGH Bd. II, S. 153 (153).

blick über die Geschäftsvorfälle und die Lage des Unternehmens“ gewinnen kann.

aa) Dokumentation für den Konkursfall

Zum einen soll die Entstehung, der Bestand, die Veränderung und vor allem die Verwertung des Vermögens für den Konkursfall dokumentiert sein. Hierdurch soll sichergestellt werden, dass die verbliebene Vermögensmasse den Gläubigern zur Befriedigung ihrer Interessen zukommt und nicht auf unzulässige Weise dem Unternehmen abhanden kommt. Damit ist die Dokumentationsfunktion der Bilanz eine konkrete Ausprägung des im Bilanzrecht fundamentalen Gläubigerschutzgedankens.

Um aber Entstehung, Bestand und Veränderung des Vermögens richtig darstellen zu können, müssen sämtliche Zahlungs- und Realgüterströme erfasst sein.[49] Von *Helmut Balthasar* wird daher vertreten, dass nur eine richtige Bilanz „den im Unternehmenskonkurs gebotenen klaren und schnellen Einblick in den Bestand des Unternehmens“[50] gewährleisten kann. Obwohl *Helmut Balthasar* attestiert, dass die erforderliche Dokumentation ohnehin nur durch den Jahresabschluss in Verbindung mit der laufenden Buchführung zu erreichen ist[51], hält er bei fehlerhafter Bilanz den konkursrechtlichen Dokumentationszweck für verfehlt.

Indessen ist doch daran zu denken, dass durch eine Korrektur des Fehlers in der laufenden Buchführung der „schnelle und klare Einblick in den Bestand des Unternehmens“ möglich gemacht werden kann. Die zu befürchtende Minderung der Vermögensmasse kann auch durch die Korrektur des Bilanzfehlers in der fehlerhaften Bilanz nicht besser vermieden werden als durch die Berücksichtigung in der laufenden Buchführung. Soweit die Bilanz dem Konkursverwalter einen Überblick über die Geschäftsvorfälle und über die Lage des Unternehmens geben soll[52], wird dieser ohnehin auch die laufende Buchführung zu Rate

49 *Ellerich* in *Küting/Weber*[4] Bd. Ia, I Rn 181.

50 *Balthasar*, S. 126.

51 *Balthasar*, S. 76.

52 *ADS*[6] § 242 HGB Rn 3.

ziehen. Hieraus wäre dann ersichtlich, dass und in welchem Maße die Bilanz fehlerbehaftet ist.

Es stellt sich gar die Frage, ob in Hinblick auf Unternehmenskonkurse dem Dokumentationszweck nicht besser Rechnung getragen wird, wenn nicht die fehlerhafte Bilanz berichtigt, sondern der Fehler durch gegenläufige Buchung in der aktuellen Buchführung ausgeglichen wird. Hierdurch wird nämlich auch dokumentiert, wann dem Unternehmer die Fehlerhaftigkeit seiner Bilanz bewusst wurde. Dies kann Bedeutung erlangen, wenn an den Konkurs strafrechtliche Folgen geknüpft werden sollen. So kann der Kaufmann für Handlungen bis zu dieser Erkenntnis für die fehlerhafte Buchführung mangels Vorsatzes nicht gemäß § 283 Abs. 1 Nr. 7 Lit. a) StGB belangt werden.

Allerdings kann diese Art der Dokumentation für die Erkenntnis fehlerhafter Buchführung nur Indizwirkung in Bezug auf den Vorsatz haben. Ansonsten wäre es allzu leicht, bei drohender Kompromittierung Korrekturbuchungen durchzuführen oder zu veranlassen, um dadurch einen späteren Zeitpunkt der Fehlererkenntnis zu suggerieren. Die gleiche indizielle Bedeutung in Bezug auf die vorsätzlich pflichtwidrige Buchführung kann dem Zeitpunkt der getätigten Berichtigung beigemessen werden. Darüber hinaus bedarf es für die Strafbarkeit gemäß § 283 Abs. 1 Nr. 7 StGB nicht nur des Vorsatzes in Bezug auf den Verstoß gegen handelsrechtliche Vorschriften, sondern auch des Vorsatzes in Bezug auf die Überschuldung oder (drohende) Zahlungsunfähigkeit. Für das letztgenannte Tatbestandsmerkmal des § 283 Abs. 1 Nr. 7 StGB hat die Berichtigungsbuchung größere indizielle Bedeutung. Korrigiert der Buchführungspflichtige den Bilanzfehler nämlich in der laufenden Buchführung, muss ihm nicht gleich offenbar werden, dass die fehlerfreie Bilanz eine Überschuldung ausgewiesen hätte. Anders stellt sich das bei Berichtigung der fehlerhaften Bilanz dar. Hier muss der Kaufmann seine Überschuldung aus der berichtigten Bilanz ersehen.

An dieser Stelle wird deutlich, dass die Bilanz nicht nur als Findex für Buchungsunterlagen zu sehen ist, sondern vielmehr selbst Informations- und Dokumentationswert hat. Insoweit steht eine Korrekturbuchung in der laufenden Buchhaltung der Berichtigung des fehlerhaften Jahresabschlusses nach.

bb) Dauer der Dokumentation

Ein höhere Dokumentationskraft ist aber auch deshalb denkbar, weil sich die in §§ 257 – 261 HGB kodifizierten Aufbewahrungsfristen unterschiedlich auswirken. So ist möglich, dass bei einer Berichtigung die der Berichtigung zugrunde liegenden Unterlagen nur so lange aufzubewahren sind, wie auch der berichtigte Jahresabschluss der Aufbewahrungspflicht unterfällt,[53] während bei einer Korrekturbuchung die Frist des laufenden Geschäftsjahres entscheidend ist.

Für den Beginn der Aufbewahrungsfristen von Jahresabschlüssen – und damit auch für die zugrunde liegenden Unterlagen[54] – ist grundsätzlich entscheidend, wann die letzte Buchung erfolgt.[55] Die Berichtigungsbuchung stellt eine weitere Buchung in dem schon abgelaufenen Wirtschaftsjahr dar.[56] Dies bedeutet für den geänderten oder berichtigten Jahresabschluss, dass der Fristlauf erst mit Ablauf des Kalenderjahres in Gang gesetzt wird, in dem die Änderungs- und Berichtigungsbuchungen erfolgen.[57] Wird die Fehlerhaftigkeit der Bilanz allerdings in der laufenden Buchführung korrigiert, so beginnt die Aufbewahrungsfrist erst mit Ablauf desjenigen Kalenderjahres, in dem die letzte Abschlussbuchung für das laufende Geschäftsjahr getätigt wird. Regelmäßig dürfte sich daraus ergeben, dass die der Fehlerkorrektur zugrunde liegenden Unterlagen ein Jahr länger aufzubewahren sind. Ein höheres Maß an Dokumentation wird in zeitlicher Hinsicht also durch die Fehlerkorrektur im laufenden Geschäftsjahr erlangt.

cc) Dokumentationszweck und Prozess

Die Dokumentation durch den Jahresabschluss gewinnt aber auch in prozessualen Auseinandersetzungen Bedeutung. In Hinblick auf das prozessuale Erforder-

53 *ADS*[6] § 257 HGB Rn 69.

54 *ADS*[6] § 257 HGB Rn 70.

55 *Winkeljohann/Philipps* in BBK[6] § 257 HGB Rn 25; *ADS*[6] § 257 HGB Rn 70.

56 *ADS*[6] § 257 HGB Rn 71.

57 *ADS*[6] § 257 HGB Rn 71; *Hüffer* in *Staub*[4] § 257 HGB Rn 43. enger: *Winkeljohann/Philipps* in BBK[6] § 257 HGB Rn 25: nur für die der Änderung/Berichtigung zugrunde liegenden Unterlagen beginnt die Aufbewahrungsfrist zu diesem Zeitpunkt. Die nach dieser Auffassung schon in Gang gesetzte Aufbewahrungsfrist für die übrigen Unterlagen wird durch die Änderung/Berichtigung nicht tangiert.

nis der Dokumentation gilt letztlich oben Ausgeführtes gleichermaßen. Allerdings sind in diesem Bereich einige Ergänzungen zu machen. Die strafprozessuale Bedeutung wurde schon oben erörtert. Aber auch im Zivilprozess hat die Bilanz Bedeutung.

Bedeutsam sind für den Zivilprozess insbesondere die der Bilanz zugrunde liegenden Belege. So sollen alle Geschäftsvorfälle „in ihrer Entstehung und Abwicklung“ aus der Buchführung hervorgehen, § 238 Abs. 1 Satz 3 HGB. Damit hat die Buchführung und der auf ihr beruhende Jahresabschluss eine Beweissicherungsfunktion.

Die Dokumentationsfunktion leidet unter einer Korrektur des Fehlers in der laufenden Buchführung in Hinblick auf die zeitgerechte Zuordnung von Buchungsbelegen zu den Ereignissen. So kann es sich als zeitraubend erweisen, die Belege für ein Ereignis zu finden, das im Jahre X auftrat, aber erst im Jahre X + 2 gebucht wurde. Indessen wird durch Korrektur des Bilanzfehlers im laufenden Geschäftsjahr der Beleg ebenfalls als Beweis gesichert. Auch in Hinblick auf die Aufbewahrungszeit ist der beweissichernden Eigenschaft der Bilanz kein Abbruch getan.

Bedeutsam ist eine fehlerhafte Bilanz allerdings, wenn Vertragspartner aufgrund der Fehlerhaftigkeit der Bilanz einen falschen Eindruck von der Lage des Unternehmens erhalten.

Wie schon oben angesprochen[58] wird die Bilanz bei Beschaffung von Fremdkapital regelmäßig als Bonitätsnachweis dienen. Sie vermittelt dem Kreditgeber eine Übersicht über die Lage des Unternehmens. Anders als der Konkursverwalter wird der Kreditgeber nicht aus eigenem Antrieb auch die laufende Buchführung zu Rate ziehen. Damit kann durch die fehlerhafte Bilanz ein falscher Eindruck entstehen. Die Bilanz ist als Grundlage für die Kreditgewährungsentscheidung eine entscheidungserhebliche Tatsache, über deren Fehlerhaftigkeit der Kaufmann den Kreditgeber hätte informieren müssen.[59] Widrigenfalls macht sich der Kaufmann sowohl schadensersatzpflichtig, §§ 280 Abs. 1, 241 Abs. 2 BGB oder §§ 311, 241 Abs. 2 BGB, als auch strafbar, § 265b Abs. 1

58 Siehe oben S. 4.

59 Allgemein zu der Pflicht entscheidungserhebliche Tatsachen darzulegen *Heinrichs* in *Palandt*[68] § 242 BGB Rn 37.

Nr. 1 Lit. a) StGB. Diese Rechtsfolgen treten aber nur ein, wenn der Kaufmann den Kreditgeber nicht über die Unrichtigkeit der Bilanz informiert. Korrigiert der Kaufmann also seine Bilanzfehler in der laufenden Buchführung, muss er dem Kreditgeber neben der Bilanz auch eine Übersicht der Bilanzfehler geben. Insoweit büßt die Bilanz an Dokumentationsfähigkeit ein. Der Kaufmann muss das Informationsdefizit auf die eine oder andere Art ausgleichen.

dd) Ergebnis

So ergeben sich aus der Dokumentationsfunktion der Bilanz letztlich keine zwingenden Erkenntnisse für die Frage, wann und in welcher Form die neuen Tatsachen zu berücksichtigen sind. Einzig die indizielle Bedeutung der Bilanz in Hinblick auf die Frage, ob die Fehlererkenntnis auch gleich die Erkenntnis der Überschuldung oder (drohenden) Zahlungsunfähigkeit nach sich zog, ist zu bedenken.

b) Eigeninformationsfunktion

Gerade diese Erkenntnis der Überschuldung oder (drohenden) Zahlungsunfähigkeit, die zur Begründung der Strafbarkeit gemäß § 283 Abs. 1 Nr. 7 StGB erforderlich ist, zeigt den nächsten Bilanzzweck auf. Der Jahresabschluss hat neben dem Dokumentationszweck die Funktion, den Unternehmer zu informieren. Als Instrument des „präventiven Gläubigerschutzes“[60] dient die Bilanz dazu, den Kaufmann oder bei Gesellschaften die geschäftsführenden Organe vor unternehmerischen Fehlentscheidungen zu warnen und allzu riskante Geschäfte zu vermeiden.

Obwohl gesetzgeberische Intention damit der Schutz von Gläubigern ist, liegt die Erstellung eines Jahresabschlusses „im ureigensten Interesse des Kaufmanns“[61]. Zwar tritt die Eigeninformation möglicherweise bei Veröffentlichung des Jahresabschlusses hinter der Fremdinformation[62] zurück, doch ist selbst bei

60 *Balthasar*, S. 78; *Leffson*[7], S. 41 f.; *Schön* in FG BGH Bd. II, S. 153 (153); *Moxter* ZGR 1980, S. 254 (268).

61 *ADS*[6] § 242 HGB Rn 2; ähnlich auch *Ballwieser* in MüKoHGB § 242 HGB Rn 1, der die Selbstinformation allerdings unter die Dokumentation subsumiert.

62 Hierzu siehe unten S. 29.

Unternehmen, die dem Publizitätszwang des § 325 HGB unterfallen, immer noch die Selbstinformation gegeben. Das zeigt zum Beispiel § 92 Abs. 1 AktG, der die Eigeninformation des Unternehmers in den Vordergrund rückt. Der Vorstand einer Aktiengesellschaft ist hiernach verpflichtet, die Hauptversammlung einzuberufen, wenn bei Aufstellung des Jahresabschlusses festgestellt wird, dass ein Verlust in bestimmter Höhe gemacht wurde. Der Eigeninformationszweck soll sicherstellen, dass der Unternehmer nicht in Verkennung seiner wirtschaftlichen Lage handelt und das Unternehmen damit in finanzielle Schwierigkeiten bringt.[63]

Daraus könnte man schließen, dass dem Eigeninformationszweck nur genüge getan ist, wenn die Vermögensübersicht am Stichtag die Vermögens-, Finanz- und Ertragslage[64] richtig darstellt. Eine Korrekturbuchung im laufenden Wirtschaftsjahr ist nicht geeignet, dem geschäftsführenden Organ einen gleich guten Einblick in die Vermögens-, Finanz- und Ertragslage des Unternehmens zu vermitteln, wie eine berichtigte Bilanz.

Zu differenzieren ist in Bezug auf die Eigeninformation aber, ob die Bilanz vorsätzlich, fahrlässig oder unverschuldet mit Fehlern versehen wurde. In Hinblick auf vorsätzlich herbeigeführte Fehlerhaftigkeit wird sich das geschäftsführende Organ in Kenntnis der tatsächlichen Umstände kein Bild von der Lage des Unternehmens machen, das nicht den Tatsachen entspricht. Regelmäßig wird die Motivation zur fehlerhaften Bilanzerstellung nämlich der Versuch sein, die Lage des Unternehmens besser darzustellen, als sie es tatsächlich ist. Ist das aber die Motivation, so muss dem geschäftsführenden Organ die tatsächliche Lage bewusst sein.

Ist der Fehler aufgrund von Fahrlässigkeit entstanden, so ist für unternehmerische Entscheidungen, die vor Erkenntnis des Fehlers getroffen wurden, keine Besserung zu erwarten. Weder durch Korrektur des Fehlers im laufenden Geschäftsjahr noch durch Berichtigung der fehlerhaften Bilanz kann die gefällte Entscheidung revidiert werden. Allerdings gilt es auch für noch nicht gefällte

---

63 *Leffson*[7], S. 55 f.; *Ellerich* in *Küting/Weber*[4] Bd. Ia, I Rn 183.

64 Anders als § 264 Abs. 2 HGB, der nur für den Anhang gilt, vermuten lässt, soll auch die Bilanz die Vermögens-, Finanz- und Ertragslage des Unternehmens offen legen: *ADS*[6] § 242 HGB Rn 1, 3, § 264 HGB Rn 62; zu dem Begriff der Vermögens-, Finanz- und Ertragslage ausführlich: *ADS*[6] § 264 HGB Rn 60 ff.

Entscheidungen, den geschäftsführenden Organen mit der Bilanz eine Entscheidungshilfe an die Hand zu geben. Der schnelle und klare Überblick über die Lage des Unternehmens kann nur durch die Bilanz gesichert werden. Zwar wird der Kaufmann stets auch die gegenwärtigen Veränderungen der Vermögens-, Finanz- und Ertragslage der Buchhaltung entnehmen wollen, um anhand ihrer die Richtigkeit einer zu treffenden Entscheidung zu verifizieren. In diesem Kontext würde ihm auch die nachträgliche Berücksichtigung des Bilanzfehlers auffallen oder wieder in Erinnerung gerufen. Dennoch wird die Lage des Unternehmens verzerrt. Die Eigeninformation kann der ihr zugedachten Funktion des präventiven Gläubigerschutzes nur gerecht werden, wenn die kaufmännisch bedeutsamen Umstände nicht verzerrt dargestellt werden. Indessen kann es sein, dass durch eine Korrekturbuchung im laufenden Geschäftsjahr die für die Geschäftsführung bedeutsamen Zahlen vermischt werden. So ist es in der oben beschriebenen Situation des Forderungsausfalles denkbar, dass der Forderungsausfall, der zu einem inzwischen aufgegebenen Geschäftszweig gehört, nun einem neu aufgenommenen Geschäftszweig zugerechnet wird. Die aufgrund der Buchhaltung angestellten Rentabilitätsvermutungen wären verfälscht.

Damit kann nur die richtige Bilanz hinreichende Eigeninformation gewährleisten. Ist die Bilanz fehlerhaft, ist dem Eigeninformationszweck nicht in gleicher Weise gedient wie mit einer fehlerfreien Bilanz.

c) Rechenschaft gegenüber den Gesellschaftern

Der Jahresabschluss dient auch als Rechenschaftsbericht der geschäftsführenden Organe gegenüber den Gesellschaftern.[65] Die normalerweise bei Abwicklung eines Geschäfts vom Beauftragten abzulegende Rechenschaft wandelt sich wegen des Charakters als Dauerschuldverhältnis im Verhältnis der geschäftsführenden Organe gegenüber den Gesellschaftern in eine periodische Verpflichtung zur Rechenschaftslegung.[66] Sie umfasst insbesondere die Pflicht zur Rechnungslegung im Sinne einer Darlegung und Erläuterung der Einnahmen und Ausgaben.[67] Das geschäftsführende Organ soll den Gesellschaftern in verkehrsübli-

65 *Winnefeld*[4], C Rn 10.

66 Siehe hierzu *Ehmann* in *Erman*[12] § 666 BGB Rn 29; *Martinek* in *Staudinger* § 666 BGB Rn 12.

67 *Martinek* in *Staudinger* § 666 BGB Rn 14.

cher Weise eine Übersicht über die besorgten Geschäfte verschaffen.[68] Daher muss die Bilanz in überprüfbarer Weise richtige und vollständige Angaben enthalten.[69]

Wird nun den Gesellschaftern mittels fehlerhafter Bilanz ein falsches Bild über das Handeln des geschäftsführenden Organs oder über die Auswirkungen des Handelns vermittelt, sind diese nicht in der Lage, die Führung der Geschäfte und die Leitung des Unternehmens zu bewerten und zu billigen. Wegen der Periodizität dieser Verpflichtung zur Rechenschaftslegung kann eine Fehlerkorrektur im laufenden Wirtschaftsjahr nicht den gleichen Erfolg zeitigen. Die Gesellschafter, die nicht an der Führung der Geschäfte beteiligt sind, würden erst bei Rechenschaftslegung über das laufende Jahr von der falschen Rechenschaftslegung des Vorjahres erfahren. Damit werden sie der Möglichkeit beraubt, die Geschäftsführung in der vom Gesetzgeber gewollten Weise zu kontrollieren und gegebenenfalls auf die Geschicke des Unternehmens einzuwirken. Auch wäre die infolge fehlerhaften Rechenschaftslegung erteilte Entlastung wegen Verstoßes gegen § 120 Abs. 3 Satz 2 AktG anfechtbar.[70]

Die im laufenden Geschäftsjahr bekannt werdenden Umstände wären möglicherweise von einem neuen Vorstand oder einer neuen Geschäftsführung in ihrem Rechenschaftsbericht vorzulegen. Zwar ist für die Rechenschaft bedeutsam, wie auf die Fehler der Amtsvorgänger reagiert wird; doch besteht auch die Gefahr, dass dem geschäftsführenden Organ der Fehler der möglicherweise schon entlasteten Vorgänger zugerechnet und in Konseqeunz auch die Entlastung versagt wird.

Eine Kontrolle der geschäftsführenden Organe wird bei Fehlerhaftigkeit der Bilanz erschwert oder gar vereitelt. Die fehlerhafte Bilanz muss berichtigt werden.

68 BGH v. 30. 11. 1989, Az. III ZR 112/88, BGHZ 109, S. 260 (266); *Martinek* in *Staudinger* § 666 BGB Rn 14.

69 RG v. 9. 1. 1903, Az. III 316/02, RGZ 53, S. 252 (254); RG v. 12. 1. 1930, Az. I 171/29, RGZ 127, 243 (244 f.); BGH v. 12. 7. 1967, Az. V ZR 136/64, WM 1967, S. 1037 (1039).

70 *Kubis* in MüKoAktG[2] § 120 AktG Rn 43; *Zöllner* in KKAktG[2] § 120 AktG Rn 7.

d) Gewinnermittlung

Die Bilanz dient im Verhältnis zu den Gesellschaftern auch der Gewinnermittlung.[71] Die Gewinnermittlung ist zur Abgrenzung zwischen der Gesellschaftersphäre und der Gesellschaftssphäre erforderlich. Auf Grundlage des Bilanzgewinns wird entschieden, wie viel an die Gesellschafter ausgeschüttet und damit dem Gesellschaftsvermögen entzogen wird. Dies mindert bei beschränkt haftenden Gesellschaftern auch die Haftungsmasse der Gesellschaft.[72]

Damit grenzt die Bilanz die Sphäre der Gesellschaft von der Sphäre des Gesellschafters ab. Die Gewinnermittlungsfunktion dient somit dem Schutz der Gesellschafter, die ein Interesse daran haben, dass nicht durch bilanzpolitische Entscheidungen der geschäftsführenden Organe ein zu geringer Gewinn ermittelt wird.[73] Durch eine übervorsichtige Bilanzierung könnte ansonsten die Grenze zwischen der betrieblichen und der privaten Sphäre verschoben werden.[74]

Die Bedeutung dieser Sphärenabgrenzungsfunktion[75] wird deutlich, wenn man an den Konkurs einer Gesellschaft mbH denkt. Die den Gesellschaftern zustehenden Anteile am Gewinn der Gesellschaft werden ihrem Gesellschafterkonto gutgeschrieben. Nun kann es entweder zu einer Auszahlung dieser Gewinne kommen, was dieses Kapital der Haftungsmasse der Gesellschaft entzieht; oder aber diese Gewinne verbleiben auf dem Gesellschafterkonto. Sie sind damit für die Gesellschaft Fremdkapital und verändern die Quote zum Nachteil der übrigen Gesellschaftsgläubiger. Ist aber die Bilanz in erfolgswirksamer Weise fehlerhaft, wird die Grenze zwischen den Sphären verschoben. Damit ist nicht sichergestellt, dass das Vermögen der Gesellschafter von dem Vermögen der Gesellschaft abgegrenzt ist. Eine Korrekturbuchung in der laufenden Buchführung kann diese falsche Grenzziehung nicht richtig stellen. Sie wirkt sich lediglich auf das Vermögen aus, das nach Abschluss des laufenden Wirtschaftsjahres der Gesellschaftersphäre zufließt. Bis zum Abschluss der Periode allerdings gehört dieses Vermögen zur Masse der Gesellschaft, in die voll-

71 *Winnefeld*[4], Einf. Rn 51. Für die AG: § 58 Abs. 4 AktG, für die GmbH: § 29 GmbHG, für die KG: §§ 167 – 169 HGB und für die OHG: §§ 120 – 122 HGB.

72 *Schön in* FG BGH Bd. II, S. 153 (153 f.).

73 *Lambert*, S. 93.

74 *Winnefeld*[4], C Rn 10.

75 *Winnefeld*[4], C Rn 10.

streckt wird. Für den Fall also, dass die Korrekturbuchung sich gewinnerhöhend auswirkt, wird dieser Teil des Gewinns dem Gesellschafter vorenthalten. Ist indessen die Korrekturbuchung gewinnmindernd, so ist aufgrund der Fehlerhaftigkeit der Bilanz Vermögensmasse in die Sphäre des Gesellschafters übergegangen, obwohl sie in der Sphäre der Gesellschaft hätte verbleiben müssen. Bei beschränkter Haftung ist dann möglicherweise die Haftungsmasse der Gesellschaft gemindert.

Aus diesem Grund erlangt für die Gewinnermittlungsfunktion die periodengerechte Zuordnung von Geschäftsvorfällen besondere Bedeutung. Die Periodenabgrenzung als Grundsatz ordnungsmäßiger Buchführung[76] wird für erfolgswirksame Vorgänge in § 252 Abs. 1 Nr. 5 HGB normiert. Er gilt auch im Steuerrecht.[77] Allerdings wird dieses Prinzip mit gewisser Regelmäßigkeit durchbrochen. So sind insbesondere aufgrund des Realisationsprinzips stille Reserven erst bei ihrer Realisierung erfolgswirksam zu bilanzieren.[78] Dennoch ist die periodengerechte Bilanzierung von großer Bedeutung.

Ein Blick auf die oben ausgeführten typischen Fallgestaltungen, in denen Tatsachen nachträglich bekannt werden, verdeutlicht dies. Wird eine Forderung wertlos, so mindert dieser Umstand den Gewinn. Ist der Gewinn aber gesellschaftsrechtlich wirksam schon festgestellt, so würde das Unternehmen Gewinne ausschütten, die gar nicht entstanden sind.[79] Die bei Kapitalgesellschaften geltende Kapitalerhaltungspflicht verbietet allerdings die Verminderung des Grundkapitals, § 30 Abs. 1 GmbHG und § 57 Abs. 1 Satz 1 AktG. Für eine GmbH würde sich aus einer Ausschüttung, die gegen die Kapitalerhaltungspflicht verstößt, die Rückzahlungspflicht ergeben, § 31 Abs. 1 GmbHG. Die Rückzahlungspflicht eines Aktionärs, § 62 Abs. 1 Satz 1 AktG, ist allerdings ausgeschlossen, wenn er von der Fehlerhaftigkeit der Auszahlung weder wusste noch hätte wissen müssen, § 62 Abs. 1 Satz 2 AktG. Die grundsätzlich beste-

---

76 So *Winkeljohann/Geißler* in BBK[6] § 252 HGB Rn 53; *Federmann*[9], S. 139; *Heinen*., S. 158.

77 *Federmann*[9], S. 182.

78 *Leffson*[7], S. 247 ff.

79 Zu dem begriffsnotwendigen Erfordernis der Vermögensmehrung, damit Gewinn besteht, siehe *Priester* BB 1976, S. 1004, (1007).

hende Rückzahlungspflicht zeigt das Gewicht der Kapitalerhaltungspflicht zum Schutz der Gläubiger.

Zu Gunsten dieser Kapitalerhaltungspflicht wirkt auch der Grundsatz der periodengerechten Zuordnung von Gewinnen. Wird dieser Grundsatz – gleich, ob verschuldet oder unverschuldet – verletzt, so muss die Bilanz berichtigt werden, um die Grenzziehung zwischen Gesellschafter- und Gesellschaftssphäre zu ermöglichen.

e) Rechenschaftszweck gegenüber Außenstehenden

„Der allgemeine, dem Recht jeder Kulturnation geläufige Rechtssatz, daß Verwaltung fremden Vermögens zur Rechenschaft verpflichtet, gilt auch für die Großunternehmen der Gegenwart im Verhältnis zur Gesamtheit der Staatsbürger. In diesen Unternehmungen ist Volksvermögen in so gewaltigem Maße zusammengeballt, daß das Volk als ganzes ein dringendes berechtigtes Interesse daran hat, über das Ergebnis der Verwaltung soweit unterrichtet zu werden, als es das Wohl des Unternehmens gestattet.“[80] So dient die Publizität gemäß § 325 HGB der Information der Kreditgeber, Gesellschafter und der interessierten Öffentlichkeit. Der Fremdkapitalgeber möchte bevor er das Kapital zur Verfügung stellt, über die Lage des Unternehmens richtig und vollständig informiert werden. Gleiches gilt für potentielle Gesellschafter. Die Publizität ist damit eine konkrete Ausprägung des Gläubigerschutzes.[81]

Damit ist ein Gegengewicht zu dem Anlegerschutz der Gewinnermittlungsfunktion geschaffen.[82] Während nämlich der Anlegerschutz verlangt, dass der Kaufmann nicht durch übervorsichtige Bilanzierung die Grenze zwischen betrieblicher und privater Sphäre verschiebt, soll durch die Rechenschaftslegung gegenüber Außenstehenden sichergestellt werden, dass das Unternehmen sich nicht reicher rechnet, als es tatsächlich ist.[83] Es bestünde ansonsten die Gefahr,

80 Entwurf eines Gesetzes über Aktiengesellschaften und Kommanditgesellschaften auf Aktien, Berlin 1930, S. 94.

81 *Thiel/Lüdtke-Handjery*[5] Rn 271.

82 Zu dem diametralen Gegensatz zwischen Gläubiger- und Anlegerschutz siehe *Schwab* BB 1999, S. 731 (733) m.w.N.

83 *Winnefeld*[4], C Rn 10.

dass nicht existente Gewinne ausgeschüttet werden, und damit die Haftungsmasse der Gesellschaft gemindert wird.

Anders als das geschäftsführende Organ, das – wie oben beschrieben – Einblick in die laufende Buchführung hat, um seine Entscheidungen an der Lage des Unternehmens auszurichten, haben außenstehende Bilanzadressaten diese Möglichkeit im Regelfall nicht. Eine Korrekturbuchung käme Außenstehenden erst nach Abschluss des laufenden Wirtschaftsjahres zu Gehör. Eine derart späte Information dient aber dem Außenstehenden, der schon Entscheidungen auf die fehlerhafte Bilanz gestützt hat, nicht.

Aber nicht nur potentiellen oder künftigen Vertragspartnern gegenüber soll Rechenschaft abgelegt werden. Auch den derzeitigen Kapitalgebern soll das Schuldendeckungspotenzial der Gesellschaft aufgezeigt werden. Die Ermittlung eines zu hohen Gewinns zu Gunsten der Gesellschafter soll zum Zwecke der Kapitalerhaltung vermieden werden.[84] Verfällt eine Gesellschaft in Konkurs, die sich durch fehlerhafte Bilanzierung im letzten Jahresabschluss noch reicher gerechnet hat, als sie tatsächlich war, so zeigt sich hieran in besonders deutlicher Weise, dass die Rechenschaftslegung durch den Jahresabschluss verfehlt wird, wenn dieser fehlerhaft ist. Es erfolgt die Ausschüttung eines so genannten Scheingewinns.[85] Handelt es sich aber um eine Gesellschaft bei der die Haftung der Gesellschafter beschränkt ist, mindert eine Ausschüttung von Scheingewinnen die Gesellschaftsmasse in unzulässiger Weise.

Damit läuft in noch markanterer Weise, als dies bei der Eigeninformation der Fall ist, die Publizität leer, wenn die fehlerhafte Bilanz nicht berichtigt, sondern der Fehler in der laufenden Buchführung behoben wird.

f) Ergebnis

Den Bilanzzwecken ist mit einer fehlerhaften Bilanz nicht hinreichend gedient. Im Lichte dieser öffentlich-rechtlichen Funktionen der Bilanz ist grundsätzlich eine materiell richtige Bilanz zu fordern.[86] Hält der Kaufmann sich nicht an die zwingenden Grundsätze ordnungsmäßiger Buchführung und insbesondere an

84 *Baetge/D. Fey/G. Fey* in *Küting/Weber*[4] Bd. Ia, § 243 HGB Rn 22.

85 Beispielsweise *K. Schmidt* in MüKoHGB §§ 171, 172 HGB Rn 83.

86 *Schön* in FG BGH Bd. II, S. 153 (154).

den Grundsatz der Bilanzrichtigkeit, ist der Bilanzaufstellungspflicht nicht genüge getan und der Kaufmann muss seine Bilanz berichtigen.[87]

3. Berichtigungspflicht und Anhangs bzw. Lagebericht

Eine Berichtigungspflicht könnte auch aus den Regelungen über Anhang und Lagebericht hergeleitet werden. Kapitalgesellschaften und bestimmte Personengesellschaften sind zur Erweiterung des Jahresabschlusses um einen Anhang und zur Erstellung eines Lageberichts verpflichtet, §§ 264 Abs. 1, 264a HGB. Sowohl Anhang als auch Lagebericht sind unter Beachtung der Grundsätze ordnungsmäßiger Buchführung zu erstellen, § 264 Abs. 2 Satz 1 HGB. Insoweit gleichen sie der Bilanz.[88] Daher sind Rückschlüsse von der Fehlerbehandlung bei Anhang und Lagebericht auf die Fehlerbehandlung bei der Bilanz denkbar.

Durch Anhang und Lagebericht soll es ermöglicht werden, „ein den tatsächlichen Verhältnissen entsprechendes Bild der Vermögens-, Finanz- und Ertragslage" des Unternehmens zu vermitteln, § 264 Abs. 2 Satz 1 HGB. Damit ist auch der Zweck, dem Anhang und Lagebericht dienen sollen, derselbe wie der Zweck der Buchführung[89] und des Jahresabschlusses[90]. Stets soll dem Unternehmer und einem verständigen Dritten ein Überblick über die Lage des Unternehmens gegeben werden.

a) Anhang

Der Anhang ist Teil des Jahresabschlusses, § 264 Abs. 1 Satz 1 HGB.[91] Es stellt sich daher die Frage, wann es eines Anhangs bedarf, um die geforderte Überschicht über die Lage des Unternehmens zu geben, wann also im Anhang Informationen abgebildet werden, die weder in der Bilanz noch in der Gewinn- und Verlustrechnung enthalten sind.

---

87 *W. Müller* in FS *Quack*, S. 359 (367).

88 *ADS*[6] § 264 HGB Rn 86.

89 § 238 HGB.

90 *ADS*[6] § 242 HGB Rn 4.

91 *Winkeljohann/Schellhorn* in BBK[6] § 264 HGB Rn 8; *Kupsch* in HdJ IV/4 Rn 267.

Bedeutung erlangt der gemäß § 264 HGB aufzustellende Anhang, wenn die Bilanz Umstände darstellt, die nur bilanziell bestehen oder aber Umstände vorliegen, die bilanziell nicht abgebildet werden können. Dies kann zum Beispiel durch bilanzpolitische Maßnahmen wie der Ausübung von Wahlrechten geschehen.[92] Auch zum Beispiel die Bildung stiller Reserven in der Bilanz kann zu einer Erläuterungspflicht führen.[93] Der Anhang gemäß § 264 HGB soll damit die systembedingten Defizite des Jahresabschlusses ausgleichen. Der Anhang soll aber nicht den durch die zwingenden Bilanzierungsvorschriften gesteckten Rahmen sprengen.[94] Auch ermuntert § 264 HGB nicht zu einer rein betriebswirtschaftlichen Sicht auf die Lage des Unternehmens. Dies würde die Rechtsanwendung zu unsicher machen. Auch würde der infolge dieser Unsicherheiten nicht immer eindeutige Informationsgehalt das gesetzgeberische Ziel verfehlen.[95]

Nachdem nun die Bedeutung und der Inhalt des Anhangs umrissen wurde, stellt sich die Frage, ob der Anhang der Berichtigung bedarf, wenn er sich als fehlerhaft erweist.

Zunächst ist denkbar, dass ein Verstoß gegen § 264 Abs. 2 HGB auch zu der Nichtigkeit des Jahresabschlusses gemäß § 256 Abs. 1 AktG führen kann. Werden nämlich durch den Verstoß gegen § 264 Abs. 2 HGB in gravierender Weise[96] Gläubigerinteressen verletzt, so folgt die Nichtigkeit aus § 256 Abs. 1 Nr. 1 AktG.[97] Der Anhang dient nämlich dem Schutz der Gläubiger- und Gesellschafterinteressen durch Information. Da aber § 256 AktG keine Teilnichtigkeit kennt, würde dies zur Nichtigkeit des gesamten Jahresabschlusses führen.[98] Damit gilt insoweit das oben ausgeführte.

92 *ADS*[6] § 264 HGB Rn 111 ff., 117; *Budde/Förschle* DB 1988, S. 1457 (1460); *Schülen* WPg 1987, S. 223 (226); *Sarx* in *Mellwig/Moxter/Ordelheide*, S. 127 (138 f.).

93 *Helmrich* in FS *Döllerer*, S. 217 (223).

94 *ADS*[6] § 264 HGB Rn 93; *Leffson* in HURB, S. 94 (100); *Leffson* in FS *Goerdeler*, S. 315 (324); *Schildbach* BFuP 1987, 1 (7).

95 *ADS*[6] § 264 HGB Rn 93a.

96 Zum erforderlichen Gewicht des Fehlers siehe z. B. BGH v. 1. 3. 1982, Az. II ZR 23/81, DB 1982, S. 1922 (1923).

97 Zu Anwendbarkeit des § 256 AktG auf die GmbH siehe oben S. 13.

98 *ADS*[6] § 256 AktG Rn 74.

Ist der Verstoß aber nicht so schwerwiegend, dass er zur Nichtigkeit des Jahresabschlusses führen muss, kann dennoch eine Berichtigungspflicht bestehen. Abhängig von den Funktionen, die dem Anhang durch den Gesetzgeber beigelegt wurden, ist zu bestimmen, ob der Anhang seinen Zweck auch bei Fehlerhaftigkeit erfüllen kann. Der Anhang erfüllt zunächst die Funktion, den übrigen Jahresabschluss zu erläutern[99] und seine Interpretation zu erleichtern.[100] Werden Pflichtangaben gemäß §§ 284, 285 HGB oder § 264 Abs. 2 HGB weggelassen, so wird die Interpretation des übrigen Jahresabschlusses erschwert, zumindest aber nicht im gebotenen Maß erleichtert. Wird zum Beispiel gegen § 284 Abs. 2 Nr. 3 HGB verstoßen, wonach Abweichungen von den üblichen Bilanzierungs- und Bewertungsmethoden aufzuzeigen sind, so kann man gar davon ausgehen, dass keine anderen als die üblichen Methoden verwandt werden. Damit läuft die Interpretationsfunktion des Anhangs leer.

Soweit dem Anhang Entlastungsfunktion[101] zukommt, müssen die entsprechenden Angaben im Anhang enthalten sein. Wird nämlich die Bilanz entlastet, ohne dass diese Entlastung zum Beispiel gemäß § 285 Nr. 2 HGB im Anhang angezeigt und aufgeschlüsselt wird, ist der vermittelte Gesamteindruck von der Lage des Unternehmens ein falscher. Die Entlastungsfunktion kann dann nicht vom Anhang übernommen werden.

Auch kommt dem Anhang die Aufgabe zu, den Adressaten des Jahresabschlusses weitere Informationen über Umstände zu geben, welche die Vermögens-, Finanz- und Ertragslage des Unternehmens beeinflussen, § 264 Abs. 2 HGB.[102] Insbesondere nicht bilanzierungsfähige, weil nicht quantifizierbare Sachverhalte werden im Anhang beschrieben.[103] Fehlen solche Angaben, kann der Leser des Jahresabschlusses davon ausgehen, dass es keine die Lage des Unternehmens beeinflussenden Umstände gibt, die nicht aus der Bilanz hervorgehen. Bei Nichtbeachtung der Anzeigepflicht kann der Anhang die erforderliche Ergänzung zu Bilanz und Gewinn- und Verlustrechnung nicht darstellen.

---

99 *Winnefeld*[4], J Rn 11.

100 *Niehus* in *Mellwig/Moxter/Ordelheide*, S. 181 (189).

101 *Niehus* in *Mellwig/Moxter/Ordelheide*, S. 181 (189); *Winnefeld*[4], J Rn 11.

102 *Winnefeld*[4], J Rn 336.

103 *Winnefeld*[4], J Rn 12.

Keiner der mit dem Anhang verfolgten Zwecke kann erreicht werden, wenn der Anhang fehlerhaft ist. Auch das durch den Jahresabschluss zu vermittelnde Bild auf die Lage des Unternehmens wäre verfälscht. Damit ist die Berichtigung dieser Fehler vonnöten. Gleiches muss erst recht für Fehler der Bilanz gelten. Denn ein fehlerhafter Bilanzansatz kann nicht einmal durch einen korrigierenden Hinweis im Anhang ‚geheilt' werden.[104]

b) Lagebericht

Neben dem Jahresabschluss kommt auch dem Lagebericht Informations- und Rechenschaftsfunktion zu.[105] Er ist ein eigenständiges, von dem Jahresabschluss losgelöstes Informationsinstrument zur wirtschaftlichen Gesamtbeurteilung des Unternehmens.[106] Im Gegensatz zum Jahresabschluss, der nur die am Bilanzstichtag gegebenen Umstände aufzeigt, soll der Lagebericht vielmehr Tendenzen und Entwicklungen widerspiegeln. Insbesondere wird auch die zukünftige Entwicklung des Unternehmens ins Visier genommen. Gemäß § 289 Abs. 1 Hs. 2 HGB sind auch zukünftige Risiken abzubilden. Aber auch schon vollzogene Entwicklungen sollen aufgezeigt werden. Der in § 289 Abs. 1 Hs. 1 HGB angesprochene Geschäftsverlauf ist ein dynamischer, vergangenheitsorientierter Begriff.[107] Er umfasst zum Beispiel Angaben zu den gesamtwirtschaftlichen und branchenüblichen Rahmenbedingungen[108], dem Beschäftigungsstand[109] und dem Auftragsstand[110].

Materielle Anforderungen an den Lagebericht sind in § 289 Abs. 1 Hs. 1 HGB normiert. „Ein den tatsächlichen Verhältnissen entsprechendes Bild"

---

104 Zur Verdeutlichung s. die Beispiele bei *Niehus* in *Mellwig/Moxter/Ordelheide*, S. 181 (211).

105 *Ellrott* in BBK^6 § 289 HGB Rn 3; *ADS*^{6} § 289 HGB Rn 19; *Reittinger* in HdJ IV/3 Rn 4, 33; *Lück* in *Küting/Weber*^{4} Bd. Ia, § 289 HGB Rn 9.

106 *Winnefeld*^{4}, K Rn 1; *ADS*^{6} § 289 HGB Rn 12.

107 *Ellrott* in BBK^6 § 289 HGB Rn 15; *Reittinger* in HdJ IV/3 Rn 36. WP-Handbuch 2000, Bd. I, F Rn 797; *Lück* in *Küting/Weber*^{4} Bd. Ia, § 289 HGB Rn 30.

108 *Ellrott* in BBK^6 § 289 HGB Rn 17; *Lück* in *Küting/Weber*^{4} Bd. Ia, § 289 HGB Rn 30; *Reittinger* in HdJ IV/3 Rn 37.

109 *Ellrott* in BBK^6 § 289 HGB Rn 19.

110 *Ellrott* in BBK^6 § 289 HGB Rn 20; *ADS*^{6} § 289 HGB Rn 70.

soll vermittelt werden. Damit verpflichtet § 289 Abs. 1 Hs. 1 HGB die geschäftsführenden Organe zu einer gewissenhaften und getreuen Rechenschaft.[111] Es ist eine vollständige und richtige Berichterstattung zu fordern.[112] Der Grundsatz der vollständigen Berichterstattung erfährt allerdings im Bereich des Lageberichts eine Einschränkung. Damit nicht alle Geschäftsvorfälle im Lagebericht aufzuzeigen sind, ist der Lagebericht geprägt von dem Wesentlichkeitsgrundsatz.[113] Obwohl der Lagebericht eigenständig und losgelöst von dem Jahresabschluss ist, ist er lediglich eine ergänzende Informationsquelle.[114] Eine Mehrfachberichterstattung ist damit nicht gefordert.[115]

Bei der Beurteilung der Frage, wie Fehler im Lagebericht einer Gesellschaft zu behandeln sind, ist zwischen den zukunftsorientierten und den vergangenheitsbezogenen Aussagen zu differenzieren. Bei den zukunftsorientierten Informationen stellt sich zunächst die Frage, was überhaupt ein Fehler ist. Wirtschaftliche Prognosen sind in ihrem Gehalt und in ihrer Richtigkeit stets abhängig von dem Informationsstand bei ihrer Abgabe.[116] Da aber der Informationsstand und die Informationssammlung durch die „Undurchdringlichkeit der Zukunft“[117] beschränkt sind, stellt sich die Frage, ob eine Prognose, die nicht eintrifft, von vornherein als fehlerhaft gelten kann oder muss. In Bezug auf Prognosen hat sich statt des Begriffs der Richtigkeit das Begriffspaar sichere Prognose und unsichere Prognose etabliert. Hiermit wird die Wahrscheinlichkeit von

---

111 *ADS*[6] § 289 HGB Rn 38; WP-Handbuch 2000, Bd. I, F Rn 789; *Biener/Berneke* BiRiLiG Erl. 2 zu § 289 HGB; *Schulze-Osterloh* in *Baumbach/Hueck*[18] § 42 GmbHG Rn 30; *Lück* in *Küting/Weber*[4] Bd. Ia, § 289 HGB Rn 13; *Claussen/Korth* in KKAktG[2] § 289 HGB Rn 9; *Sahner/Kammers* DB 1984, S: 2309 (2310); *Kropff* BFuP 1980, S. 514 (517 f.).

112 *ADS*[6] § 289 HGB Rn 39; WP-Handbuch 2000, Bd. I, F Rn 791; *Ellrott* in BBK[6] § 289 HGB Rn 9, 11; *Claussen/Korth* in KKAktG[2] § 289 HGB Rn 9; *Reittinger* in HdJ IV/3 Rn 8; *Lück* in *Küting/Weber*[4] Bd. Ia, § 289 HGB Rn 14.

113 *ADS*[6] § 289 HGB Rn 40; WP-Handbuch 2000, Bd. I, F Rn 807; *Ellrott* in BBK[6] § 289 HGB Rn 9; *Kropff* in *Geßler/Hefermehl/Eckardt/Kropff* § 160 AktG Rn 12.

114 *ADS*[6] § 289 HGB Rn 8; Begr. RegE BT-Drucks. X/317, S. 94.

115 *ADS*[6] § 289 HGB Rn 12; *Baetge/Kirsch/Thiele*[8], S. 793.

116 *Staehle*, S. 122; *Griem*, S. 50 f.; *Peiffer* WPg 1974, S. 186 (192).

117 *Gattinger*, S. 56, 130; *Griem*, S. 50.

Ereignissen aus einer ex-ante Sicht ausgedrückt.[118] Wird erkannt, dass die prognostizierten Ereignisse nicht eingetreten sind und auch nicht eintreten werden, so ist die alte Prognose nicht zu korrigieren. Die ex-post Korrektur einer Prognose, die ihrem Wesen nach immer eine ex-ante Sicht darstellt, ist nicht denkbar. Lediglich der Hinweis, dass der prognostizierte Verlauf nicht eingetreten ist, ist denkbar. Insofern können aus dem zukunftsorientierten Teil des Lageberichts keine Schlüsse auf eine mögliche Fehlerberichtigungspflicht bei der (vergangenheitsorientierten) Bilanz gezogen werden.

Anders stellt sich dies bei den vergangenheitsbezogenen Darstellungen des Lageberichts dar. Die Information über die Entwicklung des Auftragsstandes oder der Umweltbericht[119] sind anhand von objektiven Kriterien intersubjektiv nachprüfbar. Derartige Informationen können – anders als Prognosen – richtig oder falsch sein. Für diese so genannten Tatsacheninformationen fordert der Grundsatz der Richtigkeit, dass sie mit der Realität übereinstimmen.[120] Aus gleichen Überlegungen, die auch für den Jahresabschluss gelten, muss damit der fehlerhafte Lagebericht berichtigt werden. Indessen kann nicht von der Fehlerbehandlung beim Lagebericht auf die Fehlerbehandlung bei der Bilanz geschlossen werden.

4. Berichtigungspflicht und ‚true and fair view'

Das aus dem angelsächsischen Raum stammende Konzept des ‚true and fair view'[121] hat in Art. 2 Abs. 3 der 4. EG-Richtlinie[122] seinen Niederschlag gefunden. Durch das Bilanzrichtliniengesetz[123] wurde die Richtlinie in nationales Recht

118 Zu der genaueren Differenzierung zwischen „einwertiger Erwartung", „unsichere Erwartung", „subjektiv unsichere Erwartung" und „objektiv unsichere Erwartung" siehe *Peiffer* WPg 1974, S. 186 (193).

119 Zum Umweltbericht als Teil des Lageberichts: *Ellrott* in BBK[6] § 289 HGB Rn 22.

120 *Ellrott* in BBK[6] § 289 HGB Rn 11; *Baetge/Kirsch/Thiele*[8], S. 796; *Baetge/Krumbholz* in *Küting/Weber*[4] Bd. Ia, I Rn 373.; *Hommelhoff* in *Staub*[4] § 289 HGB Rn 83.

121 Eingeführt in das englische Recht durch Section 149 § 1 des Companies Act von 1948.

122 4. EG-Richtlinie v. 25. 7. 1978.

123 Bilanzrichtliniengesetz v. 19.12.1985, BGBl. I 1985, S. 2355

umgesetzt. Seitdem wird von Kapitalgesellschaften verlangt, dass ihr Jahresabschluss „ein den tatsächlichen Verhältnissen entsprechendes Bild der Vermögens-, Finanz- und Ertragslage“ der Gesellschaft vermittelt, § 264 Abs. 2 HGB. Auch aus dieser Norm könnte daher die Pflicht zur Bilanzberichtigung abgeleitet werden. Die Forderung des § 264 Abs. 2 HGB kann nämlich nur befriedigt werden, wenn der Jahresabschluss objektiv richtig ist.[124] Diese Generalklausel hebt aber nur die Bedeutung der Richtigkeit hervor. Ausschließlich zur Erfüllung der Bilanzzwecke – und insbesondere des Informationszwecks gegenüber Gesellschaftern und Außenstehenden – muss die Bilanz richtig sein.[125] Vor diesem Hintergrund entstand auch die 4. EG-Richtlinie.[126] Der einheitlichen Regelung der Gliederung und des Inhalts des Jahresabschlusses innerhalb der Europäischen Union „kommt in Hinblick auf den Schutz der Gesellschafter sowie Dritter besondere Bedeutung zu“[127]. § 264 Abs. 2 HGB beschreibt damit die Anforderungen an einen Jahresabschluss, die zur Sicherung dieser Zwecke vonnöten sind. Aus einem Verstoß gegen diesen Grundsatz kann daher nur dann eine Berichtigungspflicht resultieren, wenn sonst der mit dem Jahresabschluss verfolgte Zweck gefährdet ist. Insoweit kann nach oben verwiesen werden. Sind nämlich die Bilanzzwecke in Gefahr, kommt die ursprüngliche Aufstellungspflicht nicht in Fortfall.

5. Berichtigungspflicht und Abschlussprüfung

Eine Berichtigungspflicht könnte sich auch aus § 322 Abs. 3 HGB ergeben. Nach § 322 Abs. 3 HGB kann bei Unternehmen, die der Prüfungspflicht des § 316 Abs. 1 HGB unterliegen, der Bestätigungsvermerk durch den Abschlussprüfer eingeschränkt oder verweigert werden.[128]

---

124 *Hense/Schellhorn* in BBK^6 § 264 HGB Rn 40, 42; *Beater* in MüKoHGB § 264 Rn 28.

125 *Hüttemann* in *Staub*^{4} *§ 264 HGB Rn 28; Hense/Schellhorn* in BBK^6 § 264 HGB Rn 35.

126 *Hüttemann* in *Staub*^{4} § 264 HGB Rn 30.

127 Präambel der 4. EG-Richtlinie.

128 *Förschle* in BBK^6 § 243 HGB Rn 68; *Baetge/D. Fey/G. Fey* in *Küting/Weber*^{4} Bd. Ia, § 243 HGB Rn 84; IDW PS 400, Rn 50.

Zwar ist bei der Prüfung des Jahresabschlusses noch kein Feststellungsbeschluss ergangen, und die Bilanz ist damit noch keine berichtigungsfähige Bilanz im Rechtssinne; doch ist letztlich die Abschlusserstellung im Zeitpunkt der Prüfung abgeschlossen. Dennoch zeigt die Notwendigkeit der Prüfung, sowie die Erteilung eines Bestätigungsvermerks gemäß § 322 Abs. 3 HGB, wie bedeutsam die Richtigkeit des Jahresabschlusses und des ebenfalls zu prüfenden Lageberichts ist. Die Prüfung dient nämlich der Sicherstellung gesetz- und ordnungsmäßiger Buchführung und Rechnungslegung.[129]

Wird der Bestätigungsvermerk nur eingeschränkt erteilt oder gänzlich versagt, so sind die Gründe hierfür im Bestätigungsvermerk oder Versagungsvermerk darzulegen, § 322 Abs. 4 Satz 3 HGB.[130] Durch den ebenfalls zu publizierenden[131] Bestätigungs- oder Versagungsvermerk wird damit die drohende Fehlinformation des Bilanzadressaten vermieden. Ob dies indessen geeignet ist, den durch die fehlerhafte Bilanz verfehlten Zweck dennoch zu erfüllen, muss bezweifelt werden. Zum einen ist nicht jedes Unternehmen prüfungspflichtig i. S. d. § 316 Abs. 1 HGB, zum anderen ist gerade für die Frage von subjektiv richtigen Bilanzen keine Klarstellung durch den Bestätigungsvermerk zu erwarten. Auch sind durch die Aufstellungspflicht einzig die gesetzlichen Vertreter des Unternehmens betroffen, während der Prüfer nur die richtige und vollständige Erfüllung dieser Pflicht zu überprüfen und zu dokumentieren hat.[132] Das zeigt sich besonders deutlich an der Haftungsvorschrift des § 323 Abs. 1 Satz 3 HGB. Durch unsachgemäße Prüfung und falschen Vermerk macht sich der Prüfer lediglich gegenüber der Gesellschaft nicht hingegen gegenüber Dritten schadensersatzpflichtig.[133] Denn der Bestätigungsvermerk des Prüfers enthält keine Beurteilung der Lage des Unternehmens und kann damit nicht die Funktionen der Bilanz übernehmen.[134]

---

129 *ADS*[6] § 322 HGB Rn 14; *Schulze-Osterloh* in *Baumbach/Hueck*[18] § 41 GmbHG Rn 78; *Kropff* in *Geßler/Hefermehl/Eckardt/Kropff* § 167 AktG Rn 3.

130 *Förschle/Küster* in BBK[6] § 322 HGB Rn 49 ff.

131 § 325 Abs. 1 Satz 1 HGB.

132 Begr. RegE, BR-Drucks. 872/97, S. 71; *ADS*[6] § 322 HGB Rn 19.

133 *ADS*[6] § 322 HGB Rn 23, § 323 HGB Rn 176 ff.; WP-Handbuch 1996, Bd. I, O Rn 282.

134 *ADS*[6] § 322 HGB Rn 24; IDW PS 400, Rn 8; *Claussen/Korth* in KKAktG[2] § 322 HGB Rn 3; *Grewe* in BoHdR § 322 HGB Rn 23.

Unterstellt man, dass jeder Fehler zu berichtigen ist, stellt sich dennoch die Frage, warum es möglich sein soll, bei nur eingeschränkter Erteilung des Bestätigungsvermerks und sogar bei dessen Verweigerung, den Jahresabschluss festzustellen[135] und offenzulegen[136]. Muss nicht umgehend eine Berichtigung erfolgen und eine erneute Prüfung oder eine Nachtragsprüfung durchgeführt werden, bevor der Jahresabschluss festgestellt und publiziert wird? Dies kann verneint werden. Es ist nämlich denkbar, dass sich Gründe für die Einschränkung des Bestätigungsvermerks finden lassen, die nicht gleichzeitig auch die Fehlerhaftigkeit der Bilanz begründen.[137] So ist zum Beispiel denkbar, dass der Jahresabschluss in seinem materiellen Gehalt richtig ist, der Abschlussprüfer diese Richtigkeit aber nicht nachprüfen kann, weil ihm (teilweise) der Zugriff auf die „Bücher und Schriften"[138] verweigert wird. Darf der Prüfer zum Beispiel keine Saldenbestätigungen von Kreditoren anfordern, kann er die Richtigkeit der ausgewiesenen Verbindlichkeiten nicht nachprüfen.[139] Dennoch sind diese Verbindlichkeiten nicht zwingend falsch ausgewiesen.

Damit kann den Vorschriften über die Prüfung und den Bestätigungsvermerk lediglich das vom Gesetzgeber gewollte Gewicht der Richtigkeit und Vollständigkeit des Jahresabschlusses entnommen werden. Indessen lässt § 322 HGB keine Rückschlüsse auf das Bestehen oder Nichtbestehen einer Berichtigungspflicht zu.

6. Berichtigungspflicht und Straf- bzw. Bußgeldvorschriften

Eine Berichtigungspflicht könnte man auch aus den verschiedenen Straf- und Bußgeldvorschriften ableiten. Die fehlerhafte Darstellung der Lage des Unternehmens in der Bilanz ist in verschiedenen Normen mit Sanktionen belegt. Ge-

135 So aber die h.M. Beispielhaft *Förschle/Küster* in BBK^6 § 322 HGB Rn 11.

136 § 325 Abs. 1 Satz 1 HGB, der den Versagungsvermerk als Pflichtunterlage zur Offenlegung nennt.

137 Beispiele für solche Gründe finden sich bei *Förschle/Küster* in BBK^6 § 322 HGB Rn 61 letzter Spiegelstrich; IDW PS 400, Rn 56.

138 § 320 Abs. 1 Satz 2 HGB.

139 IDW PS 302. Weitere Beispiele für Einschränkung-/Verweigerungsgründe, die nicht gleichzeitig die Fehlerhaftigkeit der Bilanz nach sich ziehen, finden sich bei *Förschle/Küster* in BBK^6 § 322 HGB Rn 61 letzter Spiegelstrich.

nannt seien hier zunächst die §§ 283 Abs. 1 Nr. 7 Lit. a), 283 Abs. 1 Nr. 3 Lit. a) StGB, §§ 331 Nr. 1, 334 Abs. 1 Nr. 1 Lit. a) HGB und § 20 PublG. Mit der Feststellung der Bilanz erreichen all diese Taten zumindest das Stadium der Vollendung.[140] Ein strafbefreiender Rücktritt durch Berichtigung der Bilanz ist damit nicht möglich.[141] Auch ist an dieser Stelle zu bedenken, dass nicht das Unternehmen strafrechtlich verantwortlich ist, sondern die bilanzaufstellenden Organe.[142] Eine Berichtigungspflicht müsste aber das Unternehmen treffen. Bei den §§ 331, 334 HGB als Normen des Ordnungswidrigkeitsrechts ist ferner zu berücksichtigen, dass sie „lediglich als eine nachdrückliche Pflichtermahnung“[143] zu sehen sind. Damit kann aber keine Pflicht begründet werden. Diese Normen können daher nicht zur Herleitung einer Bilanzberichtigungspflicht herangezogen werden. Sie bestätigen lediglich die aufgezeigte Wichtigkeit der Bilanzrichtigkeit für die Erfüllung der Bilanzfunktionen.

Anders als die oben aufgeführten Straf- und Bußgeldvorschriften gelangt der Kreditbetrug gemäß § 265b StGB nicht schon durch Feststellung einer fehlerhaften Bilanz zur Vollendung. Als abstraktes Gefährdungsdelikt[144] schützt § 265b StGB die individuellen Vermögensinteressen.[145] Zur erweiterten Sicherstellung der Gläubigerinteressen ist bei § 265b StGB nicht die fehlerhafte Bilanzerstellung, sondern vielmehr die Vorlage der fehlerhaften Bilanz zur Information möglicher Vertragspartner unter Strafe gestellt. Hierbei muss die Bilanz dazu geeignet sein, bei dem Kreditgeber ein positiveres Bild des Unternehmens hervorzurufen. Auch muss sie dazu dienen, die Chancen auf Kreditvergabe zu erhöhen. Zwar wirkt der gleichzeitig erteilte Hinweis auf die Fehler der Bilanz

140 Siehe für die Strafbarkeitsbedingung des § 283 Abs. 6 StGB und ihre Auswirkungen auf die Versuchsstrafbarkeit *Tröndle/Fischer*[54] § 283 StGB Rn 33; *Köhler* in *Wabnitz/Janovsky*, S. 373 ; a. A.: RG v. 20. 9. 1887, Az. 1668/87, RGSt S. 16, 190: Vollendung erst mit Eintritt der objektiven Strafbarkeitsbedingung des Abs. 6. Damit bleibt Rücktritt möglich.

141 Zum Rücktritt nach Vollendung: *Tröndle/Fischer*[54] § 24 StGB Rn 3.

142 *Tröndle/Fischer*[54] § 283 StGB Rn 20.

143 BVerfG v. 26. 7. 1969, Az. 1 BvL 19/63, BverfGE 27, S. 18 (33) m.w.N.

144 *Tröndle/Fischer*[54] § 265b StGB Rn 2; *Lackner/Kühl*[26] § 265b StGB Rn 1; *Otto*, Jura 1983, S. 16 (22).

145 *Tröndle/Fischer*[54] § 265b StGB Rn 3; *Krey/Hellmann* BT/2 Rn 529.

tatbestandsausschließend[146], weil die Chancen, einen Kredit zu erhalten, durch die Vorlage der fehlerhaften Bilanz nicht gesteigert werden. Dennoch zeigt § 265b StGB die Bedeutung richtiger Bilanzen im Sinne des Gläubigerschutzes. Immerhin besteht aber die Möglichkeit, die Tatbestandserfüllung auf andere Weise als durch Bilanzberichtigung auszuschließen.

III. Ergebnis

Es bleibt festzuhalten, dass eine fehlerhafte Bilanz, die ein den tatsächlichen Verhältnissen nicht entsprechendes Bild von der Lage des Unternehmens zeigt, grundsätzlich berichtigt werden muss. Ansonsten droht die Fehlinformation der verschiedenen Bilanzadressaten, wodurch die Erreichung der Bilanzzwecke gefährdet wird.[147]

B) Bedarf eines Bestandsschutzes

In Anlehnung an die dargelegten Bilanzzwecke ist nun für die einzelnen Bilanzadressaten zu prüfen, ob sie ein schutzwürdiges Interesse am Fortbestand einer (nur) subjektiv richtigen Bilanz haben.

I. Schutzinteressen des Kaufmanns

Der Kaufmann selbst könnte sich wünschen, seine Bilanz nicht berichtigen zu müssen. Verschiedene Gründe kommen hierfür in Betracht.

1. Glaubwürdigkeit

Aus kaufmännischer Sicht sind zunächst die Geschäftsbeziehungen zu berücksichtigen. Ohne diese Beziehungen kann ein Unternehmen nicht wirtschaften. So braucht man Lieferanten, Mitarbeiter, (Eigen-/Fremd-)Kapitalgeber und vor allem auch Abnehmer, was auch immer das Produkt sein mag. All jenen gegen-

146 *Lenckner/Perron* in *Schönke/Schröder*[27] § 265b StGB Rn 38.

147 So z. B. *Schön* in FG BGH Bd. II, S. 153 (155); WP-Handbuch Bd. 1, 2000, S. 338; St/HFA 2/1991, WPg 1992, S. 89; *Günkel* StBJb 2004/2005, 295 (305).

über ist dem Kaufmann daran gelegen, ein seriöses und vor allen Dingen ein zuverlässiges Bild abzugeben.

Unter häufiger Bilanzberichtigung kann aber die Glaubwürdigkeit des Kaufmanns leiden.[148] Obwohl das Unternehmen wirtschaftlich gesund ist, würde ihm bald der Ruf eines windigen Geschäftspartners anhaften. Künftige Kapitalgeber würden das Vertrauen in die Richtigkeit der Bilanz und des Jahresabschlusses verlieren. Eine Ausreichung von Darlehen scheint dann mit einem höheren Risiko verbunden. Damit wird einem potenziellen Kapitalgeber eine höhere Risikobereitschaft abverlangt. Fehlt den Kapitalgebern diese Risikobereitschaft, bekommt das Unternehmen keinen Kredit. Findet sich aber ein Kreditgeber, so wird dieser größere Sicherheiten und höhere Zinsen verlangen.[149] Häufige Bilanzberichtigungen können demzufolge Schwierigkeiten bei der Fremdkapitalbeschaffung mit sich bringen. Schon wegen dieser Wirkung wird dem Kaufmann daran gelegen sein, häufige Bilanzberichtigungen zu vermeiden. Dies insbesondere dann, wenn sich nach der Berichtigung die Lage des Unternehmens schlechter darstellt als zuvor.

Für eben diesen Fall, dass sich nach der Berichtigung der Bilanz die Lage des Unternehmens schlechter darstellt als zuvor, würde das Ansehen des Unternehmens auch bei aktuellen Gläubigern sinken. Es kann der Eindruck entstehen, dass die Unternehmensführung Risiken nicht rechtzeitig erkennt. Die Kreditlinie des Unternehmens würde durch die Geldgeber angepasst. Möglicherweise kämen sogar frühzeitige Rückforderungen auf das Unternehmen zu. Scheint damit die Bonität des Unternehmens zu sinken, kann die Bilanzberichtigung auch dazu führen, dass Lieferanten nicht mehr liefern. Aus Angst, die Kaufpreisforderung könne ausfallen, bleiben wichtige Lieferungen aus. Das Unternehmen kann nicht mehr produzieren. Um diesen Kreislauf zu Ende zu führen: Auch die Abnehmer würden das Vertrauen in die Zuverlässigkeit des Unternehmens verlieren und bei der Konkurrenz einkaufen. Damit ist das Unternehmen wirtschaftlich tot.

Bei kapitalmarktorientierten Körperschaften würde sich das Unternehmen darüber hinaus den Ärger der Anleger zuziehen, wenn nach erfolgter Feststellung und Veröffentlichung des Jahresabschlusses Kaufentscheidungen getroffen

148 *V. Braunbehrens* AG 1956, S. 30.

149 *Cluse/Engels*, S. 336.

werden und sich plötzlich durch Bilanzberichtigung die Lage des Unternehmens vollständig anders darstellt. Man stelle sich als plastisches Beispiel die T-AG vor, die nach Emission neuer Aktien die Werte ihrer Immobilien rückwirkend korrigiert. Der daraufhin unter den Emissionspreis fallende Börsenkurs der Aktie ruft Aktionäre auf den Plan. Diese vermuten nun, die Entwertung der Immobilien sei schon früher bekannt gewesen. Einzig zur Sicherung des Emissionspreises sei eine frühzeitigere Berücksichtigung dieses Umstandes unterblieben. Ob diese Vermutung der Wahrheit entspricht oder nicht, kann dahinstehen. Schaden nimmt der Ruf des Unternehmens ohnehin.

Macht das Unternehmen aber aufgrund der Berichtigung einen besseren Eindruck als zuvor, so kann sich der Unternehmer den Unwillen der Arbeitnehmer und Gewerkschaften zuziehen. Stellt man sich vor, dass eine objektive Unrichtigkeit der Bilanz kurz nach Abschluss von Tarifverhandlungen entdeckt wird, und die Berichtigung des Fehlers zu einem sehr viel höheren Gewinn führt, kann der Anschein entstehen, der Fehler sei bewusst in die Bilanz eingeflochten worden. In folgenden Tarifverhandlungen würde dem Kaufmann ein gleichartiges Vorgehen vorgeworfen werden. Auch leidet bis zu den nächsten Tarifverhandlungen das Betriebsklima und damit die Produktivität des Unternehmens. Im Ergebnis ist für solche Fälle der Kaufmann bestrebt, seine Bilanz nicht zu berichtigen und den Fehler im laufenden Wirtschaftsjahr (oder aber in dem ersten noch offenen Wirtschaftsjahr) zu korrigieren.

Die Glaubwürdigkeit ist in der Geschäftswelt ein hohes Gut. Denn als Teil der Gesellschaft kann ein Unternehmen „nur überleben, wenn es von seinem gesellschaftlichen Umfeld akzeptiert wird (zum Beispiel Kunden, Kapitalgeber, Lieferanten, Staat, Arbeitgeberverbände). Es hat sich deshalb um Glaubwürdigkeit gegenüber seinen Anspruchsgruppen zu bemühen.“[150] Am deutlichsten zeigt sich die Bedeutung der Glaubwürdigkeit, wenn man sich eine große steuerberatende Gesellschaft in Form der AG vorstellt. Ist diese Gesellschaft gezwungen, regelmäßig ihre eigene Bilanz zu korrigieren, so geht einerseits das Vertrauen in den kaufmännischen Sachverstand verloren; aber – und das ist für dieses Beispiel viel bedeutsamer – auch das Vertrauen in die angebotene Leistung sinkt. Allgemeiner zeigt sich schon bei der Findung des Firmenwerts von Unternehmen, wie bedeutsam das Vertrauen der verschiedenen Bilanzadressa-

150 *Thommen/Achleitner*, S. 888.

ten in die Richtigkeit der Bilanz ist. So ist insbesondere bei Unternehmen mit einer starken persönlichen Prägung wie Arzt- oder Rechtsanwaltspraxen das Vertrauen der Öffentlichkeit in die Richtigkeit der getätigten Aussagen von großer Bedeutung. Geht dieses Vertrauen verloren, sinkt zwangsläufig der Firmen- oder Geschäftswert. Gleiches gilt, wenn auch nicht in dem Maße, für das Vertrauen in getroffene Bilanzaussagen.

Dennoch sind all diese Faktoren relativ zu bewerten. Da nämlich ohne Bestandsschutz alle Unternehmen in ähnlichem Umfang mit Berichtigungen zu kämpfen hätten, würde die Wertigkeit der Berichtigung insoweit zurückgehen. Damit ist zwar grundsätzlich eine Tendenz des Unternehmers zu beobachten, die Bilanz nach Möglichkeit nicht zu berichtigen, um seine Glaubwürdigkeit nicht zu gefährden. Der Schutz der Glaubwürdigkeit steht wegen der verheerenden Folgen auch im Interesse der Allgemeinheit. Doch auf der anderen Seite muss bedacht werden, dass eigentlich nicht die Berichtigung, sondern die ursprüngliche, fehlerhafte Bilanzierung der Glaubwürdigkeit schadet. So kann man argumentieren, die Berichtigung stelle eine größere Glaubwürdigkeit her, weil der Unternehmer bei Erkenntnis eines Fehlers bestrebt (oder verpflichtet) ist, diesen aus der Welt zu schaffen.

Aber auch der internationale Vergleich ist nicht zu vernachlässigen. Während eben angeführt wurde, dass alle Unternehmen gleichermaßen der Gefahr (nur) subjektiv richtiger Bilanzen und damit der Gefahr der Berichtigungspflicht ausgesetzt sind, gilt dies nicht zwingend für die im Ausland ansässigen Geschäftspartner. Während also die Einbuße an Glaubwürdigkeit sich im nationalen Vergleich relativiert, fehlt internationalen Partnern möglicherweise das Verständnis für die ständigen Berichtigungen.

Im Ergebnis ist damit zu konstatieren, dass es sicherlich im Sinne des Unternehmens sein wird, die Bilanz zur Sicherung der Glaubwürdigkeit nicht regelmäßig berichtigen zu müssen. Dieses Interesse des Kaufmannes ist im Falle der subjektiven Richtigkeit auch berechtigt, weil der Fehler ihm nicht vorwerfbar ist. Dem steht nicht entgegen, dass es auch dem Kaufmann gelegentlich wünschenswert erscheinen dürfte, die Bilanz zu ändern.[151] Der Kaufmann selbst könnte und müsste dann die Vor- und Nachteile im Einzelfall abwägen.

151 So zum Beispiel, wenn die Berichtigung zu Progressionsvorteilen führt.

2. Schwierigkeiten erneuter Publikation

Nach erfolgter Berichtigung ist von publikationspflichtigen Unternehmen in entsprechender Anwendung des § 325 Abs. 1 Satz 3 Hs. 2 HGB eine erneute Veröffentlichung vorzunehmen.[152] Damit stellt sich die Frage, ob der gleiche Adressatenkreis erreicht werden kann. So ist daran zu denken, dass die Publikation der nur subjektiv richtigen Bilanz sich an einen lediglich bestimmbaren, dennoch unbestimmten Personenkreis richtet. Um aber die fehlerhafte Information gänzlich aus der Welt zu schaffen, müsste mit der Veröffentlichung der berichtigten Bilanz ein jeder erreicht werden, der die fehlerhafte Bilanz tatsächlich gesehen hat. Indessen wird aber lediglich verlangt, dass das Unternehmen, das seine Bilanz berichtigt oder ändert, in „üblicher Weise"[153] die Publikation betreibt. Damit ist nicht sichergestellt, dass jedem, der die fehlerhafte Bilanz eingesehen hat, auch ihre Fehlerhaftigkeit zu Gehör kommt. Zu denken ist aber daran, dass alle Vertragspartner bei den Vertragsverhandlungen auf die Berichtigung von Fehlern hingewiesen werden. Damit käme das Unternehmen einer möglichen schuldrechtlichen Aufklärungspflicht, die neben einer öffentlichrechtlichen Offenlegungspflicht existiert, nach.

Diese Problematik ist aber kein Spezifikum der subjektiv richtigen Bilanz. Zu derartigen Problemen kann es auch bei zulässigen Bilanzänderungen kommen. Im Übrigen ist auch eine Neuveröffentlichung nach Feststellung der Nichtigkeit gemäß § 256 AktG erforderlich und möglich. Der subjektive Fehlerbegriff ist nicht geeignet, dieses Problem gänzlich zu vermeiden. Damit kann sich aus den Problemen, die eine erneute Offenlegung mit sich bringt, nicht gefolgert werden, dass eine Berichtigung nicht erforderlich oder gar ausgeschlossen ist.

3. Arbeitsaufwand für Berichtigung

Dem Kaufmann, der nach bestem Wissen und Gewissen seine Bilanz erstellt hat, erwächst durch die notwendige Berichtigung übermäßiger Arbeitsaufwand. Gleich jenen Kaufleuten, bei denen die Bilanz sofort objektiv richtig ist, hat der gewissenhafte Kaufmann den Sachverhalt ermittelt und seine Bewertungen hie-

---

152 St/HFA 2/1991, WPg 1992, S. 89; *Ellrott/Aicher* in BBK[6] § 325 HGB Rn 45; *ADS*[6] § 325 HGB Rn 87.

153 *Ellrott/Aicher* in BBK[6] § 325 HGB Rn 45; so auch *ADS*[6] § 325 HGB Rn 86.

ran ausgerichtet. Nun müssen Umstände berücksichtigt werden, die ihm bei Bilanzerstellung nicht bekannt waren. Je nach Größe des Unternehmens kann das deutliche Kosten nach sich ziehen. So ist daran zu denken, dass nicht nur das Unternehmen die Bilanzen berichtigen muss, sondern möglicherweise auch der Mutterkonzern.[154] Auch beschränkt sich die objektive Fehlerhaftigkeit möglicherweise nicht auf ein einziges Wirtschaftsjahr. Liegt nämlich die neu erkannte Tatsache Jahre zurück, ist der fehlerhafte Bilanzansatz wegen des Grundsatzes der Bilanzidentität in mehreren Bilanzen zu finden und bedarf in all diesen Bilanzen der Berichtigung.[155] Es bleibt aber nicht bei den „erheblichen Kosten“[156] für die erforderliche Berichtigung oder (Neu-)Aufstellung. Vielmehr kommen für prüfungspflichtige Unternehmen die Kosten für die gemäß § 316 HGB durchzuführende Nachtragsprüfung hinzu. Mit einer Bilanzberichtigung können daher ein sehr großer Arbeitsaufwand und enorme Kosten verbunden sein.[157] In der Abwägung zwischen Rechtsrichtigkeit und Rechtssicherheit muss dieser Aufwand bedacht werden.

4. Prognosegehalt der Bilanz

Aufgrund der Unsicherheiten, mit der eine jede Bilanz behaftet ist, kann sich in drastischer Weise die Notwendigkeit eines Bestandsschutzes ergeben. Dieser Prognosegehalt der Bilanz wird häufig herangezogen, um das Erfordernis eines Bestandsschutzes zu Gunsten des Kaufmanns zu untermauern.[158]

---

154 Eine Berichtigung sieht das IDW, RS HFA 6 WPg 2001, S. 1085 (187), nur dann als zwingend an, wenn der Fehler auch für die Konzernbilanz wesentlich ist.

155 St/HFA 2/1991, WPg 1992, S. 89.

156 *Hundertmark/Herms* BB 1973, S. 1051 (1055).

157 Nach Auffassung *v. Beckeraths* DStJG 14, S. 65 (68), ist jede Feststellung eines Jahresabschlusses mit „erheblichem Aufwand“ verbunden; nach *Lutter* in FS *Helmrich*, S. 685 (690) führt jedenfalls die Neuaufstellung wg. Nichtigkeit der Bilanz zu „erheblichem Aufwand“; „nicht unerhebliche Kosten“ zeitigt nach Auffassung von *Barz* in FS *Schilling*, S. 127 (138) auch eine Bilanzänderung; *Welf Müller* in FS *Quack*, S. 359 (367), spricht zumindest von einer „aufwendigen Prozedur“.

158 So z. B. *Balthasar*, S. 131.

a) Bestandsschutz für Prognosen

Jede Bilanz enthält in gewissem Umfang Prognosen und Risikobewertungen.[159] So muss der Bilanzierungspflichtige zum Beispiel vorsichtig bilanzieren, insbesondere „vorhersehbare Risiken"[160] berücksichtigen. Aufgrund der Zukunftsorientierung derartiger Prognosen wird dem Kaufmann bei der Einschätzung eines Risikos ein Spielraum eingeräumt.[161] Bei der Bestimmung des Spielraums – und damit letztlich auch bei Erstellung der Prognose – sind alle bei Bilanzaufstellung bekannten Umstände, die den Wert schon vor dem Bilanzstichtag beeinflusst haben, zu berücksichtigen.[162] Was aber geschieht, wenn nach Aufstellung der Bilanz neue Erkenntnisse hinzutreten? Verschiebt sich möglicherweise die Bandbreite der möglichen Wertansätze? Muss der Ansatz berichtigt werden, wenn er nicht in dieser (‚richtigeren') Bandbreite liegt? Oder ist es vielmehr die Eigenheit der Prognose, dass sie sich nicht mit wachsender Erkenntnis ex tunc ändert, sondern für jeden Kenntnisstand eine neue Prognose abgegeben werden kann und muss?

So wird denn auch vertreten, dass eine Prognose nicht zwingend falsch ist, wenn der prognostizierte Verlauf nicht eintritt. Für die Frage, ob eine Prognose fehlerfrei ist, kann es ausschließlich auf die Informationslage bei Abgabe der Prognose ankommen. Sind alle verfügbaren Informationen in vertretbarer Weise berücksichtigt worden, führt die Prognose nicht zur Fehlerhaftigkeit der Bilanz.[163] Der gestellte Ermessensspielraum findet seine Grenzen vielmehr in Werten, die ein Dritter unter angemessener Betrachtung nicht als willkürlich empfindet.[164]

---

159 *Winkeljohann/Geißler* in BBK[6] § 252 HGB Rn 32; *Selchert* in HdR[3] § 252 HGB Rn 66.

160 § 252 Abs. 1 Nr. 4 HGB.

161 *Winkeljohann/Geißler* in BBK[6] § 252 HGB Rn 32; zum Ermessensspielraum bei Bewertungen mit dem Teilwert siehe *Werndl* in *Kirchhof/Söhn* § 6 EStG Rn B 358, 363.

162 So auch § 252 Abs. 1 Nr. 4 HGB.

163 *Balthasar*, S. 131.

164 *Winkeljohann/Geißler* in BBK[6] § 252 HGB Rn 32; *Werndl* in *Kirchhof/Söhn* § 6 EStG Rn B 362; *Selchert* in HdR[3] § 252 HGB Rn 68.

Als typisches Beispiel einer solchen Prognose sei ein Bestand an Aktien angeführt. Aufgrund der gegebenen Kursentwicklung bis zum Bilanzstichtag sind diese Aktien nicht mehr mit den Anschaffungskosten sondern mit dem darunter liegenden Zeitwert zu bewerten, § 253 Abs. 3 Satz 1 und 2 HGB. Auch steuerrechtlich ist eine derartige Behandlung zulässig. Erfährt ein Wirtschaftsgut eine dauerhafte Wertminderung[165] ist der Teilwert anzusetzen, § 6 Abs. 1 Nr. 2 Satz 2 EStG.[166] Stellt sich aber nach Feststellung des Abschlusses oder nach dessen Einreichung zum Finanzamt heraus, dass der Kursverfall nur ein vorübergehender war, so könnte man diese Teilwertabschreibung als fehlerhafte Bilanzierung betrachten. Dann aber wäre nach dem oben postulierten Grundsatz eine Berichtigungspflicht gegeben.

Dass aber derartige Entwicklungen keine zwingende Berichtigung nach sich ziehen, zeigt für das Steuerrecht der § 6 Abs. 1 Nr. 2 Satz 3 EStG deutlich. Hier wird nämlich die Wertaufholung in der nächsten Bilanz zwingend vorgeschrieben.[167] Erholt sich also der Kurswert, muss dies in der nächsten zu erstellenden Bilanz berücksichtigt werden. Einer derartigen Regelung bedürfte es nicht, wenn die Wertaufholung schon durch Berichtigung der Schlussbilanz des Vorjahres zu erfolgen hätte. Dasselbe muss für das Handelsrecht gelten. Eine Wertaufholung ist allerdings nur für Kapitalgesellschaften vorgeschrieben, § 280 Abs. 1 HGB.[168] Anders bei Personenhandelsgesellschaften und Einzelkaufleuten. Diese haben gemäß § 253 Abs. 5 HGB ein Wahlrecht, ob sie die niedrigeren Werte beibehalten wollen oder nicht.[169] Aber auch dieses Wahlrecht würde ins Leere laufen, wenn man die fehlerhafte Prognose schon durch Berichtigung der Vorjahresbilanz beseitigen müsste.

Damit werden sowohl Handels- als auch Steuerrecht dem prognostischen Charakter gerecht, der manchen Bewertungen immanent ist. Ein Bestandsschutz

165 Eine Wertminderung gilt als dauerhaft, wenn sie bis zum Zeitpunkt der Bilanzaufstellung anhält. *Fischer* in *Kirchhof*[8] § 6 EStG Rn 108; BMF BStBl I 2000, S. 372.

166 Zu der Vergleichbarkeit und Gleichsetzung von Zeit- und Teilwert siehe einführend *Werndl* in *Kirchhof/Söhn* § 6 EStG Rn B 343 m.w.N.

167 *Fischer* in *Kirchhof*[8] § 6 EStG Rn 110.

168 *Hoyos/Schramm/M. Ring* in BBK[6] § 253 HGB Rn 653; *Winkeljohann/Taetzner* in BBK[6] § 280 HGB Rn 1.

169 *Hoyos/Schramm/M. Ring* in BBK[6] § 253 HGB Rn 652.

ist in Bezug auf Prognosen geboten. Billigt man den Bilanzierungspflichtigen in Hinblick auf die in der Bilanz enthaltenen Prognosen keinen Bestandsschutz zu, wäre eine ‚endgültige Bilanz' erst für den Zeitpunkt zu erwarten, in dem alle in der Bilanz enthaltenen Prognosen durch ‚richtige' Werte ersetzt wurden, also alle in der Bilanz enthaltenen Vorgänge wirtschaftlich abgeschlossen sind. Auch würden die Prognosen ihres Charakters beraubt.

b) Abgrenzung der Prognosen zu objektiven Werten

Das allein steht allerdings der Berichtigungspflicht noch nicht entgegen. So ist eine Differenzierung zwischen objektiv zu bestimmenden Werten und Prognosen denkbar. Während bei Prognosen die Berichtigungspflicht sogar gesetzlich ausgeschlossen scheint, könnte für objektive Werte eine Berichtigung nach wie vor gefordert sein. Denkbar wäre es, im Sinne des objektiven Fehlerbegriffs darauf abzustellen, ob dem Wertbegriff oder der Bewertungsvorschrift selbst ein subjektives Element innewohnt.

Zwar gibt es keinen objektiven Wert in dem Sinne, dass er für jede notwendige Bewertung richtig ist[170], doch gibt es Bewertungen, die objektiv durchzuführen sind.[171] Hier bleiben persönliche Auffassungen und Einschätzungen des Kaufmanns außer Betracht, nicht aber die „Umstände des einzelnen Falles und ... [die][172] Eigenart des Betriebs"[173]. Derartige Werte bestimmen sich nach der allgemeinen Wertschätzung, die dem Wirtschaftsgut im Rahmen der spezifischen Funktion zukommt.[174]

Wurde oben beispielhaft die Teilwertabschreibung für eine Prognose angeführt, muss dem Teilwert dennoch der Charakter eines objektiven Wertes zugesprochen werden.[175] Nicht aus dem Begriff des Teilwertes, sondern vielmehr aus der Frage nach der Dauerhaftigkeit der Wertminderung ergibt sich der prognos-

170 *Seer* in *Tipke/Lang* § 13 Rn 11; *Simon*, S. 293 f. Zu den unterschiedlichen Zwecken, die z. B. dem gemeinen Wert und dem Teilwert zukommen und den daraus resultierenden Differenzen siehe *Euler*, DStJG 7, S. 155.

171 Beispielhaft der Teilwert: *Winkeljohann* in *HHR* § 6 EStG Rn 604.

172 Einfügung durch Verfasser.

173 BFH v. 24. 7. 1962, Az. I 275/60 U, BStBl III 1962, 440 (441 f.), für den Teilwert.

174 *Winkeljohann* in *HHR* § 6 EStG Rn 604.

tische Charakter der Teilwertabschreibung. Bei dem angeführten Beispiel des Aktiendepots ist die Frage nach dem Teilwert am Bilanzstichtag relativ leicht mit dem Hinweis auf den Kurswert zu beantworten. Die Frage nach der Dauerhaftigkeit kann allerdings nur bei Beobachtung des Kurswertes für eine gewisse in der Zukunft liegende Zeit abschließend beantwortet werden. Insbesondere der Fall einer späteren Kurssteigerung unterstreicht diese Auffassung. Die Kurssteigerung wäre nämlich keine wertaufhellende, sondern eine wertbeeinflussende Tatsache. Dieser Auffassung entspricht auch die oben angesprochene Wertaufholung. Voraussetzung der Wertaufholung ist nämlich nicht die Unrichtigkeit des unterstellten Teilwertes, sondern die fehlende Dauerhaftigkeit der Wertminderung. Nur wenn der Teilwert am Bilanzstichtag über jenem Teilwert des vorangegangenen Stichtages liegt, ist eine Wertaufholung geboten. Das allerdings schließt eine Bilanzberichtigungspflicht für den Fall eines falsch ermittelten Teilwertes nicht aus. Damit steht der prognostische Charakter der Teilwertabschreibung der Objektivität des Teilwertes nicht entgegen.

Viel entscheidender ist in diesem Kontext, wie sich die gesetzgeberischen Fiktionen in § 6 Abs. 1 Nr. 1 Satz 3 EStG auf die Objektivität des Teilwertes auswirken.[176] Diese drei Fiktionen – der fiktive Erwerber, die Fortführungsfiktion und die Gesamtpreisfiktion – sind allesamt Ausdruck des gesetzgeberischen Willens, einen objektiven Wert zu finden.[177] Eben gerade der Wert des Wirtschaftsgutes in seiner spezifischen Funktion soll hierdurch gefunden werden. Damit ist er Ausdruck einer dem Wirtschaftsgut von der Allgemeinheit entgegengebrachten Wertschätzung. Als solcher ist der Teilwert objektiv.

Damit ist es grundsätzlich möglich, zwischen objektiven Werten und Prognosen zu differenzieren. Zwar sind häufig objektiv zu bestimmende Werte Grundlage für eine Prognose; doch macht gerade dieser Faktor die Grenze der

175 BFH v. 26. 1. 1956, Az. IV 566/54 U, BStBl III 1956, S. 113 (113); BFH v. 7. 11. 1990, Az. I R 116/86, BStBl II 1991, S. 342 (342); *Winkeljohann* in *HHR* § 6 EStG Rn 604; *Werndl* in *Kirchhof/Söhn* § 6 EStG Rn B 334.

176 Zu der mit diesen Fiktionen verbundenen „Unsicherheit“ ist weitgehend Kritik geäußert worden. So z. B. *Wöhe* Bilanzierung und Bilanzpolitik, S. 373: „unbrauchbar und unhaltbar“; mit eindrucksvollen Zitaten auch *Doralt* DStJG 7, S. 141 (142).

177 Zu der Deckungsgleichheit des Teilwertes mit dem handelsrechtlichen Tagespreis: *Doralt* DStJG 7, S. 141.

zulässigen Prognose aus. Geht man bei der vorzunehmenden Teilwertabschreibung von einem zu niedrigen Teilwert aus, ist unerheblich, wie sich das prognostische Element der Dauerhaftigkeit auswirkt. Durch den falschen Teilwert wäre nämlich die Bandbreite der zulässigen Werte überreizt. Andersherum führt eine Fehleinschätzung in Bezug auf die Dauer der Wertminderung nicht zum Bilanzfehler.

c) Ergebnis

Will man den Bestandsschutz der Bilanz auf den Prognosegehalt derselben stützen, so muss man differenzieren. Stellt sich nachträglich heraus, dass der tatsächliche Verlauf der Dinge nicht dem angesetzten Wert entspricht, so folgt hieraus nicht unbedingt die Unrichtigkeit des Wertansatzes. Verschiebt aber die spätere Erkenntnis die Wertober- und Wertuntergrenzen der zulässigen Prognose, weil sie objektive Grundlagen in einem anderen Lichte zeigt, so ist der Wertansatz falsch.

Jedenfalls soweit Prognosen in der Bilanz getroffen wurden, kann keine Pflicht zur Anpassung der Prognose an den nun bekannten tatsächlichen Verlauf bestehen. Ob dies allerdings eine Frage des Bestandsschutzes oder auf höherer Ebene eine Frage des Fehlers ist, kann hier dahinstehen. Jedenfalls zwingt der Prognosegehalt der Bilanz nicht zur Gewährung eines Bestandsschutzes über dieses Maß hinaus.

5. Straf- und Bußgeldvorschriften

An die fehlerhafte Darstellung der Unternehmenslage knüpfen verschiedene Straf- und Bußgeldvorschriften an. Deren Anwendbarkeit könnte dadurch ausgeschlossen werden, dass man einen Bilanzfehler erst dann bejaht, wenn der Kaufmann die Divergenz zwischen Realität und dem gewählten Bilanzansatz hätte erkennen können.[178] Damit schließt man die Verwirklichung des objektiven Tatbestandes aus.

---

178 So *Schön* in FG BGH Bd. II, S. 153 (155), der in den öffentlich-rechtlichen Sanktionen den wesentlichen und historisch immer wieder hervorgehobenen Grund für einen bilanzrechtlichen Bestandsschutz sieht.

a) Strafbarkeit wegen fehlerhafter Bilanzaufstellung

Indessen setzt die Strafbarkeit zumindest fahrlässiges Handeln voraus.[179] Die Frage aber, ob der Kaufmann den Unterschied zwischen Bilanzansatz und Realität hätte erkennen können, ist nichts anderes als eine Frage nach dem Verschulden des Kaufmanns. Bei Delikten also, wo die fehlerhafte Erstellung der Bilanz geahndet werden soll, ist eine derartige Einschränkung des Fehlerbegriffs zum Ausschluss der Rechtsfolge nicht erforderlich.

b) Strafbarkeit wegen Vorlage einer fehlerhaften Bilanz

Anders stellt sich dies allerdings bei Delikten dar, die auch den Gebrauch oder die Vorlage von fehlerhaften Bilanzen sanktionieren. In Betracht kommen insoweit § 265b StGB und § 263 StGB. In beiden Fällen macht sich strafbar, wer aufgrund der Vorlage falscher Bilanzen Leistungen erhält. In beiden Fällen entfällt aber die Strafbarkeit, wenn der Bilanzfehler nicht kausal für die Leistungserbringung des Geschädigten war.[180] Damit kann die Strafbarkeit auch dadurch ausgeschlossen werden, dass der Täter bei Vorlage seiner Bilanz auf deren Fehler hinweist. Eine Einschränkung des Fehlerbegriffs ist auch insoweit nicht gefordert.

c) Strafbarkeit wegen unterlassener Bilanzberichtigung

Indessen ist zu bemerken, dass auch für den Fall ausbleibender Berichtigung eine strafrechtliche Sanktionierung gemäß §§ 283, 283b StGB gefordert wird.[181] Die zu ahndende Verhaltensweise läge in der unterlassenen Berichtigung trotz Kenntnis des Fehlers. Eine Strafbarkeit wegen unterlassener Berichtigung des Fehlers, korrespondiert mit der oben[182] beschriebenen These, dass die originäre Aufstellungspflicht nicht in Fortfall kommt. Wie die Aufstellungspflicht sich auch auf die Fehlerberichtigung erstreckt, so werden auch die Strafvorschriften

179 Fahrlässige Begehungsweise ist zum Beispiel möglich bei §§ 283, 283b StGB

180 BGH v. 8. 12. 1981, Az. 1 StR 706/81, BGHSt 30, 285 (290); *Tröndle/Fischer*[54] § 265b StGB Rn 31.

181 *Schön* in FG BGH Bd. II, S. 153 (155).

182 Siehe oben S. 18 ff.

der § 283 Abs. 1 Nr. 7 und § 283b Abs. 1 Nr. 3 StGB auf die nachträglich zu erbringende Berichtigungshandlung erstreckt.

Im Einzelnen ist nun zu prüfen, wie sich die Alternativen § 283 Abs. 1 Nr. 7 Lit. a) und b) StGB unter Anwendung dieser These darstellen würden.

§ 283 Abs. 1 Nr. 7 Lit. a) StGB stellt die unübersichtlich erstellte Bilanz unter Strafe. Die Tathandlung ist damit die Aufstellung. Unterstellt man aber für die Berichtigung, dass diese von der Aufstellungspflicht umfasst wird, so kann die ausgebliebene Erfüllung der Berichtigungspflicht nicht ein Aufstellen sein. Denn dem Wortlaut nach verlangt § 283 Abs. 1 Nr. 7 Lit. a) StGB positives Tun. Nur in Verbindung mit § 13 StGB kann eine unterlassene Bilanzberichtigung zur Strafbarkeit gemäß § 283 Abs. 1 Nr. 7 Lit. a) StGB führen.

Die hierfür erforderliche Garantenstellung setzt eine rechtliche Handlungspflicht voraus. Der Täter muss rechtliche Verantwortung dafür tragen, dass der tatbestandsmäßige Erfolg ausbleibt.[183] Eine solche Garantenstellung kann auf unterschiedlichen Gründen beruhen. In Betracht kommen hier insbesondere die Garantenstellung wegen Ingerenz[184], gesetzlicher Handlungspflicht[185] oder aber wegen tatsächlicher Gewährübernahme kraft Vertrags[186].

Eine Garantenstellung aus pflichtwidrigem Vorverhalten scheidet allerdings genauso aus, wie die Strafbarkeit aus §§ 283, 283b, 265b, 263 StGB. Wird mittels des bilanzrechtlichen Bestandsschutzes des subjektiv Richtigen die Berichtigungspflicht ausgeschlossen, so entfällt selbstverständlich auch die gesetzliche Garantenstellung. Interessant wäre der Fall, in dem der Geschäftsführer garantiert, die Bilanz auch dann zu berichtigen, wenn er dazu gesetzlich nicht verpflichtet ist. Hier wäre der bilanzrechtliche Bestandsschutz nicht geeignet, die

183 BGH v. 24. 2. 1982, Az. 2 StR 34/82, BGHSt 30, S. 391 (393); *Tröndle/Fischer*[54] § 13 StGB Rn 4.

184 *Tröndle/Fischer*[54] § 13 StGB Rn 11.

185 Pflicht zur Wahrnehmung der Gesellschaftsinteressen z. B. § 93 Abs. 1 AktG, § 43 Abs. 1 GmbHG.

186 RG v. 21. 3. 1888, Az. 382/88, RGSt 17, S. 260 (261); BGH v. 1. 3. 1955, Az. 5 StR 583/54, BGHSt 7, S. 211 (212); OLG Celle v. 4. 5. 1961, Az. 1 Ss 12/61, NJW 1961, 1939; *Tröndle/Fischer*[54] § 13 StGB Rn 8 m.w.N..

Strafbarkeit des Geschäftsführers auszuschließen. Praktisch dürfte aber ein solcher Fall nie vorkommen. Regelmäßig kann damit durch Akzeptanz eines bilanzrechtlichen Bestandsschutzes die Begründung der Garantenstellung ausgeschlossen werden.

Damit entfällt auch die Strafbarkeit gemäß §§ 283 Abs. 1 Nr. 7 Lit. a), 13 StGB bei Zugrundelegung des subjektiven Fehlerbegriffs.

§ 283 Abs. 1 Nr. 7 Lit. b) StGB stellt die unterlassene Aufstellung der Vermögensübersicht unter Strafe. Hält man die Aufstellungspflicht für nicht erloschen, kommt die unterbliebene Berichtigung möglicherweise auch als Tathandlung des § 283 Abs. 1 Nr. 7 Lit. b) StGB in Betracht. § 283 Abs. 1 Nr. 7 Lit. b) StGB ist als echtes Unterlassungsdelikt ausgestaltet.[187] Damit ist keine Garantenstellung erforderlich.[188] Dennoch muss der Täter zur Aufstellung der Bilanz verpflichtet sein.[189] Ansonsten verstößt er nicht gegen eben diese handelsrechtliche Pflicht. Wiederum führt die Anwendung des subjektiven Fehlerbegriffs zum Ausschluss der Strafbarkeit.

Einer Strafbarkeit gemäß § 283 Abs. 1 Nr. 7 Lit. a) StGB i. V. m. § 13 StGB und § 283 Abs. 1 Nr. 7 Lit. b) StGB kann durch Anwendung des subjektiven Fehlerbegriffs begegnet werden. Da nämlich die gesetzliche Pflicht zur Berichtigung aufgrund der subjektiven Richtigkeit ausgeschlossen wäre, kommt eine Strafbarkeit wegen unterlassener Berichtigung nicht in Betracht. Ob diese Erkenntnis allerdings geeignet ist, den subjektiven Fehlerbegriff zu untermauern, muss weiterhin fraglich erscheinen. Denn letztlich ist durch diese Erkenntnis nichts gewonnen. Wer nicht verpflichtet ist zu handeln, kann nicht wegen unterlassener Handlung strafbar sein. Andersherum kann der Wunsch des Kaufmanns, die strafrechtlichen Folgen auszuschließen, nicht die Bilanzberichtigungspflicht beseitigen. Vielmehr muss sich sein schützenswertes Interesse darauf richten, von der Berichtigungspflicht befreit zu werden. Dann entfällt zugleich auch die strafrechtliche Verantwortung. Straf- und Bußgeldvorschriften

187 *Tröndle/Fischer*[54] § 283 StGB Rn 29.

188 *Tröndle/Fischer*[54] § 13 StGB Rn 2.

189 *Tröndle/Fischer*[54] § 283 StGB Rn 25.

sind damit für das Interesse des Kaufmanns an der Bestandskraft der subjektiv richtigen Bilanz unbedeutend. Es ist indessen richtige Folge, dass bei Gewährung des Bestandsschutzes auch die Strafbarkeit der unterlassenen Berichtigung entfällt.

6. Ergebnis

Die Glaubwürdigkeit des Kaufmanns sowie der ihm erwachsende Arbeitsaufwand sind gewichtige Gründe für einen bilanzrechtlichen Bestandsschutz. Zu Gunsten des Kaufmanns hat der BFH denn auch festgestellt, dass das Handelsrecht vom Bilanzierungspflichtigen nicht mehr verlangen kann, „als daß er seine bis zur Aufstellung der Bilanz erlangte Kenntnis von dem am Bilanzstichtag vorliegenden Sachverhalt pflichtgemäß und gewissenhaft bei der Aufstellung der Bilanz verwertet.“[190] Damit ist allerdings noch keine abschließende Abwägung zwischen der Rechtssicherheit und der Rechtsrichtigkeit getroffen. Immerhin ist denkbar, dass weitere Gründe für die Rechtssicherheit sprechen.

II. Schutzinteressen der Gesellschaftsorgane

Auch die Organe der Gesellschaften könnten ein Interesse daran haben, einen Bestandsschutz zu erfahren. Denkbar ist nämlich, dass sie für Bilanzfehler verantwortlich und haftbar gemacht werden. Gesellschaftsformabhängig ist daher zu klären, ob und inwieweit die Organe der Gesellschaften ein Interesse an dem Bestand der Bilanz haben. In Betracht kommen sowohl die Organe, die die Bilanz aufstellen und errichten, wie auch jene Organe, die die Bilanz feststellen und sich damit den Fehler der bilanzaufstellenden Organe zu eigen machen.

1. Die bilanzaufstellenden Organe

Gleich ob bei AG der Vorstand, bei der GmbH, KG, OHG die Geschäftsführung handelt, das bilanzaufstellende Organ kann von der Gesellschaft oder den Gesellschaftern stets für Fehler in der Geschäftsführung haftbar gemacht werden. Voraussetzung hierfür ist aber immer, dass diese Organe schuldhaft gehandelt haben.

190 BFH v. 11. 10. 1960, Az. I 56/60 U, BStBl III 1961, S. 3 (3).

Die Kenntnis der Organmitglieder aber wird der Gesellschaft zugerechnet.[191] Soweit also die Organe schuldhaft eine fehlerhafte Bilanz erstellt haben, ist diese ohnehin nicht subjektiv richtig. Dies hat zur Konsequenz, dass ein bilanzrechtliches Korrektiv, wie das des subjektiven Fehlerbegriffs, nicht imstande ist, das geschäftsführende Organ – oder richtiger dessen Mitglieder – aus der Haftung für fehlerhafte Geschäftsführung zu entlassen.

2. Die bilanzfeststellenden Organe

Anders kann sich das für die bilanzfeststellenden Organe darstellen. Je nach Gesellschaftsform ist nämlich das Wissen eines Organmitgliedes nicht unbedingt der Gesellschaft zuzurechnen. Damit können Fälle vorkommen, in denen ein Organteil den Bilanzierungsfehler hätte erkennen können und dennoch die Bilanz subjektiv richtig ist.

Ob aber das Organmitglied, das den Fehler hätte erkennen können, zu schützen ist, erscheint fraglich. Trifft das Organmitglied eine Prüfungspflicht des Jahresabschlusses, so verdichtet sich gleichermaßen die Möglichkeit der Fehlererkenntnis zur Erkenntnispflicht. Dieses pflichtwidrig handelnde Organmitglied hat jedoch kein schutzwürdiges Interesse. Zu seinen Gunsten kann ein bilanzrechtlicher Bestandsschutz nicht erforderlich sein. Trifft das Organmitglied indessen keine Prüfungspflicht, so wird durch die ausgebliebene Fehlererkenntnis keine Pflichtverletzung begangen. Dieses Organmitglied ist ohnehin nicht schadensersatzpflichtig. Eines Bestandsschutzes durch den subjektiven Fehlerbegriff bedarf es dann nicht.

3. Ergebnis

Zu Gunsten der Gesellschaftsorgane bedarf es keines bilanzrechtlichen Bestandsschutzes durch den subjektiven Fehlerbegriff.

191 BGH v. 2. 2. 1996, Az. V ZR 239/94, BGHZ 132, 30 (36 f.); *K. Schmidt* GesR, S. 285; *Aden* NJW 1999, S. 3098 (3099); *Reischl* JuS 1997, S. 783 (784 f.).

III. Schutzinteressen der Gesellschafter

Als nächste Gruppe der Bilanzadressaten sind die Gesellschafter zu nennen. Auch aus ihren Interessen können sich Gründe ergeben, die Rechtssicherheit über die Rechtsrichtigkeit zu stellen und ihnen Vertrauensschutz zu gewähren.

1. Gewinnermittlungsfunktion der Bilanz

Ein für Gesellschafter zentraler Punkt ist die Gewinnermittlungsfunktion der Bilanz. Wie schon oben[192] gezeigt, knüpft die Gewinnverteilung unabhängig von der Rechtsform des Unternehmens an den Bilanzgewinn an. Stellt sich nun nachträglich heraus, dass der Gewinn in der festgestellten Höhe gar nicht besteht, bedarf dies möglicherweise der Berichtigung. Unterstellt man, dass die Berichtigung des Bilanzgewinns eine nachträgliche Ausschüttung oder eine Rückforderung der erfolgten Ausschüttung zur Folge hat, so stellt sich das Interesse der Gesellschafter als ambivalent dar. Während sie in dem einen Fall eine Berichtigung anstreben würden, würden sie für den entgegengesetzten Fall Bestandsschutz in Anspruch nehmen wollen. Die Fragestellung, ob ein Bestandsschutz für erhaltene Auszahlungen erforderlich ist oder überhaupt Sinn macht, muss gesellschaftsformabhängig geklärt werden.

a) Offene Handelsgesellschaft

Bei einer offenen Handelsgesellschaft erfolgt keine haftungsrechtliche Trennung zwischen der Gesellschaftssphäre und dem Vermögen der Gesellschafter. Die Gesellschafter haften für die Verbindlichkeiten der Gesellschaft persönlich[193], unmittelbar[194] und unbeschränkt[195], § 128 HGB. Wird der Gesellschaft durch die Gesellschafter zu viel entnommen, so hat das lediglich Auswirkungen auf das Maß, in dem die Gesellschafter mit ihrem Privatvermögen in Anspruch genommen werden. Je weniger Masse in der Gesamthand verbleibt, desto mehr werden die Gläubiger auf die Masse der einzelnen Gesamthänder zugreifen. Dem Gläubigerschutz wird insoweit nicht durch den subjektiven Fehlerbegriff

192 Siehe oben S. 27.

193 *Kübler/Assmann*[6], S. 84; *Eisenhardt*[12], S. 160; *Grunewald*[7], S. 109.

194 *Kübler/Assmann*[6], S. 84; *Grunewald*[6], S. 109.

195 *Kübler/Assmann*[6], S. 84; *Eisenhardt*[12], S. 160.

gedient, aber auch nicht geschadet. Im Verhältnis zu Dritten kann dem Gesellschafter daher nicht durch den subjektiven Fehlerbegriff geholfen werden.

Zu bedenken ist aber auch das Verhältnis der Gesellschafter untereinander. Dem Vermögen der OHG darf grundsätzlich Masse durch die Gesellschafter entzogen werden, unabhängig davon, ob ein Gewinn erzielt wurde oder nicht. Allerdings ist in § 122 HGB eine Höchstgrenze zulässiger Entnahmen vorgeschrieben. So darf der Gesellschafter ohne Zustimmung der anderen Gesellschafter, § 122 Abs. 2 HGB, maximal 4 v. H. seines Kapitalanteils entnehmen, wenn der Gewinnanteil diesen Betrag nicht übersteigt, § 122 Abs. 1 HGB. Der Grund für diese Regelung zeigt sich deutlich in § 122 Abs. 2 HGB. Nicht zum Schutze der Gläubiger, sondern einzig zum Schutz der übrigen Gesellschafter und zur Sicherung des Fortbestandes des Gesamthandsvermögens ist die Entnahmemöglichkeit des Gesellschafters begrenzt.[196]

Wie bedeutend die Sicherung des Bestandes des Gesamthandsvermögens ist, zeigt sich zum einen daran, dass Entnahmen nur zu Lasten der Barschaft der Gesellschaft getätigt werden dürfen, betriebsnotwendige Wirtschaftsgüter also im Betrieb verbleiben müssen.[197] Aber auch daran, dass die Liquidität des Unternehmens gesichert sein muss. Durch Entnahmen eines Gesellschafters soll nicht der Fortbestand der Gesellschaft gefährdet sein.

Auf der anderen Seite stehen bei der Begrenzung der Entnahmemöglichkeit die Gesellschafterinteressen im Vordergrund. So soll sichergestellt werden, dass nicht ein Gesellschafter der Gesellschaft Vermögen entzieht und die anderen Gesellschafter wegen ihrer gesamtschuldnerischen und solidarischen Haftung just dieses entzogene Vermögen aufbringen müssen, um die Gläubiger zu befriedigen. Zwar kann der Innenausgleich gesucht werden; doch birgt das für die übrigen Gesellschafter das Risiko der Uneinbringlichkeit. Wird also durch eine Bilanzberichtigung offenbar, dass der Jahresüberschuss der Gesellschaft nicht in der bisher angenommenen Höhe bestand, so kann dies zur Folge haben, dass Entnahmen, die § 122 Abs. 1 Hs. 2 HGB zu entsprechen schienen, gerade nicht unter diese Regelung fallen. Insoweit handelt es sich dann um unberechtigte

196 Dies zeigt schon die Dispositivität dieser Regelung. So auch *Ulmer* in *Staub*[4] § 122 HGB Rn 22; Priester in MüKoHGB § 122 HGB Rn 47.

197 *Ulmer* in *Staub*[4] § 122 HGB Rn 22.

Entnahmen.[198] Gleich den überhöhten Vorschüssen auf Gewinnauszahlungen[199] sind auch unberechtigte Entnahmen zu erstatten[200], wenn sich herausstellt, dass der Gewinn nicht in erwarteter oder zunächst festgestellter Höhe entstanden ist. Dies deutet zunächst darauf hin, dass aus Sicht der Gesellschafter, die von ihrem Entnahmerecht gemäß § 122 Abs. 1 HGB noch nicht in entsprechender Höhe Gebrauch gemacht haben, ein Bestandsschutz nachteilig wäre. Auch aus Sicht der Gesamthandsgemeinschaft scheint eine Bilanzberichtigung und eine hieraus resultierende Rückzahlungsverpflichtung zur Sicherung des Gesamthandsvermögens wünschenswert.[201]

Auf der anderen Seite sind an dieser Stelle die Interessen desjenigen Gesellschafters zu berücksichtigen, der im Vertrauen auf die Richtigkeit der Bilanz Entnahmen getätigt hat. Aufgrund von Investition dieser entnommenen Gelder in andere Kapitalanlagen kann sich durch die plötzliche, unvorhersehbare Rückforderung der unrechtmäßigen Entnahme ein finanzieller Engpass ergeben. Daher kann dem Gesellschafter daran gelegen sein, dass zumindest die sofortige Geltendmachung unterbleiben kann oder gar zu unterbleiben hat. Sicherlich noch erstrebenswerter ist aus Sicht dieses Gesellschafters, die Bilanzberichtigung ganz zu unterlassen, den festgestellten Gewinn der Entnahme nach § 122 Abs. 1 Hs. 2 HGB zugrunde zu legen und damit die Rückforderung der Entnahme gänzlich auszuschließen.

Eine die Rückeinlagepflicht ausschließende Regelung findet sich im Recht der OHG nicht; dem OHG-Gesellschafter kommt kein Gutglaubenstatbestand zugute.[202] Im Recht der KG hingegen ist ein Gutglaubenstatbestand normiert. Die strittige Frage, ob der Bestandsschutz des § 172 Abs. 5 HGB auch für das Innenverhältnis der KG gilt, oder aber nur das Verhältnis des Gesellschafters

198 *Ehricke* in *Ebenroth/Boujong/Joost* § 122 HGB Rn 19.

199 *Wertenbruch* in HdbPersG, I Rn 635d; *Hopt* in *Baumbach/Hopt*[33] § 122 HGB Rn 11; *K. Schmidt* GesR, S. 1388.

200 *Wertenbruch* in HdbPersG, I Rn 635d; *Ulmer* in *Staub*[4] § 122 HGB Rn 11; *Hopt* in *Baumbach/Hopt*[33] § 122 HGB Rn 6; *Ehricke* in *Ebenroth/Boujong/Joost* § 122 HGB Rn 19; *K. Schmidt* GesR, S. 1388; *Wiedemann* WM 1992 Sonderbeilage 7, S. 34.

201 Zur Gegenläufigkeit der Interessen s. *Barz* in FS *Schilling*, S. 127 (135).

202 *Ehricke* in *Ebenroth/Boujong/Joost* § 122 HGB Rn 19; *v. Gerkan* in *Röhricht/v. Westphalen*[3] § 122 HGB Rn 11; *Priester* in MüKoHGB § 122 HGB Rn 44.

zum Gesellschaftsgläubiger regelt, kann hier zunächst dahinstehen. Die analoge Anwendung dieser Norm für die OHG kommt ohnehin nicht in Betracht. Bei den Analogieüberlegungen sind die strukturbedingten Unterschiede zu berücksichtigen. § 122 Abs. 1 Hs. 1 HGB gewährt eine gesetzliche Mindestrendite. Ausgehend von der Überlegung, dass die OHG-Gesellschafter nicht nur kapitalmäßig an der Gesellschaft beteiligt sind, sondern die Zwecke der Gesellschaft auch berufsmäßig fördern, soll ihnen eine Mindestrendite zur Sicherung ihres Lebensunterhalts zugute kommen.[203] In Höhe der Kapitalentnahme gemäß § 122 Abs. 1 Hs. 1 HGB wirkt sich die Veränderung des Bilanzgewinns nicht aus.[204] Insofern besteht schon ein gewisser Bestandsschutz zu Gunsten des Gesellschafters. Bei einem Kommanditisten wird indessen davon ausgegangen, dass er der Gesellschaft nicht in der Art und Weise nahe steht wie ein OHG-Gesellschafter. Häufig wird der Kommanditist, dem die Regelung des § 172 Abs. 5 HGB zugute kommt, sich nicht berufsmäßig mit den Zielen der KG beschäftigen, sondern andere Einnahmen haben, aus denen er seinen Lebensunterhalt bestreiten kann. Dies legt eine analoge Anwendung des § 172 Abs. 5 HGB im Wege des ‚erst-recht-Schlusses' zunächst nahe. Dennoch kommt eine analoge Anwendung des § 172 Abs. 5 HGB nicht in Betracht.[205] Die Regelung des § 172 Abs. 5 HGB gründet in der beschränkten Haftung des Kommanditisten. Nur zur Sicherung der gewollten Sphärenabgrenzung bei der KG schließt die Regelung das Wiederaufleben der Haftung aus. Eine derartige haftungsrechtliche Trennung ist aber bei der OHG nicht vorgesehen. Der persönlich und unmittelbar haftende OHG-Gesellschafter kann nicht in den Genuss einer solchen Regelung kommen.

In Betracht kommt aber, dass der Rückforderungsanspruch ausgeschlossen ist, weil die nachteilig betroffenen Gesellschafter der unberechtigten Entnahme zugestimmt haben. Vielfach wird vertreten, dass zumindest eine von allen Gesellschaftern erteilte Zustimmung den Erstattungsanspruch ausschließen soll.[206] Das wird dem dispositiven Charakter des § 122 HGB und seiner Schutzrichtung

203 *Ehricke* in *Ebenroth/Boujong/Joost* § 122 HGB Rn 27.

204 *Ehricke* in *Ebenroth/Boujong/Joost* § 122 HGB Rn 25; *Priester* in MüKoHGB § 122 HGB Rn 17.

205 *Martens* in *Schlegelberger*[5] § 122 HGB Rn 19.

206 *Ehricke* in *Ebenroth/Boujong/Joost* § 122 HGB Rn 19; *Martens* in *Schlegelberger*[5] § 122 HGB Rn 19; *Priester* in MüKoHGB § 122 HGB Rn 47.

gerecht.[207] Für eine solche Zustimmung bedarf es aber der Erkenntnis, dass der Gesellschafter ohne die Zustimmung zur Entnahme nicht berechtigt ist. Als ein solcher Beschluss ist aber die Feststellung des Jahresabschlusses nicht zu sehen. Das Erfordernis des Beschlusses würde sonst untergraben. Vielmehr muss die Gesellschafterversammlung der Entnahme im Bewusstsein zustimmen, dass dadurch die Kapitaleinlage eines Gesellschafters zurückgezahlt wird.[208] Damit ist denkbar, dass man dem OHG-Gesellschafter, der gutgläubig Gewinn bezieht, mittels des subjektiven Fehlerbegriffs Bestandsschutz gewährt. Das Interesse des Gesellschafters hieran ist evident.

Die Bedeutung des Ausschlusses des Rückzahlungsanspruches durch den subjektiven Fehlerbegriff relativiert sich aber. Bedenkt man nämlich, dass im nächsten Jahresabschluss der Fehler korrigiert wird, kann es bei der Forderung nach Bestandsschutz insoweit nur um einen Zeitgewinn gehen. So bleibt letztlich für die Begründung des gewünschten Bestandsschutzes der Zeitgewinn und die damit verbundene Vermeidung einer finanziellen Kalamität seitens des Gesellschafters. Dies kann aber auf anderem Wege erreicht werden. So wäre ein Stundung denkbar. Auch eine nachträgliche Zustimmung zur Ausschüttung i. S. d. § 122 Abs. 2 HGB ist möglich. Überdies geht ein Bestandsschutz zu Lasten der Gesellschaft, die dann ihrerseits Gefahr läuft, in finanzielle Engpässe zu geraten.

Zu der grundlegenden Rückzahlungsverpflichtung der Überentnahme kommt aber, dass der entnommene Betrag ab dem Zeitpunkt der Entnahme i. H. v. 5 v. H. zu verzinsen ist, § 111 Abs. 1 i. V. m. § 352 Abs. 2 HGB.[209] Diese Verzinsung erfolgt verschuldensunabhängig.[210] Damit kann sich der Gesellschafter nicht auf seinen guten Glauben in Bezug auf die Zulässigkeit der Entnahme berufen. Der Zinsanspruch entsteht. Das gilt aber für alle unzulässigen Entnahmen. Diese Härte ist damit keine, die dem Phänomen der subjektiven Richtigkeit innewohnt. Auch stehen den zu entrichtenden Zinsen Erträge des Gesellschafters gegenüber. Infolgedessen ist eine Korrektur an dieser Stelle nicht er-

---

207 *Ulmer* in *Staub*[4] § 122 HGB Rn 22.

208 *Priester* in MüKoHGB § 122 HGB Rn 47; *Martens* in *Schlegelberger*[5] § 122 HGB Rn 19.

209 *Ulmer* in *Staub*[4] § 122 HGB Rn 9; *Priester* in MüKoHGB § 122 HGB Rn 44.

210 *Ulmer* in *Staub*[4] § 122 HGB Rn 9.

forderlich und gar unerwünscht. Es liefe dem gesetzgeberischen Ziel der Regelung zuwider. Dem Gesetzgeber ging es eben darum, die fehlende Einlage wie ein Darlehen an den Gesellschafter zu behandeln, also das Kapital für die Gesellschaft nutzbar zu machen. Damit ist der Hinweis auf die Verzinsung des Rückeinlageanspruchs für die Frage nach dem Erfordernis des Bestandsschutzes nicht zielführend. Denn klar ist, dass bei Bestehen eines Anspruchs der Gesellschaft eine Verzinsung gewollt ist und keine besondere Härte darstellt, die nur im Falle der subjektiven Richtigkeit auftritt. Gleiches gilt für eventuelle Schadensersatzansprüche, die neben die Zinsen hinzutreten können, § 111 Abs. 2 HGB. Die Verzinsung gemäß § 111 Abs. 1 HGB kann daher nicht zur Begründung des Bestandsschutzes zu Gunsten des Gesellschafters herangezogen werden. Sie kann sogar für die Interessen der Gesellschaft fruchtbar gemacht werden. So zeigt doch gerade die gesetzliche Verzinsung, wie bedeutsam das Kapital für eine Gesellschaft ist. Zu Gunsten der Gesellschaft soll das Kapital arbeiten. Dies erfolgt aber nicht, wenn aufgrund des subjektiven Fehlerbegriffs eine Rückzahlung unterbleibt.

In gleichem Maße also, wie der Bestandsschutz dem Gesellschafter dienlich wäre, ist er für die Gesellschaft negativ. Damit kann letztlich das Interesse des Gesellschafters an Rechtsfrieden nicht das Interesse der Gesellschaft an Rechtsrichtigkeit überwiegen. Ein Bestandsschutz zu Gunsten des OHG-Gesellschafters ist damit nicht erforderlich. Insbesondere steht es der Gesellschaft offen, dem Gesellschafter die Rückzahlung und Verzinsung zu stunden und zu erlassen.

b) Kommanditgesellschaft

In einer Kommanditgesellschaft haften die Kommanditisten nur beschränkt, § 171 Abs. 1 HGB. Eine Trennung der Vermögenssphären erfolgt damit nicht nur in wirtschaftlicher, sondern auch in haftungsrechtlicher Hinsicht. Damit ist für die KG bedeutsam, dass der richtige Gewinn festgestellt und ausgeschüttet wird.[211] Stellt sich nach Feststellung des Jahresabschlusses heraus, dass der ausgewiesene und gemäß § 168 HGB verteilte Gewinn gar nicht besteht, so ist wegen der strengen Trennung der Gesellschafter- von der Gesellschaftssphäre

211 Siehe zur Gewinnermittlungsfunktion der Bilanz oben S. 27.

denkbar, dass die Haftung wieder auflebt oder eine Rückeinlagepflicht besteht. So sieht denn der § 172 Abs. 4 HGB auch vor, dass eine Einlage gegenüber Gläubigern als nicht geleistet gilt, soweit sie zurückgewährt wurde.[212] Den Gesellschaftsgläubigern haftet der Gesellschafter in Höhe des zurückgewährten Betrages mit seinem Privatvermögen persönlich und unmittelbar.[213] Eine Rückeinlagepflicht resultiert aus § 172 Abs. 4 HGB aber nicht. Diese Regelung betrifft lediglich die Außenhaftung des Kommanditisten.[214] Die Ausschüttung eines Scheingewinns ist aber dennoch eine unzulässige Einlagenrückgewähr[215], es sei denn, die Auszahlung findet die Zustimmung aller Gesellschafter.[216] Bei fehlender Zustimmung durch die Gesellschafter ist daher ein Rückeinlageanspruch der Gesellschaft aus ungerechtfertigter Bereicherung gegeben, § 812 BGB.[217]

Zunächst gilt es zu klären, ob es möglich und erforderlich ist, dem Kommanditisten im Wege des bilanzrechtlichen Bestandsschutzes die haftungsrechtliche Folge des § 172 Abs. 4 HGB zu ersparen. Für den Kommanditisten ist – anders als dies bei dem OHG-Gesellschafter der Fall ist – ein Gutglaubenstatbestand geschaffen worden. Die Rechtsfolge der wiederauflebenden persönlichen Haftung bis zur Höhe der Haftsumme wird durch § 172 Abs. 5 HGB ausgeschlossen.[218] Voraussetzung hierfür ist, dass der Kommanditist den Scheingewinn im guten Glauben an die Richtigkeit der gutgläubig erstellten Bilanz bezogen hat. Damit ist in § 172 Abs. 5 HGB ein doppelter Gutglaubenstatbestand normiert.[219] Zunächst bedarf es hierfür einer gutgläubig aufgestellten Bilanz. Was aber eine gutgläubig erstellte Bilanz i. S. d. § 172 Abs. 5 HGB ausmacht, ist umstritten.

---

212 *Schilling* in *Staub*[4] § 172 HGB Rn 8, 16; *K. Schmidt* in MüKoHGB §§ 171, 172 HGB Rn 8.

213 *Strohn* in *Ebenroth/Boujong/Joost* § 171 HGB Rn 9; *Kindler*, S. 316.

214 *K. Schmidt* in MüKoHGB §§ 171, 172 HGB Rn 62.

215 *V. Gerkan* in *Röhricht/v. Westphalen*[3] § 169 HGB Rn 16.

216 *K. Schmidt* in MüKoHGB §§ 171, 172 HGB Rn 62.

217 *K. Schmidt* in MüKoHGB §§ 171, 172 HGB Rn 62; *Schilling* in *Staub*[4] § 169 HGB Rn 2; *v. Gerkan* in *Röhricht/v. Westphalen*[3] § 169 HGB Rn 16; *Martens* in *Schlegelberger*[5] § 169 HGB Rn 16.

218 *Martens* in *Schlegelberger*[5] § 122 HGB Rn 19, § 169 HGB Rn 16 ff.; *Scholz* in HdbPersG, I Rn 3013 ff.; *Hopt* in *Baumbach/Hopt*[33] § 172 HGB Rn 9.

219 *Strohn* in *Ebenroht/Boujong/Joost* § 172 HGB Rn 52.

Karsten Schmidt, das Erfordernis einer gutgläubig erstellten Bilanz gänzlich ablehnend[220], will das Gutglaubenserfordernis restriktiv ausgelegt wissen. Bösgläubigkeit der bilanzaufstellenden Gesellschafter soll nur bei vorsätzlicher Verletzung von Bilanzierungsgrundsätzen gegeben sein.[221] Im übrigen Schrifttum wird die Gutgläubigkeit häufig schon bei grober Fahrlässigkeit verneint.[222] Mitunter finden sich auch Stimmen, die den guten Glauben i. S. d. § 172 Abs. 5 HGB in Anlehnung an § 708 BGB mit dem Begriff der eigenüblichen Sorgfalt konkretisieren.[223] Letztlich wird auch vertreten, dass eine jede Form der Fahrlässigkeit der Gutgläubigkeit schadet.[224]

Unbeachtlich welcher dieser Auffassungen man folgt, ist ein bilanzrechtlicher Bestandsschutz nicht erforderlich, um den status quo des Gesellschafters zu sichern. Findet keine Bilanzberichtigung statt, weil man einen bilanzrechtlichen Bestandsschutz aus anderen Gründen für geboten hält, so liegt der Tatbestand des § 172 Abs. 4 HGB in Ermangelung einer Einlagenrückgewähr nicht vor. Wird die Bilanz hingegen berichtigt, so lebt die Haftung des Kommanditisten dennoch nicht wieder auf, soweit die Bilanz als gutgläubig erstellte zu sehen ist. Das schreibt insoweit § 172 Abs. 5 HGB fest.

In Bezug auf den gutgläubigen Kommanditisten kann der subjektive Fehlerbegriff nur dann mehr Bestandsschutz als § 172 Abs. 5 HGB bieten, wenn der erwartete Sorgfaltsmaßstab lockerer ist als der für eine gutgläubig erstellte Bilanz i. S. d. § 172 Abs. 5 HGB. Ist eine Bilanz also schon dann subjektiv richtig, wenn sie jedenfalls nicht vorsätzlich manipuliert wurde, so ist der Kommanditist auch geschützt, wenn das bilanzaufstellende Organ fahrlässig und damit

220 *K. Schmidt* in *Schlegelberger*[5] § 172 HGB Rn 87; *K. Schmidt* in MüKoHGB § 172 HGB Rn 87.

221 *K. Schmidt* in *Schlegelberger*[5] § 172 HGB Rn 88; *K. Schmidt* in MüKoHGB § 172 HGB Rn 88.

222 *Hopt* in *Baumbach/Hopt*[33] § 172 HGB Rn 10; *Strohn* in *Ebenroth/Boujong/Joost* § 172 HGB Rn 53; *Fahse* in *Ensthaler*[7] § 172 HGB Rn 19; *Koenige*[3] § 172 HGB Rn 4; *Scholz* in Hdb PersG I, Rn 3025.

223 *Bohnenberg* § 172 HGB, S. 522; auch *Schilling* in *Staub*[3] § 172 HGB Rn 38, der neuerdings aber den § 276 BGB in Bezug nimmt: *Schilling* in *Staub*[4] § 172 HGB Rn 18.

224 *V. Gerkan* in *Röhricht/v. Westphalen*[3] § 172 HGB Rn 51; *Schilling* in *Staub*[4] § 172 HGB Rn 18.

nicht gutgläubig i. S. d. § 172 Abs. 5 HGB gehandelt hat. Damit ginge aber der Schutz des gutgläubigen Kommanditisten weiter als vom Gesetzgeber intendiert. Zwar mag die Regelung des § 172 Abs. 5 HGB bei ‚Einführung' des subjektiven Fehlerbegriffs schon 63 Jahre alt gewesen sein[225], doch ist es weder vom BFH intendiert[226] noch seine Aufgabe gewesen, diese Regelung dahingehend zu ändern. So geht *Wolfgang Schön* auch zu Recht davon aus, dass für den subjektiven Fehlerbegriff derselbe Sorgfaltsmaßstab zu fordern ist, wie für die gutgläubige Bilanz i. S. d. § 172 Abs. 5 HGB.[227]

Will man dennoch die Beseitigung eines Anwendungsraumes für § 172 Abs. 5 HGB mit einem Wandel der Normsituation begründen, so bleibt es, diesen Wandel darzulegen. Auch berücksichtigt man nicht oder jedenfalls nicht hinreichend, dass auch der bösgläubige Kommanditist durch Anwendung eines bilanzrechtlichen Bestandsschutzes geschützt wird. Voraussetzung für diesen Schutz ist lediglich, dass die Bilanz unter Beachtung der kaufmännischen Sorgfalt[228] aufgestellt wurde, also das geschäftsführende Organ die Fehlerhaftigkeit nicht erkannt hat und auch nicht erkennen konnte. Ein solcher Schutz des bösgläubigen Gesellschafters kann aber nicht gewollt sein. Dieser kann nämlich kein Vertrauen – schon gar nicht ein schutzwürdiges – in den Bestand der Bilanz und seines Gewinnanspruchs haben und in Anspruch nehmen. Damit gebietet die haftungsrechtliche Folge des § 172 Abs. 4 HGB keinen bilanzrechtlichen Bestandsschutz zu Gunsten des Kommanditisten.

Die angesprochene Rückeinlagepflicht des Kommanditisten könnte auch Anlass sein, dem Kommanditisten Bestandsschutz zu gewähren.

Umstritten ist, ob der § 172 Abs. 5 HGB dem Kommanditisten auch in Bezug auf die Rückeinlagepflicht Gutglaubensschutz bietet. Die vorherrschende Auffassung verneint dies und beschränkt die Wirkung des § 172 Abs. 5 HGB

225 In heutiger Fassung gültig seit erstmaliger Ausfertigung des HGB v. 10. 5. 1897, RGBl 1897, 219 (256).

226 Zum Motiv des BFH siehe oben S. 7, unten S. 85 und BFH v. 11. 10. 1960, Az. I 56/60 UBStBl III 1961, S. 3.

227 *Schön* in FG BGH Bd. II, S. 153 (178).

228 So der vom BFH in ständigen Rechtsprechung geforderte Sorgfaltsmaßstab.

nicht zuletzt aufgrund seiner systematischen Stellung auf das Außenverhältnis.[229] Dem wird insbesondere von *Karsten Schmidt* der Wortlaut der Norm entgegengehalten, wonach der Kommanditist in „keinem Falle zurückzuzahlen verpflichtet" sei.[230] Auch sei es widersinnig die Außenhaftung auszuschließen, während im Konkursfall der im Innenverhältnis bestehende Rückeinlageanspruch von den Gesellschaftsgläubigern gepfändet werden könne.[231] Historisch begründet *Karsten Schmidt* die Stellung der Regelung im Außenrecht mit dem Wunsch des Gesetzgebers, den zuvor im Innenverhältnis angesiedelten Ausschluss[232] der Rückzahlung auch auf das Außenverhältnis zu erstrecken.[233] Aus der systematischen Stellung der Regelung ergibt sich der Ausschluss der Außenhaftung, der Ausschluss der Rückeinlagepflicht aus dem eindeutigen Wortlaut des § 172 Abs. 5 HGB. Unterstellt man die Richtigkeit der Auffassung von *Karsten Schmidt*, so bedarf es keines bilanzrechtlichen Bestandsschutzes, um den Kommanditisten von der drohenden Rückeinlagepflicht freizuhalten.

Folgt man hingegen der herrschenden Meinung, so ist zu konstatieren, dass es für den Kommanditisten von vitaler Bedeutung ist, auf anderem Wege Bestandsschutz zu erfahren. Einen solchen Bestandsschutz könnte dann der subjektive Fehlerbegriff bieten. Denn findet keine Berichtigung statt, kann der Rückeinlageanspruch nicht entstehen; es fehlt an der erforderlichen rechtsgrundlosen Bereicherung.[234] Anders kann aber auch privatautonom Bestandsschutz gewährt werden. So kann der bereicherungsrechtliche Anspruch durch

229 *Hopt* in *Baumbach/Hopt*[33] § 172 HGB Rn 9; *Weipert* in *Ebenroth/Boujon/Joost* § 169 HGB Rn 16; *Wiedemann* WM 1992 Sonderbeilage 7, S. 34; insoweit zustimmend auch *K. Schmidt* GesR, S. 160.

230 Ausführlich: *K. Schmidt* in MüKoHGB §§ 171, 172 HGB Rn 94; zustimmend *Grunewald*[7], S. 144; *Schilling* in *Staub*[4] § 172 HGB Rn 16; wohl auch *Wieland* Bd. I, S. 751.

231 So inzwischen auch: *Scholz* in HdbPersG, I Rn 3017; Anders aber die herrschende Auffassung: *Hopt* in *Baumbach/Hopt*[33] § 172 HGB Rn 9; *Strohn* in *Ebenroth/Boujon/Joost* § 172 HGB Rn 54.

232 So die Regelung des Art. 165 Abs. 5 Entwurf eines ADHGB 1861.

233 Die Fortgeltung im Innenverhältnis sei für den Gesetzgeber selbstverständlich: *K. Schmidt* GesR, S. 160.

234 *Schön* in FG BGH Bd. II, S. 153 (178).

Erlass zum Erlöschen kommen oder zumindest durch Stundung gehemmt sein.[235]

Während der Kommanditist bei der zweitgenannten Lösung immer auf einen Gesellschafterbeschluss und damit auf den guten Willen der Mitgesellschafter angewiesen ist, würde der subjektive Fehlerbegriff ihn grundsätzlich schützen. Bedenkt man aber, dass das Interesse des Kommanditisten ambivalent ist, je nachdem ob ein Scheingewinn zurückgefordert wird oder ob eine nachträgliche Gewinnausschüttung erfolgen soll, so sind auch die Interessen der anderen Gesellschafter zu berücksichtigen. Insbesondere der Komplementär wird ein Interesse an der Rückzahlung haben, weil er im Insolvenzfall haftet, während die Haftung des Kommanditisten gemäß § 172 Abs. 5 HGB ausgeschlossen ist. Damit scheint es sachgerecht, die Lösung – wenn § 172 Abs. 5 HGB nicht auch auf diese Fälle anzuwenden ist – unternehmensintern zu suchen. Auch die gegenseitigen Interessen, die von Fall zu Fall sehr verschieden sein können, können so hinreichend berücksichtigt werden. Im Einzelfall kann es dann wegen des Grundsatzes von Treu und Glauben gar geboten sein, die Rückeinlage zu stunden oder zu erlassen.

Ein genereller bilanzrechtlicher Bestandsschutz ist damit in keinem Fall geboten. Bejaht man nämlich die Anwendbarkeit des § 172 Abs. 5 HGB auf den Rückeinlageanspruch gemäß § 812 BGB, so bringt der subjektive Fehlerbegriff dem Kommanditisten keinen Vorteil. Verneint man indessen seine Anwendbarkeit auf die gesellschaftsinternen Ansprüche, so bringt der bilanzrechtlichen Bestandsschutz nur Vorteile, die auch auf anderen, sachgerechteren Wegen zu erreichen sind. Insbesondere bestehen diese Vorteile – wie schon oben für die OHG gezeigt – lediglich in einem zeitlichen Aufschub. Denn auch bei der KG ist die erkannte Divergenz zwischen der Realität und der Bilanz spätestens in der letzten noch offenen Bilanz zu korrigieren. Insoweit kann hier nicht die Rechtssicherheit des Gesellschafters über die Rechtsrichtigkeit zu Gunsten der Gesellschaft gestellt werden.

Obgleich der Haftungsausschluss gemäß § 172 Abs. 5 HGB die Notwendigkeit eines bilanzrechtlichen Bestandsschutzes zu Gunsten des Gesellschafters entfal-

235 *Strohn* in *Ebenroth/Boujong/Joost* § 172 HGB Rn 54.

len lässt, ist denkbar, dass gerade durch diese Regelung ein Bestandsschutz nötig wird. So stellt sich immerhin die Frage, wie aus rein technischer Sicht Scheingewinne buchhalterisch zu erfassen sind.

Dieses Problem ist einfach zu lösen, wenn man, der herrschenden Meinung folgend, den Anwendungsbereich des § 172 Abs. 5 HGB auf das Außenverhältnis beschränkt. Der ausgeschüttete Scheingewinn ist als Forderung der Gesellschaft gegenüber dem Gesellschafter zu verbuchen und gegebenenfalls bei Erlass gewinnmindernd auszubuchen. Schwieriger stellt sich das Problem dar, folgt man der Auffassung *Karsten Schmidts*. Eine Verbuchung des Scheingewinns als Forderung ist nicht denkbar, weil die Forderung nicht besteht. Letztlich ist es nur möglich, den ausgezahlten Scheingewinn als Aufwand in der ersten noch offenen Periode zu verbuchen. Will man nämlich die Auszahlung noch im Berichtigungsjahr berücksichtigen, kann sich ein Teufelskreis ergeben. Die Auszahlung des Scheingewinns mindert den Gewinn. Damit wird der Scheingewinn betragsmäßig erhöht. Das müsste zwangsläufig abermals zu einer bilanziellen Berücksichtigung im Berichtigungsjahr führen. Eine weitere Minderung des Gewinns, eine weitere Erhöhung des Scheingewinns wären die Folge. Jedenfalls besteht in der Möglichkeit, die Ausschüttung des Scheingewinns in der ersten noch offenen Periode zu berücksichtigen, ein gangbarer Weg, die Regelung des § 172 Abs. 5 HGB auch im Sinne *Karsten Schmidts* anzuwenden. Die Regelung zwingt daher nicht zur Gewährung eines Bestandsschutzes. Wäre dies anders, so würde sich die Regelung im Übrigen selbst ihres Anwendungsraumes berauben.

Aus dem Interesse des Kommanditisten am Fortbestand der Bilanz kann kein Bedürfnis eines bilanzrechtlichen Bestandsschutzes hergeleitet werden. Für den Komplementär gilt das oben für die OHG-Gesellschafter ausgeführte.

c) Gesellschaft mit beschränkter Haftung

Noch deutlicher erfolgt die Trennung zwischen Privat- und Gesellschaftssphäre bei Kapitalgesellschaften. Für die GmbH ordnet das Gesetz eine Kapitalerhaltungspflicht zur Sicherung der Interessen von Gläubigern und einzelnen Gesellschaftern an, § 30 Abs. 1 GmbHG.[236] Kommt es zu einer Ausschüttung, die gegen diese Kapitalerhaltungspflicht verstößt, ist diese Auszahlung zurückzuerstatten, § 31 Abs. 1 GmbHG.[237] Ausgeschüttete Scheingewinne, die Auszahlungen des Kapitals i. S. v. § 30 Abs. 1 GmbHG darstellen, sind damit zurückzuzahlen. Grundsätzlich lebt die ursprüngliche Einlagepflicht wieder auf.[238]

Aber auch für den GmbH-Gesellschafter ist ein Gutglaubenstatbestand geschaffen worden. Gemäß § 31 Abs. 2 GmbHG ist die Verpflichtung zur Erstattung der unzulässigen Ausschüttung ausgeschlossen, wenn der Gesellschafter bei Erhalt der Ausschüttung im guten Glauben an deren Zulässigkeit war.[239] Nur wenn dies zur Bedienung der Gesellschaftsverbindlichkeiten erforderlich ist, muss der gutgläubige Gesellschafter die erhaltene Leistung zurückerstatten.[240] Damit geht der Gutglaubenstatbestand des § 31 Abs. 2 GmbHG nicht so weit, wie der des § 172 Abs. 5 HGB. Zu Gunsten des Gläubigerschutzes ist dem Bestandsschutz des gutgläubigen Gesellschafters eine Grenze gesetzt. Dies beruht auf dem Fehlen persönlich haftender Gesellschafter.[241]

Kann die Gesellschaft ihre Verbindlichkeiten aus eigener Kraft bedienen, so dient ein bilanzrechtlicher Bestandsschutz dem Gesellschafter nicht. Der Bestandsschutz zu Gunsten des Gesellschafters wird durch § 31 Abs. 2 GmbHG gewährleistet. Für die Ausführungen sind damit nur die Fälle interessant, in denen der Gesellschafter entweder wegen seiner Bösgläubigkeit oder aber zwecks Schuldendeckung zur Zahlung herangezogen werden soll.

---

236 *Quiel*, S. 61; *Heidinger* in *Michalski* § 31 GmbHG Rn 1; *Goerdeler/Müller* in *Hachenburg*[8] § 31 GmbHG Rn 1.

237 *Quiel*, S. 61; *Hueck/Fastrich* in *Baumbach/Hueck*[18] § 31 GmbHG Rn 1; *Altmeppen* in *Roth/Altmeppen*[5] § 31 GmbHG Rn 1; *Ulmer* in FS GmbHG, S. 363 (365 f.); *Pentz* in *Rowedder*[4] § 31 GmbHG Rn 1; Heidinger in *Michalski* § 31 GmbHG Rn 1.

238 *Heidinger* in *Michalski* § 31 GmbHG Rn 2; *Baumbach/Fastrich* in *Baumbach/Hueck*[18] § 31 GmbHG Rn 3; *Lutter/Hommelhoff*[15] § 31 GmbHG Rn 1; *Kallmeyer* in HdbGmbH, I Rn 398.

239 *Kallmeyer* in HdbGmbH, I Rn 402.

240 *Goerdeler/Müller* in *Hachenburg*[8] § 31 GmbHG Rn 14.; *Kallmeyer* in HdbGmbH, I Rn 402.

241 *Westermann* in *Scholz* § 31 GmbHG Rn 22.

Zunächst zu dem zweitgenannten Fall. Akzeptiert man den subjektiven Fehlerbegriff, kann der Gesellschafter nicht in Anspruch genommen werden, weil die erfolgte Ausschüttung als rechtmäßig anzusehen ist. Anders, wenn man dem ‚streng' objektiven Fehlerbegriff folgen will. Dann kommt es zunächst auf die Gutgläubigkeit des Gesellschafters und in zweiter Linie auf die Schuldendeckungsfähigkeit der Gesellschaft an, ob und in welchem Maße der Gesellschafter zur Rückeinlage verpflichtet ist. Dass dem Gesellschafter insoweit daran gelegen sein wird, einen über § 31 Abs. 2 GmbHG hinausgehenden Bestandsschutz einzuführen, liegt auf der Hand. Indessen zeigt doch § 31 Abs. 2 GmbHG eine klare Intention des Gesetzgebers, den Konflikt zwischen Gesellschafter- und Gläubigerinteressen zu Gunsten der Gesellschaftsgläubiger zu lösen. Angesichts dieser klaren Regelung ist die Heranziehung der Gesellschafterinteressen als Grund für einen bilanzrechtlichen Bestandsschutz versperrt. *Hans-Jochem von Beckerath* folgert hieraus sogar die Pflicht zur Bilanzberichtigung, soweit der Gesellschafter zur Schuldendeckung herangezogen wird.[242] Für Bestandsschutz sei dann kein Raum – auch nicht zu Gunsten der Gesellschaft.

Für den Fall eines bösgläubigen Gesellschafters, der wegen der Gutgläubigkeit der Mitglieder des geschäftsführenden Organs in den Genuss eines bilanzrechtlichen Bestandsschutzes käme, kann nur statuiert werden, dass sein Interesse in keinem Falle schützenswert ist. Der bösgläubige Gesellschafter kann ohnehin keinen Bestandsschutz verlangen. Klar ist damit, dass es aus Sicht des GmbH-Gesellschafters keinen Grund gibt, einen bilanzrechtlichen Bestandsschutz zu gewähren.

d) Aktiengesellschaft

Eine scharfe Trennung zwischen der Gesellschaftssphäre und der Gesellschaftersphäre erfolgt auch bei der AG. Infolge dessen darf auch bei der AG die Kapitaleinlage dem Aktionär nicht zurückgewährt werden, § 57 Abs. 1 Satz 1 AktG.[243] Einzig der Bilanzgewinn darf ausgeschüttet werden.[244] Erfolgt

242 *V. Beckerath* DStJG 14, S. 65 (68).

243 *K. Schmidt* GesR, S. 890.

244 *K. Schmidt* GesR, S. 890.

eine Auszahlung, die diesen Grundsätzen zuwiderläuft, müssen die Aktionäre die erhaltenen Zuwendungen zurückgewähren, § 62 Abs. 1 Satz 1 AktG.[245] Gegenläufig sind die Interessen der Aktionäre. Diese wollen das Empfangene nicht zurückgewähren.[246] Der Gesetzgeber hat diesen Interessenkonflikt mit § 62 Abs. 1 AktG gelöst. Die grundsätzlich bestehende Rückeinlagepflicht des Aktionärs ist demnach ausgeschlossen, wenn der Aktionär nicht wusste, dass er zum Bezug der Leistung nicht berechtigt war, und er dies auch nicht wissen musste, § 62 Abs. 1 Satz 2 AktG. Damit wird der gutgläubige Aktionär ab dem Zeitpunkt der Ausschüttung der Dividende geschützt.[247] Dies gilt unabhängig davon, ob die Gutgläubigkeit auf einem Rechts- oder einem Tatsachenirrtum beruht.[248]

Ein bilanzrechtlicher Bestandsschutz geht weiter als § 62 Abs. 1 Satz 2 AktG. Er würde auch den Aktionär schützen, dessen durch Bilanzfeststellung entstandener mitgliedschafts-rechtlicher Anspruch noch nicht durch einen Gewinnverwendungsbeschluss zu einem vom Gesellschaftsrecht losgelösten Gläubigerrecht verdichtet ist.[249] Dieser Überlegung, dass auch jene Gesellschafter vor willkürlichen Änderungen der festgestellten Bilanz zu schützen sind, ist der II. Zivilsenat des BGH in seinem Urteil vom 24. Januar 1957[250] gerecht geworden. Dem BGH ist insoweit auch der BFH[251] gefolgt. Allerdings handelt es sich bei der Bilanzberichtigung wegen nachträglich erkannter Unrichtigkeit eines Ansatzes keineswegs um eine willkürliche Änderung.[252] Insoweit greifen wohl die vom BGH entwickelten Grundsätze nicht.

Ob es zum Schutz der Gesellschafter eines neben die Willkürfreiheit tretenden Erfordernisses zur Zulässigkeit von Bilanzberichtigungen bedarf, um die

245 *K. Schmidt* GesR, S. 891.

246 *Quiel*, S. 17; *Barz* in GKAktG³ § 62 AktG Rn 6; *Hüffer⁸* § 62 AktG Rn 11; *Lutter* in KKAktG² § 62 AktG Rn 31.

247 *K. Schmidt* GesR, S. 891; *K. Schmidt* BB 1984, 1588 (1589).

248 RG v. 2. 10. 1911, Az. IV 676/10, RGZ 77, 88 (92); *Lutter* in KKAktG² § 62 AktG Rn 33; *Hüffer⁸* § 62 AktG Rn 11; *Barz* in GKAktG³ § 62 AktG Rn 6; *Quiel*, S. 31.

249 *Pochmann* DB 1963, S. 1369 (1370).

250 BGH v. 24. 1. 1957, Az. II ZR 208/55, BGHZ 23, S. 150 (152).

251 BFH v. 22. 11. 1972, I R 22/71, BFHE 107, 503 (503 ff.); Dieser Idee folgend sehen auch *Nolte* DB 1963, Beilage 12, S. 5 und *Offerhaus* DB 1966, S. 1705 (1706) die Möglichkeit der Bilanzänderung auf Fälle des § 256 AktG beschränkt.

252 *Flume* DB 1981, S. 2505 (2506).

Gesellschafter in der Zeit zwischen Bilanzfeststellung und Gewinnverwendungsbeschluss zu schützen, erscheint äußerst fraglich.[253] Die Beantwortung dieser Frage ist allerdings für die infrage stehende ‚subjektive Richtigkeit' nicht von Bedeutung. Der Gesellschafter wäre dann erst recht auch vor der Korrektur eines bewusst falschen Ansatzes zu schützen. Ein solcher Schutz soll allerdings nicht hergestellt werden.

Gleiches gilt für den Bestandsschutz, den der Gesellschafter nach Beschluss über die Gewinnverwendung – aber vor Auszahlung also vor Bezug i. S. d. § 62 AktG[254] – erfährt. Vielfach wird vertreten, dass der vom Gesellschafterrecht losgelöste, selbständige Anspruch auf Gewinnausschüttung nicht durch eine Bilanzberichtigung geschmälert werden darf[255], dies schon deshalb, weil der Aktionär sich auf die Richtigkeit der Bilanz verlassen durfte.[256] Diese Einschränkung gilt aber auch, wie schon oben erwähnt, für die vorsätzlich falsche Bilanz.[257] Hierbei handelt es sich nicht um ein der subjektiv richtigen Bilanz immanentes Problem. Im Ergebnis gebieten auch die Interessen des Aktionärs keinen bilanzrechtlichen Bestandsschutz.

e) Ergebnis

Dic für dic Gesellschafter wichtigste Funktion des Jahresabschlusses – nämlich die Ermittlung des Gewinns – gebietet keinen bilanzrechtlichen Bestandsschutz für subjektiv richtige Bilanzen.

2. Rechenschaftsfunktion der Bilanz

Eine weitere Funktion, die im Interesse der Gesellschafter neben die Gewinnermittlungsfunktion tritt, ist die Rechenschaftsfunktion. Mittels des Jahresab-

253 Dies fordern aber z. B. *Nolte* DB 1963, Beilage 12, S. 5 und *Offerhaus* DB 1966, 1705 (1706).

254 *K. Schmidt* BB 1984, S. 1588 (1592).

255 So z. B. *Hundertmark/Herms* BB 1973, S. 1051 (1053). Nach WP-Handbuch 2000, Bd. I, E Rn 464 ist lediglich die Minderung der Gesellschafteransprüche unzulässig, eine Bilanzberichtigung aber bleibt zulässig.

256 *Barz* in GKAktG § 62 AktG Rn 6; *Quiel*, S. 35.

257 Außer in den Fällen des § 173 AktG, wenn die Hauptversammlung an der Feststellung beteiligt ist.

schlusses wird den Gesellschaftern Rechenschaft über die Entwicklung ihrer Gesellschaft gelegt. Im Sinne der Rechenschaftslegung ist ein materiell richtiger Jahresabschluss das probate Mittel, um den richtigen Eindruck von der Lage des Unternehmens zu vermitteln. Wie also aus der Rechenschaftsfunktion der Bilanz der Wunsch nach Beständigkeit trotz einer bestehenden Divergenz zwischen Realität und Bilanz erwachsen soll, ist nicht ersichtlich.

3. Ergebnis

Weder die Gewinnermittlungsfunktion noch die Rechenschaftsfunktion der Bilanz begründen ein Interesse der Gesellschafter am Bestand einer fehlerhaften Bilanz. Aus Sicht der Gesellschafter ist daher kein bilanzrechtlicher Bestandsschutz zu fordern.

IV. Schutzinteressen der außenstehenden Bilanzadressaten

Als letzte Gruppe der Bilanzadressaten kommen die außenstehenden Bilanzadressaten in Betracht. So dient die Aufstellung des Jahresabschlusses und insbesondere auch seine Offenlegung den öffentlichen Interessen an der Lage des Unternehmens.

Von diesem Standpunkt ausgehend, sieht zum Beispiel *Wolfgang Schön* den Grund für die Nichtigkeitsfolge des § 256 AktG in der zu erwartenden Verletzung öffentlicher Interessen.[258] Sicher ist aber allemal, dass den außenstehenden Bilanzadressaten wie zum Beispiel Mitarbeitern, potenziellen Anlegern oder Gewerkschaftsfunktionären am besten mit einer materiell richtigen Bilanz gedient ist. Die Nichtigkeit einer Bilanz tritt deshalb bei entsprechender Schwere des Fehlers auch ein, wenn die Bilanz subjektiv richtig ist.[259] *Karl-Heinz Nolte*[260] allerdings sieht in dem Vertrauen der Öffentlichkeit in die Richtigkeit des Jahresabschlusses einen Grund, das Berichtigungsrecht auszuschließen. Wenn

258 *Schön* in FG BGH Bd. II, S. 153 (160).

259 *Flume* DB 1981, S. 2505 (2505); *Schilling* in GKAktG[3] § 256 AktG Rn 16; *Zöllner* in KKAktG[1] § 256 AktG Rn 46; a. A. aber: *Werner* AG 1967, S. 122 (124), der die Rechtsfolge der Nichtigkeit bei versehentlichen oder unwesentlichen Überbewertungen ausschließen möchte.

260 *Nolte* DB 1963, Beilage 12, S. 5.

allerdings bekannt wäre, dass die Bilanz nicht den objektiv gegebenen Umständen entspricht, eine Berichtigung aber unterbleibt, wäre das Vertrauen in viel größerem Maße gefährdet. Immerhin würde durch eine Bilanzberichtigung der materiell richtige Zustand hergestellt. Warum die Öffentlichkeit also einer Bilanzberichtigung im Wege stehen sollte, ist nicht ersichtlich.

Einzig für den Fall, dass ein zu geringer Gewinn festgestellt wurde, könnte den Gesellschaftsgläubigern daran gelegen sein, dass nicht nachträglich eine weitere Ausschüttung erfolgt. Hierdurch würde nämlich die ausgewiesene Masse der Gesellschaft verringert. Allerdings wäre diese Verringerung der Masse legitim und veränderte das Gesellschaftsvermögen auf zulässige Weise. Auch stellt dies gar keine nachteilige Veränderung für den Gläubiger dar. Durch Berichtigung wird nur festgestellt und dargelegt, was als Sicherungsmasse tatsächlich und richtigerweise zur Verfügung steht.[261] Die Korrektheit der Berichtigung unterliegt auch der Nachtragsprüfung gemäß § 316 Abs. 3 HGB. Das Interesse der Gläubiger, solche nachträglichen Ausschüttungen zu vermeiden, ist damit nicht berechtigt und nicht schützenswert.

Bestandsschutz für die übrigen Bilanzadressaten besteht also nur insoweit, als dass keine willkürlichen Änderungen der Bilanz vorgenommen werden dürfen.[262] Im Falle von Fehlerbeseitigungen ist aber Willkür nur dann gegeben, wenn „es sich um einen gänzlich unbedeutenden Mangel handelt“[263]. Einen Bestandsschutz werden die außenstehenden Bilanzadressaten damit nicht für sich in Anspruch nehmen wollen, jedenfalls aber nicht für sich in Anspruch nehmen können.

V. Ergebnis

Als Bilanzadressaten, die ein berechtigtes Interesse am Bestand der nur subjektiv richtigen Bilanz haben, kommen einzig die Kaufleute oder die Unternehmen in Betracht. Ihr berechtigtes Interesse am Erhalt ihrer Glaubwürdigkeit sowie an der Vermeidung weiterer Kosten ist ein gewichtiger Grund dafür, ihnen Be-

261 *Hundertmark/Herms* BB 1973, 1051 (1054).

262 BGH v. 24. 1. 1957, Az. II ZR 208/55, BGHZ 23, 150 (152); *ADS*[6] § 172 HGB Rn 34; *Hundertmark/Herms* BB 1973, S. 1051 (1052).

263 *Hundertmark/Herms* BB 1973, S. 1051 (1052).

standsschutz zu gewähren.[264] Schließlich kann das Recht nicht mehr verlangen, als dass man den Sachverhalt sorgfältig ermittelt und alle ermittelten Kenntnisse berücksichtigt.[265] Das wird auch in der Kodifikation des § 252 Abs. 1 Nr. 4 HGB deutlich. Nur solange die Bilanz noch nicht auf- und festgestellt ist, ist der Bilanzierungspflichtige der Wertaufhellung unterworfen.[266] Ist die Feststellung aber erfolgt, muss der Bilanzierungspflichtige weitere wertaufhellende Erkenntnisse nicht berücksichtigen.

Dem stehen jedoch die Interessen der übrigen Bilanzadressaten gegenüber. Um aber die Interessen der übrigen Bilanzadressaten zu sichern, sieht § 256 AktG die Nichtigkeit der Bilanz vor. In der Nichtigkeit liegt die Grenze eines zu Gunsten des Kaufmanns wirkenden Bestandsschutzes.[267] Wird nämlich die Lage des Unternehmens in gravierender Weise unrichtig dargestellt, ist die Bilanz nichtig. Ist der Fehler nicht so schwerwiegend, können die durchaus berechtigten Interessen des Kaufmanns berücksichtigt werden. Immerhin sind die Kosten für die Bilanzberichtigung und gegebenenfalls für die Nachtragsprüfung auch ein Faktor, der den Gewinn des Unternehmens negativ beeinflusst. Eine Gewinnminderung liegt auch nicht im Interesse der übrigen Bilanzadressaten – namentlich der Gesellschafter und Gläubiger.

Vertritt man die Auffassung, die Wertaufhellung ginge auch nach Feststellung der Bilanz zwingend weiter, so wäre die Frage nach dem Ende des Wertaufhellungszeitraums zu beantworten. Werden Jahre später erst wertaufhellende Tatsachen bekannt, so ist eine Bilanzberichtigung auch nicht zur Erreichung der Bilanzzwecke erforderlich. Die durch fehlerhafte Bilanzierung getäuschten Gläubiger zum Beispiel könnten längst befriedigt sein. Auch die schon getroffenen unternehmerischen Entscheidungen wären nicht mehr zu revidieren, die Eigeninformation insoweit also verfehlt. Damit ist letztlich klar, dass der Zeitraum der Wertaufhellung, die bilanziell zu berücksichtigen ist, zeitlich beschränkt sein muss. Ein Bestandsschutz ist damit erforderlich.

---

264 *Schön* in FG BGH Bd. II, S. 153 (157).

265 So auch der BFH in st. Rspr.

266 *Schön* in FG BGH Bd. II, S. 153 (156); *Kaiser*, S. 80, der allerdings hieraus sogar die Beschränkung des Berichtigungsrechts ableitet.

267 *Flume* DB 1981, S. 2505 (2505); *Schilling* in GKAktG[3] § 256 AktG Rn 16; *Zöllner* in KKAktG[1] § 256 AktG Rn 46.

Im Zielkonflikt des Handelsrechts ist es billig, dem Kaufmann Bestandsschutz zu gewähren, wenn er bei Aufstellung der Bilanz die Sorgfalt eines ordentlichen Kaufmanns an den Tag gelegt hat. Unterlaufen ihm dennoch Tatsachen- oder Rechtsirrtümer, so muss er die Bilanz nicht berichtigen. Der ihm entstehende Arbeits- und Zeitaufwand sowie die für eine Nachprüfung und Neuveröffentlichung entstehenden Kosten stehen außer Relation zu den hierdurch erreichten Vorteilen.

C) Ausgestaltung des Bestandsschutzes

Ausgehend von der grundsätzlich bestehenden Berichtigungspflicht wurde dargelegt, dass zu Gunsten des Steuerpflichtigen ein Bestandsschutz in Bezug auf (nur) subjektiv richtige Bilanzen erforderlich ist. Es stellt sich nun die Frage, wie dieser Bestandsschutz auszugestalten ist. Kann man dem Kaufmann in Hinblick auf die Fehlerberichtigung ein Wahlrecht einräumen oder muss man ihm die Berichtigung gänzlich untersagen? Auch wenn –außer auf Seiten des Kaufmanns – kein berechtigtes Interesse am Bestand der Bilanz besteht, kann dem Kaufmann eine Berichtigung nicht unter Hinweis auf gleichermaßen gravierende Gründe zu Gunsten anderer Bilanzadressaten untersagt werden.

Dennoch kann es erforderlich sein, die Bilanzberichtigung zu untersagen. Der Grund hierfür könnte darin gesehen werden, dass die außenstehenden Bilanzadressaten andernfalls nicht wüssten, ob eine Bilanzberichtigung voluntativ unterlassen wird, oder aber gar kein Fehler vorliegt. Es sind mithin die Bilanzzwecke abermals zu überprüfen. Diesmal gilt es zu ergründen, ob aufgrund der soeben beschriebenen Unsicherheit einer oder mehrere der Bilanzzwecke vereitelt werden.

I. Dokumentationsfunktion

Oben wurde angesprochen, dass möglicherweise der Dokumentationsfunktion besser gedient ist, wenn eine Berichtigung unterbleibt. So ist zum Beispiel eine längere Aufbewahrungsfrist gegeben, wenn Umstände erst in dem Jahr bilanziell berücksichtigt werden, in dem sie bekannt werden. Auch ist die indizielle Bedeutung des Buchungszeitpunktes für die prozessuale Dokumentation angesprochen worden. Indessen ist zugleich auch aufgezeigt worden, dass die materiell richtige Bilanz den Vermögensstand zum Stichtag in besserer Weise dokumentieren kann. Der Zeitpunkt der Fehlererkenntnis lässt sich dann anhand des Berichtigungsdatums in gleicher (indizieller) Weise dokumentieren. Es steht auch nicht zu befürchten, dass ein Wahlrecht des Kaufmanns, aufgrund dessen er die materiell fehlerhafte Bilanz berichtigen oder aber den Fehler in der laufenden Buchhaltung berücksichtigen kann, der Dokumentationsfunktion schadet.[268]

II. Eigeninformation

Die im „ureigensten Interesse des Kaufmanns"[269] liegende Selbstinformation ist nicht durch ein Wahlrecht gefährdet. Immerhin muss der Kaufmann, der sich zwischen Bilanzberichtigung und Fehlerberücksichtigung entscheidet, den Fehler als solchen erkannt haben. Er ist also über die Fehlerhaftigkeit der Bilanz informiert.

Damit ist aber noch nicht gewährleistet, dass ihm auch die drohende Zahlungsunfähigkeit oder Insolvenz in gleicher Weise bewusst wird, wie bei einer vorgenommenen Bilanzberichtigung. Aus Sicht des „präventiven Gläubigerschutzes"[270] kann daher dieses Wahlrecht zweifelhaft erscheinen. Eine Ausräumung dieses Zweifels müsste aber eine Berichtigungspflicht zur Folge haben. Den Kaufmann des Rechts auf Bilanzberichtigung zu berauben, bringt den Gläubiger in keiner Weise weiter.

III. Rechenschaft gegenüber Gesellschaftern

Auch die Rechenschaftsfunktion der Bilanz wird nicht gefährdet, wenn die Bilanzberichtigung in das Ermessen der geschäftsführenden Organe gestellt ist. Bei nächster Gelegenheit werden die geschäftsführenden Organe die Berichtigung der Bilanz kundzutun haben. Wie alle Maßnahmen der geschäftsführenden Organe unterliegt auch die Entscheidung, ob eine Bilanzberichtigung durchge-

268 *Schön* in FG BGH Bd. II, S. 153 (157); so auch *Balthasar*, S. 123.
269 *ADS*[6] § 242 HGB Rn 2.
270 *Balthasar*, S. 78.

führt wird oder nicht, der Rechenschaft. So kann das Versäumen einer Bilanzberichtigung durchaus Schadensersatzforderungen gegenüber den geschäftsführenden Organen begründen, wenn hierdurch Steuerschäden verursacht sind. Ein Grund, das Recht auf Bilanzberichtigung auszuschließen, ergibt sich aus der gesellschaftsrechtlichen Rechenschaftsfunktion der Bilanz nicht.

IV. Gewinnermittlung

Genauer in den Blick zu nehmen ist aber die Gewinnermittlungsfunktion der Bilanz. Wie schon oben dargetan, ist auch der Gewinnermittlungsfunktion der Bilanz am besten mit einer materiell richtigen Bilanz gedient. Insoweit scheint auf den ersten Blick kein Grund ersichtlich, das Berichtigungsrecht auszuschließen. Indessen kann es durchaus wünschenswert sein, die Behandlung von erkannten Bilanzierungsfehlern zu vereinheitlichen, indem man das Berichtigungsrecht beschränkt.

Der beschriebene Arbeitsaufwand und die mit einer Bilanzberichtigung und einer Nachtragsprüfung verbundenen Kosten gehen zu Lasten des Unternehmensgewinns und damit zu Lasten der Gesellschafter. Beschränkt man also die Pflicht zur Berichtigung auf (auch) subjektiv falsche Bilanzen, so könnte man auch das Bilanzberichtigungsrecht einschränken, um dem Unternehmen keine unnötigen Kosten zu verursachen. Auf der anderen Seite können sich Steuerersparnisse einstellen, wenn eine Bilanzberichtigung durchgeführt wird. Aus Sicht der Gesellschafter muss es in das pflichtgemäße Ermessen des geschäftsführenden Organs gestellt sein, ob eine Bilanzberichtigung stattfindet oder nicht. Dieses Organ trifft auch die anderen Entscheidungen, die die Belange der Gesellschaft zum Guten wie zum Schlechten betreffen.

Klar jedenfalls ist, dass durch eine Berichtigung der Handelsbilanz nicht in bestehende Rechte der Gesellschafter eingegriffen werden darf.[271] Da aber durch die erfolgte Bilanzfeststellung die mitgliedschaftlichen Gewinnrechte der Gesellschafter zu einem selbstständigen Anspruch konkretisiert werden, ist eine erneute Feststellung mit niedrigerem Gewinn ohne Zustimmung der betroffenen

271 *Flume* DB 1981, S. 2505 (2506); RG v. 17. 11. 1915, Az. II 361/15, RGZ 87, S. 383 (387); RG v. 30. 11. 1888, Az. II 233/88, RGZ 22, 113 (115).

Gesellschafter ausgeschlossen.[272] Diese Beschränkung des Berichtigungsrechts hat aber mit der subjektiven Richtigkeit nichts gemein.

Im Interesse der Gesellschafter kann es aber auch liegen, die Erhöhung des festgestellten Gewinns durch Bilanzberichtigung zu vermeiden, jedenfalls die Entscheidung darüber nicht allein in das Ermessen des geschäftsführenden Organs zu stellen. Ist nämlich zum Bilanzstichtag ein Gesellschafterwechsel erfolgt, würde eine Bilanzberichtigung den ausgeschiedenen Gesellschafter berechtigen, während die Kosten für die Berichtigung dem eintretenden Gesellschafter zur Last fallen würden. Bei einer Fehlerberücksichtigung in der laufenden Buchführung hingegen treffen den eingetretenen Gesellschafter sowohl die höheren Gewinne als auch die höheren Kosten. Beschränkt man also das Berichtigungsrecht wegen der subjektiven Richtigkeit der Bilanz, würde den ausscheidenden Gesellschafter weder die Gewinnminderung treffen noch würde ihm die Gewinnerhöhung zugute kommen. Das Interesse des eintretenden Gesellschafters an einer solchen Regelung ist aber nicht schützenswert. So soll Grundlage der Gewinnverteilung stets der materiell richtige Gewinn sein. Wird ein materiell falscher Gewinn festgestellt, so kann der eintretende Gesellschafter nicht verlangen, dass keine Korrektur vorgenommen wird. Die nämlich grundsätzlich bestehende Berichtigungspflicht wird einzig zu Gunsten der Gesellschaft und damit der Gesamtheit der Gesellschafter eingeschränkt. Wie schon erwähnt ist ohnehin die Entscheidung über die Berichtigung der Kontrolle im Wege der Rechenschaft zugänglich. Dass die geschäftsführenden Organe sich bei der Entscheidung nicht von persönlichen Beziehungen oder Antipathien zu dem einen oder anderen Gesellschafter leiten lassen dürfen, ist klar.

Die Gewinnverteilungsfunktion zwingt also nicht dazu, das der Gesellschaft eingeräumte Bilanzberichtigungsrecht einzuschränken. Dies gilt auch, wenn die Entscheidung über die Bilanzberichtigung im Ermessen der geschäftsführenden Organe steht.

---

272 *Hundermark/Herms* BB 1973, S. 1051 (1053 f.); BGH v. 24. 1. 1957, Az. II ZR 208/55, BGHZ 23, S. 150 (154); *ADS*[6] § 172 HGB Rn 63 f.

V. Rechenschaft gegenüber Außenstehenden

Auch aus Sicht der außenstehenden Bilanzadressaten könnte es wünschenswert sein, das Recht auf Bilanzberichtigung auszuschließen. So könnte das Vertrauen der Öffentlichkeit in Bilanzen erschüttert werden.[273] Gefordert ist nämlich, dass die Bilanz allgemein bekannten Bilanzierungsregeln folgt, also intersubjektiv nachprüfbar ist, so genanntes Objektivierungsprinzip.[274] Steht es aber im Ermessen des Unternehmens, einen Fehler zu beseitigen, so könnte jede Bilanz mit einem Fehler behaftet sein. Der Außenstehende vermag nicht zu entscheiden, welche Bilanzen tatsächlich fehlerhaft sind. Das Recht zur Bilanzberichtigung aufgrund des subjektiven Fehlerbegriffs auszuschließen, kann dieses Problem allerdings nicht beseitigen. Es wird vielmehr größer. Ist nämlich kein Recht zur Berichtigung gegeben, muss im Auge der interessierten Öffentlichkeit eine jede Bilanz latent fehlerhaft erscheinen. Solange aber ein Recht zur Berichtigung besteht, weiß der Bilanzleser immerhin für berichtigte Bilanzen, dass ihnen zuvor ein Fehler innewohnte. Auch lässt möglicherweise die bisherige Unternehmenspraxis einen Schluss darauf zu, ob ein Unternehmen den erkannten Fehler regelmäßig berichtigt. Bleibt dann eine Berichtigung aus, so scheint zumindest kein Fehler bekannt geworden zu sein.

Auch besteht nicht die Gefahr, dass ein Unternehmen den einen Fehler berichtigt, einen anderen aber bewusst unberücksichtigt lässt. Wer nämlich eine Bilanzberichtigung vornimmt, muss alle bis zum Zeitpunkt der Bilanzberichtigung gewonnenen Erkenntnisse berücksichtigen. Damit müssen alle erkannten Fehler berichtigt werden. Für die neue Bilanzierung gelten die Grundsätze ordnungsmäßiger Buchführung, wie sie auch bei Erstaufstellung gegolten haben.[275] „Die neue Bilanz muß hinsichtlich aller Bilanzansätze subjektiv richtig nach dem Stande der Bilanzänderung erstellt werden."[276] Die Einhaltung dieser Vorgaben ist dann im Rahmen einer Nachtragsprüfung sicherzustellen. Bei Zuwiderhandlung greifen die Sanktionen der §§ 331 ff. HGB. Den außenstehenden Bilanzadressaten wäre nicht damit gedient, das Recht des Unternehmens auf Bilanzberichtigung zu beschneiden.

---

273 *Offerhaus* DB 1966, S. 1705 (1706); *Nolte* DB 1963 Beilage 12, S. 6.

274 *Moxter* WPg 1986, S. 173 (174 f.); *Baetge/Kirsch/Thiele*[9], S. 118.

275 *Barz* in FS *Schilling*, S. 127 (138 in Fn 49).

276 *Flume* DB 1981, S. 2505 (2506).

VI. Umgekehrte Maßgeblichkeit

Infrage kommt aber auch die Beschränkung des Berichtigungsrechts, weil das Steuerbilanzrecht dem Steuerpflichtigen die Berichtigung seiner Steuerbilanz versagt. So könnte der Bilanzierungspflichtige häufig im Rahmen seines handelsbilanzrechtlichen Wahlrechts gebunden sein, weil das Steuerrecht insoweit kein Wahlrecht einräumt. Beeinflussungen der handelsrechtlichen Wertansätze durch steuerrechliche Normen werden mit dem Begriff der umgekehrten Maßgeblichkeit beschrieben.[277]

Steuerbilanzrechtliche Grundlage für die umgekehrte Maßgeblichkeit bildet § 5 Abs. 1 Satz 2 EStG. Gemäß § 5 Abs. 1 Satz 2 EStG muss der Steuerpflichtige seine steuerrechtlichen Bilanzierungswahlrechte in Übereinstimmung mit der Handelsbilanz ausüben. Dies zwingt den Kaufmann, bei Erstellung seiner Handelsbilanz die steuerrechtlichen Folgen zu bedenken. So ist er gezwungen, handelsbilanzrechtlich Ansätze zu wählen, um steuerliche Vorteile in Anspruch nehmen zu können.

Korrespondierend zu § 5 Abs. 1 Satz 2 EStG gibt es im Handelsrecht die Regelung des § 254 HGB. Diese erlaubt es dem Steuerpflichtigen, steuerrechtlich zulässige Werte auch in der Handelsbilanz anzusetzen, auch wenn diese handelsbilanzrechtlich unzulässig sind. In Kombination mit § 5 Abs. 1 Satz 2 EStG zwingt § 254 HGB den Steuerpflichtigen sogar dazu, die handelsrechtlich unzulässigen Werte zu wählen, um steuerrechtliche Vorteile zu nutzen.

Beide Normen setzen aber ein steuerrechtliches Wahlrecht voraus. Zwar kann durchaus eine steuerrechtliche Pflicht dazu führen, dass ein handelsrechtliches Wahlrecht in der einen oder anderen Weise ausgeübt wird. Dies ist aber nicht gesetzlich vorgeschrieben, sondern in das Ermessen des Kaufmanns gestellt. Strebt man eine Einheitsbilanz an, „müssen in der Regel auch die strengeren steuerlichen Vorschriften in der Handelsbilanz berücksichtigt werden, damit diese als Steuerbilanz verwendbar wird“[278]. Die umgekehrte Maßgeblichkeit zwingt mithin nicht dazu, das handelsrechtliche Recht zur Bilanzberichtigung einzuschränken.

277 *Baetge*, S. 226; kritisch, ob der umgekehrten Maßgeblichkeit: *Knobbe-Keuk*[9] S. 29; begriffskritisch: *Raupach* BFuP 1990, S. 515 (525).

278 *Wöhe*, S. 63.

VII. Ergebnis

Nur auf Seiten des Kaufmanns kann sich die Forderung nach Rechtssicherheit auftun. Die übrigen Bilanzadressaten hingegen sind immer an einer materiell richtigen Bilanz interessiert. Auch der Umstand, dass durch die Beschränkung der Berichtigungspflicht für den Kaufmann oder die geschäftsführenden Organe ein Entscheidungsspielraum entsteht, ändert hieran nichts. Insofern gibt es im Handelsrecht keinen Grund, das Bilanzberichtigungsrecht wegen der subjektiven Richtigkeit eines Bilanzansatzes zu beschränken. Vielmehr kann der Kaufmann in seinem Bestreben nach einer objektiv richtigen Bilanz nicht gebremst werden, weil diese auch allen anderen Bilanzadressaten dienlich ist.[279] Eine Bilanzberichtigung ist damit grundsätzlich möglich.[280] Ob sie durchgeführt wird oder nicht, liegt einzig in der Entscheidung des Kaufmanns.[281]

Dieser Befund wird auch durch die Formulierung des § 172 Abs. 5 HGB unterstrichen. Gilt nämlich die gutgläubig erstellte Bilanz als fehlerfrei, so sind die übrigen Tatbestandsmerkmale des § 172 Abs. 5 HGB – insbesondere der doppelte Gutglaubenstatbestand – hinfällig. Es käme also nicht darauf an, ob der gewinnbeziehende Gesellschafter seinerseits gutgläubig ist. Untersagt man nämlich der Gesellschaft die Berichtigung der Bilanz, weil sie subjektiv richtig ist, so gewährt man auch dem bösgläubigen Gesellschafter Bestandsschutz. Somit ist klar, dass der actus-contrarius-Gedanke, der es den Gesellschaftsorganen erlaubt, gefasste Beschlüsse auf gleiche Art aus der Welt zu schaffen,[282] nicht durch die subjektive Richtigkeit tangiert wird. Auch der Blick auf § 256 AktG untermauert dieses Ergebnis. Kann eine subjektiv richtige Bilanz in Ermangelung eines Fehlers nicht berichtigt werden, so kann sie allemal nicht der Nichtigkeitsfolge des § 256 AktG zum Opfer fallen. Obgleich also das durch den Jahresabschluss gezeichnete Bild von der Lage des Unternehmens in drastischer

279 *Sauer* StBp 1963, S. 93 (93).

280 BFH v. 24. 1. 1957, Az. II ZR 208/55, BGHZ 23, 150 (150 ff.); *Flume* DB 1981, S. 2505 (2506).

281 *ADS*[6] § 172 HGB Rn 44; so auch *Schulze-Osterloh* in *Baumbach/Hueck*[17] § 42 GmbHG Rn 467.

282 *Schön* in FG BGH Bd. II, S. 153 (163); *Barz* in FS *Schilling*, S. 127 (136).

Weise von der Realität abweicht, wäre der Jahresabschluss wirksam, weil subjektiv richtig.[283]

Entgegen der von *Helmut Balthasar* und *Welf Müller* vertretenen Auffassung bedarf es damit keines streng subjektiven Fehlerbegriffs, um Rechtssicherheit herzustellen. Der Ausschluss des Berichtigungsrechts ist keineswegs erforderlich. Das Berichtigungsrecht ist ohnehin auf Fälle beschränkt, die nicht völlig unbedeutend sind.[284] Die Bilanzadressaten sind damit vor übermäßig häufig auftretenden Bilanzberichtigungen hinreichend geschützt.

283 *Flume* DB 1981, S. 2505 (2505); *Schilling* in GKAktG § 256 AktG Rn 16; *Zöllner* in KKAktG[1] § 256 AktG Rn 46.

284 *ADS*[6] § 172 HGB Rn 43; St/HFA 2/1991, WPg 1992, S. 89 (90); *Hundertmark/Herms* BB 1973, S. 1051 (1054); W. *Müller* in FS *Quack* S. 359 (367).

Teil 3: Steuerrecht

In den folgenden Erörterungen soll nun geklärt werden, welcher der oben aufgeführten Fehlerbegriffe[1] im Steuerrecht gilt. Ausgangspunkt der Überlegungen soll wiederum das den subjektiven Fehlerbegriff prägende Urteil des BFH sein. Obwohl der Steuerpflichtige im konkreten Fall gar nicht um Bestandsschutz nachsuchte, sondern vielmehr die schon beim Finanzamt eingereichte Bilanz berichtigen wollte, judizierte der I. Senat des BFH am 11. Oktober 1960[2]:

> „Handelsrecht und Steuerrecht können von dem Kaufmann nicht mehr verlangen, als dass er seine bis zur Aufstellung der Bilanz erlangte Kenntnis von dem am Bilanzstichtag vorliegenden Sachverhalt pflichtgemäß und gewissenhaft bei der Aufstellung der Bilanz verwertet."

Damit ist die Grundlage für einen Bestandsschutz zu Gunsten des Steuerpflichtigen gelegt. Zunächst ist daher zu prüfen, ob grundsätzlich eine Pflicht besteht, Bilanzierungsfehler zu berichtigen. Nur eine derartige Pflicht kann einen Bestandsschutz überhaupt erforderlich machen. Danach ist zu klären, ob der Steuerpflichtige am Bestand seiner Bilanz ein berechtigtes Interesse hat. Letztlich ist zu untersuchen, ob dieser Bestandsschutz auch das Recht zur Bilanzberichtigung ausschließen muss.

A) Fehlerberichtigungspflicht

Es soll daher der Frage nachgegangen werden, ob fehlerhafte Steuerbilanzen der Berichtigung bedürfen. Ferner ist im Steuerrecht auch die Auswirkung auf die Steuerfestsetzung zu bedenken. Zu differenzieren ist damit zwischen der eigentlichen Bilanzberichtigungspflicht, der Mitwirkungspflicht im Festsetzungsverfahren und einer vom Finanzamt durchzuführenden Änderung des Steuerbescheides.

1 Siehe hierzu oben S. 5.

2 BFH v. 11. 10. 1960, Az. I 56/60 U, BStBl III 1961, S. 3.

I. Steuerbilanzrecht

Die steuerrechtliche Bilanzberichtigungspflicht kann sich aus dem materiellen Steuerrecht wie auch aus dem Steuerverfahrensrecht ergeben. Als Grundlage für die Berichtigung fehlerhafter Bilanzen findet sich im Steuerbilanzrecht § 4 Abs. 2 Satz 1 EStG. Eines Rückgriffs auf die Folgen einer Nichtigkeit[3] der Bilanz bedarf es daher im Steuerrecht nicht.

1. § 4 Abs. 2 Satz 1 EStG

§ 4 Abs. 2 Satz 1 EStG eröffnet dem Steuerpflichtigen die Möglichkeit, eine schon zum Finanzamt eingereichte Bilanz zu berichtigen, wenn sie nicht im Einklang mit den Grundsätzen ordnungsmäßiger Buchführung und den steuerrechtlichen Bewertungsvorschriften steht.

Dem Wortlaut des § 4 Abs. 2 Satz 1 EStG kann kein Hinweis auf eine Berichtigungspflicht entnommen werden. Vielmehr scheint es in das Ermessen des Steuerpflichtigen gestellt, ob er den Bilanzfehler durch Änderung (i. w. S.) ausgleichen möchte. Der Steuerpflichtige muss nicht, er „darf". So wird denn auch vertreten, dass eine Bilanzberichtigungspflicht nicht aus § 4 Abs. 2 Satz 1 EStG hergeleitet werden kann.[4] Dennoch wird zum Beispiel von *Heinrich Weber-Grellet*[5] angeführt, diese Formulierung sei anders zu begründen. Aus dem historischen Kontext werde deutlich, dass die vormals unbeschränkte Änderungsmöglichkeit durch Einführung des § 4 Abs. 2 EStG beschränkt werden, eine Fehlerkorrektur aber – anders als die Änderungen i. e. S. – unbeschränkt möglich bleiben solle.[6] Diese Ausführungen *Heinrich Weber-Grellets* dienen dem

---

3 Ob eine Steuerbilanz überhaupt nichtig sein kann, ist umstritten. Bejaht wird diese Möglichkeit als Folge der Nichtigkeit der Handelsbilanz von *Knobbe-Keuk*[9], S. 55 f.; *Sauer* StBp 1977, S. 173 (174). Gegen die Nichtigkeit hat sich indessen der BFH ausgesprochen: BFH v. 8. 10. 2008, Az. I R 61/07, DStR 2009, S. 217; so auch *Weber-Grellet* in *Kirchhof/Söhn* § 4 Rn C 52.

4 *Crezelius* in *Kirchhof*[8] § EStG 4 Rn 235; *Stapperfend* in *HHR* § 4 EStG Rn 423.

5 *Weber-Grellet* in *Kirchhof/Söhn* § 4 EStG Rn C 70; *Weber-Grellet*, S. 301.

6 So auch schon die Begründung zum damaligen § 5 Abs. 2 EStG 1934, RStBl 1935, S. 33 (37 f.); Einen ähnlichen Gehalt weist auch *Tipke* in *Tipke/Kruse* § 153 AO Rn 9 dem Wort „darf" zu.

Zweck, klarzustellen, dass § 4 Abs. 2 Satz 1 EStG jedenfalls nicht die anderswo normierte oder angelegte Berichtigungspflicht ausschließt.

Allerdings bleibt bei dieser Betrachtung *Heinrich Weber-Grellets* unberücksichtigt, dass auch vor Einführung der Änderungsnormen in den damaligen § 5 Abs. 2 EStG 1934[7] eine Änderung der Bilanz möglich, aber nicht zwingend vorgeschrieben war. Die Argumentation, in Bezug auf Bilanzberichtigungen habe der Gesetzgeber mit dem Wort „darf" zum Ausdruck bringen wollen, dass insoweit keine Änderung der Rechtslage eingetreten sei, geht daher fehl. Damit ist klar, dass zumindest aus § 4 Abs. 2 Satz 1 EStG keine Pflicht zur Bilanzberichtigung abgeleitet werden kann.

2. Verfahrensrechtliche Berichtigungspflicht

Der von *Heinrich Weber-Grellet* aufgezeigte historische Kontext des § 4 Abs. 2 Satz 1 EStG gründet darin, dass er die Berichtigungspflicht in § 153 AO angelegt sieht.[8] § 153 Abs. 1 Nr. 1 AO verpflichtet den Steuerpflichtigen dazu, die Unrichtigkeit oder Unvollständigkeit abgegebener Erklärungen umgehend anzuzeigen und die erforderliche Richtigstellung vorzunehmen, wenn durch die Unrichtigkeit oder Unvollständigkeit eine Verkürzung von Steuern eingetreten ist oder noch eintreten kann.[9]

Die Herleitung einer Bilanzberichtigungspflicht aus § 153 Abs. 1 Nr. 1 AO kann aber nur gelingen, wenn die Bilanz eine Erklärung i. S. d. § 153 AO ist. Dies ist nicht unumstritten. Auf der einen Seite wird vertreten, dass eine jede steuerlich relevante Erklärung eine solche i. S. d. § 153 AO ist.[10] Damit bedürfte auch der Bilanzfehler der Anzeige und Richtigstellung durch den Steuerpflichti-

7 RStBl 1935, S. 33 (37 f.).

8 *Weber-Grellet* in *Kirchhof/Söhn* § 4 EStG Rn C 71; *Tipke* in *Tipke/Kruse* § 153 AO Rn 9; *Nieland* in *Littmann* §§ 4, 5 EStG Rn 550; *Rose/Telkamp* BB 1977, S. 1713 (1721 f.); *Thoma* DStR 1988, S. 346 (347); *Rödder/Hageböke* UBg 2008, S. 401 (401).

9 *Stapperfend* in *HHR* § 4 EStG Rn 423; Zu den einzelnen Voraussetzungen siehe *Tipke* in *Tipke/Kruse* § 153 AO Rn 6 ff.

10 *Heuermann* in *HHSp* § 153 AO Rn 7; *Brockmeyer* in *Klein*[9] § 153 AO Rn 1; *Tipke* in *Tipke/Kruse* § 153 AO Rn 7; Begründung in BT-Drucks. VI/1982, S. 129: „insbesondere fehlerhafter Steuererklärungen".

gen. *Wolfgang Dumke* hingegen vertritt die Auffassung, dass lediglich die Steuerklärung i. S. d. § 149 AO korrigiert werden muss.[11] Damit sind die Erklärungen des Steuerpflichtigen gemeint, bei denen durch Formulare Besteuerungsgrundlagen abgefragt werden.[12] Insbesondere die Bilanz sei keine Steuererklärung, sondern dieser lediglich beizufügen.[13] Fehler in Erklärungen, die nicht durch Formulare abgefragt werden, bedürften keiner Anzeige und Richtigstellung. Dies gelte auch dann, wenn die Erklärung steuerlich relevant ist.[14] Obwohl also die Bilanz als Grundlage für die Gewinnermittlung steuerlich relevant ist, müsse sie nicht gemäß § 153 Abs. 1 Nr. 1 AO richtiggestellt werden. Lediglich der in die Steuererklärung übernommene Gewinn ist nach der Auffassung *Wolfgang Dumkes* zu korrigieren.

Dem Wortlaut des § 153 Abs. 1 Nr. 1 AO ist keine Beschränkung auf Steuererklärungen zu entnehmen.[15] Die systematische Stellung lässt indessen eine derartige Beschränkung vermuten.[16] Sie ist allerdings irreführend. Gemeint ist nämlich jede im Veranlagungsverfahren getätigte, steuerlich relevante „Willens- und Wissenserklärung“[17] des Steuerpflichtigen.[18] Schon aus der historischen Entwicklung ist zu ersehen, dass alle steuerlich relevanten Erklärungen von § 153 Abs. 1 Nr. 1 AO erfasst sein sollen. So heißt es in § 165e Abs. 1 RAO: „Wenn ein Steuerpflichtiger nachträglich ... erkennt, daß *eine Steuererklärung oder eine andere Erklärung*[19], die er einer Finanzbehörde abgegeben hat, unrichtig oder unvollständig ist, ..., so ist er ... verpflichtet, dies un-

---

11 *Dumke* in *Schwarz* § 153 AO Rn 8; so wohl auch *Stöcker* in *Beermann/Gosch* § 153 AO Rn 1.

12 § 150 Abs. 1 AO; *Dumke* in *Schwarz* Vor §§ 149 – 153 AO Rn 3 in Anlehnung an § 166 Abs. 1 RAO.

13 BFH v. 02.07.1986I R 70/83, BFH/NV 1987, S. 704 (705 f.); § 150 Abs. 4 AO; *Dumke* in *Schwarz* § 150 AO Rn 9; § 60 Abs. 1 EstDV; *Herzig/Nitzschke* DB 2007, S. 304 (306).

14 *Dumke* in *Schwarz* § 153 AO Rn 9.

15 *Tipke* in *Tipke/Kruse* § 153 AO Rn 7; *Horschitz/Groß/Franck*[11], S. 527 a. A. noch: *Horschitz/Groß/Weidner*[8], S. 588.

16 *Dumke* in *Schwarz* § 153 AO Rn 9.

17 *Rose/Telkamp* BB 1977, S. 1713 (1722).

18 *Tipke* in *Tipke/Kruse* § 153 AO Rn 7.

19 Hervorhebung durch den Verfasser.

verzüglich der zuständigen Finanzbehörde anzuzeigen." Dies zeigt sich auch in der Begründung zu § 153 AO 1977[20], die darauf hinweist, dass „insbesondere ... Steuererklärungen" hiervon erfasst sein sollen. Auch der Hinweis auf die erhöhte Wahrheitspflicht bei Steuererklärungen, die der Steuerpflichtige gemäß § 150 Abs. 2 AO an den Tag legen muss, geht fehl.[21] Denn gerade auch die Unterlagen, die der Steuererklärung beigefügt werden, müssen „nach bestem Wissen und Gewissen"[22] erstellt und abgeliefert werden. Das geht schon aus § 150 Abs. 4 AO hervor.[23] Ob also die Bilanz Teil der Steuererklärung ist[24] oder nur der Steuererklärung beigefügt wird[25], kann dahinstehen. Denn die Bilanz unterliegt wie die Steuererklärung selbst der erhöhten Wahrheitspflicht des § 150 Abs. 2 AO.[26] Gleichermaßen gilt § 153 Abs. 1 Nr. 1 AO sowohl für die Steuererklärung selbst als auch für die beigefügten Willens- und Wissenserklärungen.[27] Fehler in der Bilanz sind damit dem Finanzamt anzuzeigen.[28]

Indessen ist damit keine Aussage über die Form der Anzeige getroffen. Immerhin ist denkbar, dass der Steuerpflichtige seiner Pflicht gemäß § 153 Abs. 1 Satz 1 AO genügt, indem er der Finanzbehörde die Erkenntnisse unverzüglich anzeigt und ihr den sich hiernach ergebenden richtigen Gewinn mitteilt. Einer Berichtigung der Bilanz bedürfte es möglicherweise nicht.[29] Hierfür spricht zunächst, dass nach § 60 Abs. 1 EStDV noch nicht einmal die Abgabe einer Steuerbilanz zwingend ist. Es reicht, wenn der Steuerpflichtige seine Handelsbilanz

---

20 BT-Drucks. VI/1982, S. 129; Ähnlich auch die Vorgängervorschrift des § 165e Abs. 1 RAO: „Wenn ein Steuerpflichtiger nachträglich, aber vor Ablauf der Verjährungsfrist erkennt, daß eine Steuererklärung oder eine andere Erklärung, die er einer Finanzbehörde abgegeben hat, unrichtig oder unvollständig ist, ...".

21 *Dumke* in *Schwarz* § 153 AO Rn 9.

22 § 150 Abs. 2 Satz 1 AO.

23 *Heuermann* in *HHSp* § 150 AO Rn 40, 42.

24 *Heuermann* in *HHSp* § 153 AO Rn 8.

25 *Tipke* in *Tipke/Kruse* § 153 AO Rn 9, § 150 AO Rn 19; *Stapperfend* in *HHR* § 4 EStG Rn 423.

26 *Schoor* DStZ 2007, S. 274 (276).

27 *Rose/Telkamp* BB 1977, S. 1713 (1722); Lohmeyer DStR 1968, S. 274 (274).

28 So auch *Tipke* in *Tipke/Kruse* § 153 AO Rn 9; *Heuermann* in *HHSp* § 150 Rn 42, § 153 AO Rn 8.

29 *V. Beckerath* DStJG 14, S. 65 (75).

einreicht und erläutert, inwieweit die Handelsbilanz von den steuerrechtlichen Regelungen abweicht.[30] Wenn also von dem Steuerpflichtigen nicht erwartet wird, eine Steuerbilanz einzureichen, und damit dem Finanzamt die Aufgabe obliegt, aus der Handelsbilanz und den Hinweisen auf die steuerlich zu erfolgenden Anpassungen einen steuerrechtlichen Gewinn i. S. d. § 4 EStG zu ermitteln, so spricht nichts dagegen, dass das Finanzamt auch die Fehler nachträglich ohne eine berichtigte Steuerbilanz berücksichtigen kann. Am deutlichsten zeigt sich dieses Phänomen, wenn der Steuerpflichtige seine Handelsbilanz einreicht, auf die Abweichung von steuerrechtlichen Normen hinweist, bei diesem Hinweis aber eine Norm übersieht. Erkennt er seinen Irrtum, kann nicht verlangt werden, dass er seine Bilanz berichtigt. Es muss der Hinweis auf die noch nicht berücksichtigte steuerrechtliche Norm genügen. Eine derartige außerbilanzielle Korrektur der Besteuerungsgrundlage muss die Finanzbehörde auch vornehmen, wenn ihr selbst Fehler in der Bilanzierung auffallen.[31] Die Finanzbehörden sind nicht an die eingereichte Bilanz gebunden, soweit diese den gesetzlichen Bestimmungen nicht entspricht.[32] Die Bilanzberichtigung steht hingegen nur und ausschließlich dem Steuerpflichtigen zu.[33]

Auch die Ähnlichkeit des § 153 AO zu § 371 AO, der dem Steuerpflichtigen die strafbefreiende Selbstanzeige ermöglicht, zeigt deutlich, dass die gemäß § 153 AO abzugebende Richtigstellung nicht zwingend einer Bilanzberichtigung bedarf. So ist der Steuerpflichtige nach § 371 AO an keine Form gebunden.[34] Sogar eine mündliche Meldung an das Finanzamt ist hinreichend.[35] Zwar normiert § 371 AO in Entsprechung des nemo-tenetur Grundsatzes keine Pflicht zur Selbstanzeige, dennoch wäre es widersinnig, von demjenigen, der verschuldensfrei zu einer Berichtigung verpflichtet ist, mehr zu verlangen, als von demjenigen, der vorsätzlich eine fehlerhafte Erklärung abgegeben hat. So ist allemal

30 *Crezelius* in *Kichhof*[7] § 5 EStG Rn 31; *Mathiak* in *Kirchhof/Söhn* § 5 EStG Rn A 29.

31 BFH v. 4. 11. 1999, Az. IV R 70/98, BStBl II 2000, S. 129 (131).

32 *Stapperfend* in *HHR* § 4 EStG Rn 399; *Weber-Grellet* FR 2000, S. 268 (269); *Herzig/Nitzschke* DB 2007, S. 304 (306).

33 BFH v. 4. 11. 1999, IV R 79/98, BStBl II 2000, S. 129 (131); *Schoor* DStZ 2007, S. 274 (276).

34 *Dumke* in *Schwarz* § 371 AO Rn 37 f.; *Rüping* in *HHSp* § 371 AO Rn 53.

35 *Dumke* in *Schwarz* § 371 AO Rn 37 f.; *Rüping* in *HHSp* § 371 AO Rn 53.

klar, dass auch die Erklärung nach § 153 AO keine Steuererklärung i. S. d. § 150 AO ist[36] und der Steuerpflichtige damit nicht an die amtlichen Vordrucke gebunden ist.

Wird also von dem Steuerpflichtigen nach § 153 AO nicht dieselbe Form verlangt wie bei der ursprünglichen Erklärung und ist nicht einmal für die ursprüngliche Erklärung eine Steuerbilanz zwingend, kann die Berichtigungspflicht nach § 153 AO keine Pflicht zur Bilanzberichtigung[37] auslösen.

3. Berücksichtigung neuer Tatsachen bei der Veranlagung

Ein weiterer Aspekt, der gerade in Hinblick auf die Frage der subjektiven Richtigkeit Bedeutung erlangt, ist die Verpflichtung der Finanzverwaltung, neu gewonnene Tatsachenkenntnisse im Veranlagungsverfahren zu berücksichtigen, § 173 Abs. 1 Nr. 1 AO.

In der Literatur wird häufig nur die Frage aufgeworfen, ob eine berichtigte Bilanz eine neu erkannte Tatsache i. S. d. § 173 AO ist.[38] Dabei scheint es interessanter, die neu erkannte Tatsache als Voraussetzung sowohl der Änderung nach § 173 AO als auch der Berichtigung nach § 4 Abs. 2 EStG zu sehen und nach den Rechtsfolgen zu fragen. Für § 173 Abs. 1 Nr. 1 AO ist die Rechtsfolge klar: Führen die neuen Erkenntnisse zu einer höheren Steuer, so muss der Bescheid geändert (berichtigt) werden. Spätestens mit Bekanntgabe des gemäß § 173 Abs. 1 Nr. 1 AO geänderten Steuerbescheides erlangt auch der Steuer- und Bilanzierungspflichtige von der Fehlerhaftigkeit seiner Bilanz Kenntnis. Dennoch steht es ihm nach dem Wortlaut des § 4 Abs. 2 Satz 1 EStG frei, die Bilanz zu berichtigen.

Es stellt sich die Frage, ob und inwieweit der Steuerpflichtige möglicherweise der Fehlerkorrektur durch das Finanzamt folgen muss. Zwar ist einziger Verpflichteter des § 173 AO die Finanzverwaltung, doch könnten sich wegen der

36 *Heuermann* in *HHSp* § 153 AO Rn 17.

37 *Stapperfend* in *HHR* § 4 EStG Rn 423. A. A. aber: *Tipke* in *Tipke/Kruse* § 153 AO Rn 9; *Trzaskalik* in *HHSp* § 153 AO Rn 8; *Crezelius* in *Kirchhof*[8] § 4 EStG Rn 185; *Weber-Grellet* in *Kirchhof/Söhn* § 4 EStG Rn C 71; *Rose/Telkamp* BB 1977, S. 1713 (1721 f.).

38 Beispielhaft *Loose* in *Tipke/Kruse* § 173 AO Rn 12.

Bilanzidentität[39] ansonsten Umstände doppelt auswirken. Stellt die Finanzverwaltung zum Beispiel nachträglich fest, dass ein Rechtsgeschäft entgegen bisheriger Auffassung kein ‚schwebendes'[40] ist, so muss sie den aus dem Geschäft resultierenden Ertrag dem Gewinn des Jahres zurechnen, zu dem das Geschäft wirtschaftlich gehört. Der aus dem Geschäft resultierende Ertrag wäre damit steuerlich berücksichtigt. Man könnte daran denken, in Entsprechung des § 173 Abs. 1 Nr. 1 AO den Steuerbescheid zu ändern, die Bilanz indessen unverändert zu lassen. Die Funktion der Bilanz als Teil der Steuererklärung des Bilanzierungspflichtigen zwingt nicht unmittelbar zur Änderung der Bilanz, wenn der Steuerbescheid geändert wird.[41] Muss aber der Steuerpflichtige seine Bilanz nicht ändern, und führt er das Geschäft als schwebendes fort, muss eine bilanzielle Berücksichtigung des Ertrages bei Zahlungseingang gewinnerhöhend wirken. Diese neue Bilanz ist ihrerseits Grundlage für die Besteuerung. Damit könnte es zu einer doppelten Besteuerung desselben Substrats kommen. Widerstreitende Steuerfestsetzungen i. S. v. § 174 AO stünden zu befürchten.

Gleichermaßen kann sich die Zweischneidigkeit der Bilanz[42] auch in die andere Richtung auswirken. Erkennt die Finanzverwaltung, dass ein Schuldner des Steuerpflichtigen schon am Bilanzstichtag insolvent war, so ist diese Tatsache gemäß § 173 Abs. 1 Nr. 2 AO steuermindernd zu berücksichtigen. Folgt der Steuerpflichtige dem Finanzamt nicht und unterlässt die Berichtigung der Bilanz, so muss er die Forderung in einem anderen Wirtschaftsjahr erfolgsmindernd ausbuchen. Abermals droht eine doppelte steuerliche Berücksichtigung ein und desselben Umstandes.

Will man diese doppelte steuerliche Auswirkung ein und desselben Umstandes vermeiden und dennoch eine Bilanzberichtigung ausschließen, so geht dies nur, indem man im laufenden Wirtschaftsjahr eine erfolgsneutrale Korrekturbu-

39 § 252 Abs. 1 Nr. 1 HGB; *Biergans*, S. 176; *Winkeljohann/Geißler* in BBK[6] § 252 HGB Rn 3.

40 Zu der Problematik der Bilanzierung schwebender Verträge: *Woerner* in *Mellwig/Moxter/Ordelheide* S. 33; *Crezelius* in FS *Döllerer,* S. 81.

41 *Schick* BB 1987, S. 133 (135 f.).

42 Zum Begriff der Zweischneidigkeit der Bilanz siehe *Weber-Grellet* in *Kirchhof/Söhn* § 4 EStG Rn C 20.

chung durchführt, oder aber den bilanziell ermittelten Gewinn außerbilanziell korrigiert.

Die Zahlungseingänge, die bei dem obigen Beispiel des ‚schwebenden' Geschäfts zu verbuchen sind, sind als Betriebseinnahmen zu qualifizieren.[43] Damit scheidet letztlich eine erfolgsneutrale Buchung aus. Eine derartige Buchung wäre schlicht contra legem. Die zweite Lösung birgt dieses Problem nicht. Vielmehr wird hier auf bilanzieller Ebene alles richtig verbucht. Auch wird sie dem Postulat gerecht, dass ein Umstand sich steuerlich nur einmal auswirken darf.[44] Es spricht auch grundsätzlich nichts dagegen, den bilanziell ermittelten Gewinn außerbilanziell anzupassen, um eine widerstreitende Steuerfestsetzung zu vermeiden. Eine derartige Behandlung von Bilanzfehlern durch das Finanzamt ist sogar geboten. „Hält das FA eine Bilanz für fehlerhaft, darf es diese Bilanz der Besteuerung nicht zugrunde legen und muss eine eigene Gewinnermittlung durch Betriebsvermögensvergleich mit ggf. auf der Grundlage der Bilanz abgeänderten Werten vornehmen."[45] Gleich den Anpassungen, die bei der nach § 60 Abs. 1 EStDV eingereichten Handelsbilanz vorgenommen werden, geht es hier darum, die richtige Besteuerung vorzunehmen.

Damit zwingt § 173 AO nicht zu einer Bilanzberichtigung. Das entspricht auch dem Wortlaut des § 173 AO, der nur und ausschließlich die Finanzverwaltung verpflichtet. Eine Bilanzberichtigung kann aber nur der Steuerpflichtige vornehmen. Dies ist dem Finanzamt verwehrt.[46]

Aus den Normen des Steuerverfahrensrechts können daher keine Rückschlüsse auf das Steuerbilanzrecht gezogen werden, „denn die Berichtigung der Bilanz einerseits und die Aufhebung oder Änderung des Steuerbescheids andererseits bedingen einander nicht."[47]

---

43 Zu dem Begriff der Betriebseinnahmen siehe nur *Heinicke* in *Schmidt*[27] § 4 EStG Rn 420.

44 So genannter Grundsatz der Folgerichtigkeit und Systemgerechtigkeit, *v. Groll* in *HHSp* § 174 AO Rn 1 m.w.N.

45 BFH v. 4. 11. 1999, Az. IV R 70/98, BStBl II 2000, S. 129 (131).

46 BFH v. 4. 11. 1999, Az. IV R 70/98, BStBl II 2000, S. 129 (131) m.w.N.; FG Sachsen v. 29.06.2006, Az. 1 K 45/03, nicht veröffentlicht; *Schick* BB 1987, S. 133 (136); *Stapperfend* in *HHR* § 4 EStG Rn 399.

47 *Loose* in *Tipke/Kruse* § 176 AO Rn 8.

4. Handelsrechtliche Berichtigungspflicht und Maßgeblichkeit

Die steuerrechtliche Berichtigungspflicht könnte sich auch daraus ergeben, dass die Handelsbilanz berichtigt wurde oder zu berichtigen ist. Der in § 5 Abs. 1 EStG normierte Maßgeblichkeitsgrundsatz zwingt den nach Handelsrecht bilanzierenden Steuerpflichtigen dazu, die handelsrechtlichen Bilanzierungsregeln auch in der Steuerbilanz zu berücksichtigen, soweit nicht steuerrechtliche Normen dem entgegenstehen.[48] So könnte man zu dem Schluss gelangen, dass auch die handelsrechtlich gegebene Bilanzierungspflicht zu einer steuerrechtlichen Bilanzierungspflicht führt. So konstatiert *Ulrich Prinz*[49], dass „eine handelsrechtlich ausgelöste Korrektur eines fehlerhaften Jahresabschlusses ... nach Maßgeblichkeitsgrundsätzen zwingend auch eine steuerrechtliche Bilanzberichtigung gemäß § 4 Abs. 2 Satz 1 EStG nach sich" zieht. Andersherum wird die Berichtigung der Handelsbilanz auch als Voraussetzung der Berichtigung der Steuerbilanz gesehen. So meint *Heinrich Weber-Grellet*[50], dass eine Berichtigung der Steuerbilanz nur dann möglich sei, wenn die Handelsbilanz schon eine Korrektur erfahren habe.

Dieser Überlegung steht aber § 5 Abs. 6 EStG entgegen. Hier wird hervorgehoben, dass die steuerrechtlichen Regelungen über die Bilanzänderung dem Maßgeblichkeitsgrundsatz vorgehen. Zwar könnte man meinen, diese Regelung ziele nicht auf die Anwendbarkeit des § 4 Abs. 2 EStG, weil sie nur für Gewerbetreibende gilt, während § 4 Abs. 2 EStG für alle Bilanzierenden gilt (auch zum Beispiel die freiwillig Bilanzierenden). Doch die historische Einordnung des § 4 Abs. 2 EStG zeigt anderes. So wurde die Norm zunächst als § 5 Abs. 2 EStG in das EStG 1934 eingefügt.[51] Durch Änderung des EStG vom 1. 2. 1938[52] wurde die Norm dann dem § 4 EStG zugeordnet. Zur Begründung wurde ausgeführt, dass die Änderungsvorschrift nicht nur für die nach HGB Buchführungspflichtigen gelten solle.[53] Indessen bestand Einigkeit darüber, dass

48 *Kempermann* in *Kirchhof/Söhn* § 5 EStG Rn B 30.

49 *Prinz* in FS *Müller*, S. 687 (691).

50 *Weber-Grellet* in *Kirchhof/Söhn* § 4 EStG Rn C 15.

51 RStBl 1935, S. 33 (37 f.).

52 RStBl 1938, S. 97.

53 RStBl 1938, S. 97 (100).

die steuerrechtliche Änderungsnorm Vorrang vor der Maßgeblichkeit haben solle.[54]

Ein Schluss von der Maßgeblichkeit der Handelsbilanz auf die steuerrechtliche Berichtigungspflicht kann im Übrigen auch nur dann richtig sein, wenn die Maßgeblichkeit der Handelsbilanz für das Steuerrecht auch über die Abgabe der Steuererklärung hinaus gilt. Bedenkt man den Grund für die Maßgeblichkeit, die zuerst Eingang in das sächsische Einkommensteuerrecht fand, so scheint die Maßgeblichkeit vielmehr mit der Aufstellung und Einreichung der Bilanz zu enden. Die außerordentliche Deputation der zweiten Kammer für die Steuerreformfrage in Sachsen erachtete „es für den Inhaber eines größeren kaufmännisch betriebenen Handels- oder Fabrikgeschäfts als geradezu unausführbar, sein Einkommen auf andere Weise anzugeben, als unter Zugrundelegung der Inventur und Bilanz“[55]. Nur zur Findung der Bemessungsgrundlage für die Steuer gilt die Anlehnung an das Handelsbilanzrecht.[56] „Der sich in den handelsrechtlichen Vermögensbilanzen darstellende Gewinn kann deshalb nur, soweit es mit dem allgemeinen Einkommensbegriffe vereinbar ist, als steuerlicher Ertrag gelten.“[57] Damit ist klar, dass die Handelsbilanz, wie auch in § 60 Abs. 1 EStDV vorgeschrieben, lediglich Grundlage der steuerlichen Gewinnermittlung ist. Ist aber die Bilanz eingereicht, so ergeben sich aus dem Steuerrecht keine weiteren Zwänge zu bilanzieren. Denn, wie schon oben gezeigt, können Bilanzierungsfehler auch außerbilanziell berücksichtigt werden. Die Steuerbilanz hat für diesen Veranlagungszeitraum ausgedient.

Eine derartige Übernahme der Berichtigungspflicht hieße, die Berichtigungspflicht selbst in den Stand eines Grundsatzes ordnungsmäßiger Buchführung zu erheben. Denn nur jene werden durch den Maßgeblichkeitsgrundsatz in das Steuerrecht inkorporiert.[58] Allerdings ist die Berichtigungspflicht kein Grund-

54 So auch heute noch *Stobbe* in *HHR* § 5 EStG Rn 2103, 2112.

55 Bericht der außerordentlichen Deputation der zweiten Kammer für die Steuerreformfrage über das königliche Dekret Nr. 49 v. 8. 2. 1874, eingegangen am 2. 5. 1874, Sächs. Landtagsakten 1873/74, Berichte der 2. Kammer, Erster Band, S. 457 ff. S. 513 als Motiv zu § 18 des sächs. Einkommensteuergesetzes v. 22. 12. 1874.

56 *Herzig/Nitzschke* DB 2007, S. 304 (305); *Kanzler* in *HHR* § 4 EStG Rn 23.

57 *Fuisting,* S. 172.

58 *Mathiak* in *Kirchhof/Söhn* § 5 EStG Rn A 12; so auch *Pezzer* DStJG 14, S. 3 (20).

satz ordnungsmäßiger Buchführung. Sie ist Rechtsfolge aus dem Verstoß gegen die Grundsätze ordnungsmäßiger Buchführung.[59] Wie zum Beispiel die Straf- und Bußgeldvorschriften, die an eine fehlerhafte Bilanzierung anknüpfen, keine Grundsätze ordnungsmäßiger Buchführung sind, ist auch die Berichtigungspflicht kein Grundsatz ordnungsmäßiger Buchführung. Sie soll nur – auch nach Bilanzfeststellung – zur Einhaltung der Grundsätze ordnungsmäßiger Buchführung zwingen. Die Rechtsfolgen aus dem Verstoß gegen die Grundsätze ordnungsmäßiger Buchführung regeln aber Handels- und Steuerrecht unabhängig voneinander.[60] So ergibt sich aus der Einreichung einer vorsätzlich falschen Steuerbilanz möglicherweise eine Strafbarkeit nach § 370 AO, während die strafrechtliche Verantwortung für eine fehlerhafte Handelsbilanz in den §§ 331 ff. HGB, §§ 283, 283b StGB geregelt ist.

Rechtsfolgen eines Bilanzierungsfehlers sind aber im materiellen Steuerrecht nur in § 4 Abs. 2 Satz 1 EStG geregelt. Dem Steuerpflichtigen steht ein Berichtigungsrecht zu. Eine Berichtigungspflicht ist hingegen nicht gegeben. Zur Sicherstellung richtiger Besteuerung ist dies auch nicht nötig. So garantieren die Änderungsvorschriften sowie insbesondere die auch nach Einreichung der Erklärung zum Finanzamt fortwirkende Mitwirkungspflicht eine Berücksichtigung des Fehlers.

Dieser Befund wird bestätigt, wenn man sich näher vor Augen führt, unter welchen Voraussetzungen die Berichtigung von Handels- und Steuerbilanz zulässig ist. Handelsrechtlich ist trotz eines bestehenden Verstoßes gegen die Grundsätze ordnungsmäßiger Buchführung eine Berichtigung ausgeschlossen, wenn dadurch in Rechte Dritter – namentlich den Gewinnanspruch der Gesellschafter – eingegriffen wird.[61] Der Feststellung eines entsprechend niedrigeren Gewinns durch eine Außenprüfung steht das allerdings nicht im Wege. Auch ein höherer Gewinn kann zur Anhebung der Steuerbemessungsgrundlage in einer Außenprüfung führen, ohne dass zuvor eine Berichtigung der Handelsbilanz durchgeführt worden wäre. Eine Anpassung der Handelsbilanz könnte sogar unzulässig sein. Damit ist ohnehin keine Identität zwischen Handels- und Steuerbilanz zu erzwingen. Ein solcher Einklang wäre zwar wünschenswert; er ist

59 *V. Beckerath* DStJG 14, S. 65 (70).

60 *V. Beckerath* DStJG 14, S. 65 (70).

61 *Hundertmark/Herms* BB 1973, S. 1051 (1053).

nach heutigem Recht aber nicht machbar. Im Übrigen steht es dem Steuerpflichtigen gemäß § 4 Abs. 2 EStG frei, ob er die Steuerbilanz der Handelsbilanz anpassen möchte. Auch würde sich die Divergenz zwischen Handels- und Steuerbilanz wegen der Zweischneidigkeit der Bilanz irgendwann ohnehin erledigen.

Darüber hinaus ist auch kein Grund ersichtlich, warum die Bilanzberichtigungspflicht nur diejenigen Steuerpflichtigen treffen soll, die durch das Handelsrecht zur Bilanzierung verpflichtet sind. Ein Bilanzierungsfehler kann sich auch bei demjenigen einschleichen, dessen Buchführungspflicht sich aus § 141 AO ergibt. Da solche Steuerpflichtige nicht zur Berichtigung der Handelsbilanz – eine solche erstellen sie ja nicht – verpflichtet sind, kann auch steuerrechtlich keine Berichtigungspflicht mit der Maßgeblichkeit begründet werden. Wiederum zeigt sich, dass die Berichtigungspflicht kein Grundsatz ordnungsmäßiger Buchführung, sondern vielmehr Konsequenz aus der Verletzung selbiger ist. Eine derartige unterschiedliche Behandlung ließe sich auch nicht mit Unterschieden der Ermittlungsart begründen. Es geht nämlich in beiden Fällen um Bilanzierung.

Die schon angesprochene Verschiebung der Änderungsregelungen aus § 5 Abs. 2 EStG in § 4 Abs. 2 EStG durch das Jahressteuergesetz unterstreicht diese Einschätzung ebenfalls. Die Bilanzänderung soll nicht nur Kaufleuten möglich sein, sondern auch jenen, die Bilanzen erstellen, ohne der handelsrechtlichen Bilanzierungspflicht zu unterliegen. Damit ist auch das Hineinwirken von handelsrechtlichen Pflichten in die Änderungsrechte nach § 4 Abs. 2 EStG ausgeschlossen. Die Bilanzänderung soll nicht handelsrechtlichen Regelungen folgen. Explizit wird dies sogar in § 5 Abs. 6 EStG normiert. Die steuerrechtlichen Regeln über Bilanzänderungen sind zu berücksichtigen, selbst dann, wenn man auch nach Handelsrecht bilanziert und deshalb der Maßgeblichkeit unterworfen ist. Zwar könnte man meinen, diese gesetzgeberische Aussage bezöge sich auf die begrenzte Zulässigkeit von Bilanzänderungen i. e. S. Allerdings umfasst § 5 Abs. 6 EStG auch die Bilanzberichtigungen betreffende Regelung des § 4 Abs. 2 Satz 1 EStG.[62] Eine Verdichtung des steuerrechtlich gewährten Rechts zu einer Pflicht ist vor diesem Hintergrund also ausgeschlossen.

62 *Stobbe* in *HHR* § 5 EStG Rn 2103, 2112.

5. Treu und Glauben

Mitunter wird auch vertreten, dass der Grundsatz von Treu und Glauben zu einer Bilanzberichtigung verpflichten könne. Eine solche Verpflichtung bestünde zum Beispiel, „wenn der Steuerpflichtige selbst wie im Fall des BFH-Urteils vom 28. April 1998[63] im Wege einer Selbstanzeige die Fehlerhaftigkeit der Bilanz erklärt."[64] Zu den Wirkungen der Fehleranzeige nach § 153 AO wurde hinreichend Stellung genommen. Auch der Umweg über den Grundsatz von Treu und Glauben ergibt kein anderes Bild. Zwar wird aus der Rechtskraft von Urteilen, welche die Unrichtigkeit einer Bilanz feststellen, eine Berichtigungspflicht abgeleitet. Nach Auffassung *Harald Schießls*[65] ist es treuwidrig, sich der Rechtsauffassung des Gerichts in der Weise zu widersetzen, den fehlerhaften Bilanzansatz fortzuführen. Indessen ist zu bedenken, dass auch in Fällen, in denen der Bilanzierungsfehler vom Finanzamt erkannt und im weiteren Verfahrensverlauf vom Steuerpflichtigen nicht bestritten wird, keine Bilanzberichtigung gefordert wird. Obgleich also unstrittig ein unzulässiger Bilanzansatz gegeben ist, wird keine Berichtigung gefordert. Es drängt sich der Verdacht auf, dass nicht die materielle Unrichtigkeit der Bilanz, sondern vielmehr das rechtskräftige Urteil die Bilanzberichtigung bedingen. Eine Berichtigung ist aber nicht erforderlich. Der Fehler gleicht sich in den Folgebilanzen ohnehin aus. „Man kann diese Wirkung noch pointierter formulieren: Die – einstweilen unterstellte – falsche Behandlung in einem Veranlagungszeitraum wird durch eine erneut falsche Behandlung in einem späteren richtig gestellt: Zweimal falsch ist einmal richtig"[66]. Auswirkungen auf die Besteuerung des in infrage stehenden Veranlagungszeitraums stehen damit nicht zu befürchten.

6. Ergebnis

Den Steuerpflichtigen trifft keine Pflicht, seine fehlerhafte Steuerbilanz zu berichtigen. Insbesondere kann der Steuerpflichtige seinen verfahrensrechtlichen

---

63 BFH v. 28. 4. 1998, Az. VIII R 46/96, BStBl II 1998, S. 443.

64 BFH v. 4. 11. 1999, Az. IV R 70/98, BStBl II 2000, S. 129 (131).

65 *Schießl* StuB 2007, S. 549 (551); so auch BFH v. 4. 11. 1999, Az. IV R 70/98, BStBl II 2000, S. 129 (131).

66 *Hoffmann* in FS *Korn*, S. 63 (65).

Pflichten gemäß § 153 Abs. 1 Satz 1 Nr. 1 AO auch ohne Bilanzberichtigung nachkommen.[67]

II. Steuerverfahrensrecht

Im Steuerrecht stellt sich auch die Frage nach den verfahrensrechtlichen Auswirkungen eines Bilanzierungsfehlers. Zunächst ist die Mitwirkungspflicht des Steuerpflichtigen in den Blick zu nehmen. Für den Fall eines Tatsachenirrtums, der zu einer Steuerverkürzung geführt hat oder führen kann, muss der Steuerpflichtige dem Finanzamt den Fehler unverzüglich anzeigen und die erforderlichen Richtigstellungen vornehmen, § 153 Abs. 1 Satz 1 Nr. 1 AO. § 153 Abs. 1 Satz 1 Nr. 1 AO betrifft aber nicht den Fall von Rechtsirrtümern.[68] Damit besteht insoweit keine Pflicht, die einen Bestandsschutz des Steuerpflichtigen erforderlich machen könnte. Weitere Pflichten zur Fehleraufklärung bestehen nicht. Für die übrigen Fälle – also die Fälle, in denen die Meldung des Fehlers positive Wirkung zeitigt – gibt es keine Meldepflicht. Hier wird der Steuerpflichtige zumeist aus eigenem Antrieb aktiv werden.

Ein weiterer Gesichtspunkt ist die Steuerfestsetzung. Es stellt sich die Frage, wie ein erkannter Bilanzierungsfehler hier Berücksichtigung finden muss. Klar ist, dass aufgrund der Gesetzmäßigkeit der Besteuerung und dem Amtsermittlungsgrundsatz jede Erkenntnis zwischen Einreichung der Bilanz und Erlass eines Bescheides durch das Finanzamt zu berücksichtigen ist.[69] Ist der Bescheid erlassen, so ist eine Berücksichtigung nur noch möglich, wenn die Änderungsregelungen der §§ 172 ff., 164, 165 AO greifen. Besondere Bedeutung für Bilanzierungsfehler erlangt die Norm des § 173 Abs. 1 AO. Hiernach sind nämlich nachträglich erkannte steuererhebliche Tatsachen zu berücksichtigen. Eine Berücksichtigung zu Gunsten des Steuerpflichtigen ist nur ausgeschlossen, wenn ihn grobes Verschulden an der späten Erkenntnis trifft. Für die Erkenntnisse von Rechtsfehlern gibt es keine entsprechende Änderungsnorm. Immerhin können aber Änderungsnormen einschlägig sein, wenn sich der Rechtsfehler der Bilanz offenbart. Da also auch insoweit nachteilige Folgen für den Steuerpflich-

67 *Sauer* StBp 1963, S. 93 (95).

68 *Heuermann* in *HHSp* § 153 AO Rn 9.

69 *Rödder/Hageböke* UBg 2008, S. 401 (401).

tigen zu befürchten sind, kann man überlegen einen Bestandsschutz in Form des subjektiven Fehlerbegriffs einzurichten.

III. Ergebnis

Während im Handelsrecht grundsätzlich eine Pflicht zur Berichtigung von Fehlern besteht, kennt das Steuerbilanzrecht keine Fehlerberichtigungspflicht. Bilanzierungsfehlern wird im Steuerrecht mit der Meldepflicht gemäß § 153 Abs. 1 AO und den Änderungsvorschriften, insbesondere § 173 Abs. 1 AO, Rechnung getragen. Einer Bilanzberichtigung bedarf es hierfür nicht.

B) Bedarf eines Bestandsschutzes

Das Interesse des Steuerpflichtigen am Bestand seiner Bilanz und seines Steuerbescheides könnte einen Bestandsschutz rechtfertigen.

I. Steuerbilanzrecht

Ein solcher Bestandsschutz ist steuerbilanzrechtlich nicht erforderlich, weil im Steuerrecht keine grundsätzliche Bilanzberichtigungspflicht besteht. Im Steuerbilanzrecht bleibt es dabei, dass es dem Steuerpflichtigen freisteht, eine Bilanzberichtigung gemäß § 4 Abs. 2 Satz 1 EStG durchzuführen oder zu unterlassen.

II. Steuerverfahrensrecht

Bei der Frage, ob im Steuerverfahrensrecht Bestandsschutz zu gewähren ist, ist zwischen der Mitwirkungspflicht und der Änderung des Steuerbescheides zu differenzieren.

1. Ausschluss der verfahrensrechtlichen Mitwirkungspflicht

Zunächst soll überprüft werden, ob die Mitwirkungspflicht des Steuerpflichtigen, hier in Form der Korrekturpflicht des § 153 Abs. 1 Satz 1 Nr. 1 AO, ausgeschlossen ist, wenn er nachträglich erkennt, dass ein Bilanzansatz objektiv falsch ist.

Voraussetzung des § 153 Abs. 1 Satz 1 Nr. 1 AO ist, dass der Steuerpflichtige nachträglich erkennt, dass eine von ihm abgegebene Steuererklärung unvollständig oder falsch ist, also nicht die objektiv gegebenen Umstände widerspiegelt, und hierdurch eine Steuerverkürzung zu befürchten steht oder schon eingetreten ist. Das Tatbestandsmerkmal der nachträglichen Erkenntnis der Fehlerhaftigkeit macht eine ‚subjektiv richtige Steuererklärung' zur Voraussetzung des § 153 AO. Sind diese fehlerhaften Angaben aber bilanzrelevant, so ist eine subjektiv richtige Bilanz Voraussetzung der subjektiv richtigen Steuererklärung. Wenn aber eine Bilanzberichtigung – sei es, weil man wie hier die Berichtigungspflicht von vornherein verneint, sei es, weil man einen Bestandsschutz wegen des subjektiven Fehlerbegriffs bejaht – nicht gefordert wird, so muss man sich fragen, ob auch die Berichtigungspflicht nach § 153 Abs. 1 Satz 1 Nr. 1 AO ausgeschlossen ist.

a) Tatsachenirrtum

Beruht die Fehlerhaftigkeit der abgegebenen Steuererklärung auf einem Irrtum über bilanzerhebliche Tatsachen, so ist auch die Steuererklärung, die auf der Bilanz beruht, objektiv falsch.

Gesetzliche Regelungen, wann die Rechtsfolge des § 153 Abs. 1 Satz 1 Nr. 1 AO den Steuerpflichtigen nicht trifft, existieren nicht. So wird denn auch – teils ausdrücklich[70], teils stillschweigend[71] – davon ausgegangen, dass die auf einer nur subjektiv richtigen Bilanz beruhende Erklärung gemäß § 153 Abs. 1 Satz 1 Nr. 1 AO zu berichtigen ist.[72] Aus dieser Berichtigungspflicht nach § 153 Abs. 1 Satz 1 Nr. 1 AO wird auch gefolgert, dass eine Bilanzberichtigungspflicht besteht und der Wortlaut des § 4 Abs. 2 EStG insoweit zumindest „missverständlich“[73] ist.[74]

---

70 *Tipke* in *Tipke/Kruse* § 153 AO Rn 9.

71 *Dumke* in *Schwarz* § 153 AO Rn 10 – 12a.

72 Laut *Schick* BB 1987, S. 133 (135) ist das sogar unbestritten.

73 *Heuermann* in *HHSp* § 153 AO Rn 8.

74 So auch *Tipke* in *Tipke/Kruse* § 153 AO Rn 9.

Ob der subjektive Fehlerbegriff anerkannt ist und dann auch die Berichtigungspflicht nach § 153 AO ausschließen soll, bleibt allerdings bei *Klaus Tipke* offen. Aus den übrigen Ausführungen *Klaus Tipkes* zu § 153 AO muss aber geschlossen werden, dass der subjektive Fehlerbegriff nicht für § 153 AO gelten kann. Dem Wortlaut des § 153 AO entsprechend beschränkt *Klaus Tipke* die Berichtigungspflicht auf die nachträglichen Erkenntnisse. Für vorsätzliche oder fahrlässige Falscherklärungen gelte § 153 AO nicht.[75] Wenn aber § 153 AO nur für subjektiv richtige Steuerklärungen gilt, und der subjektive Bilanzierungsfehler die aus § 153 AO resultierende Pflicht ausschließt, dann bleibt bei Bilanzierungspflichtigen grundsätzlich kein Raum für § 153 AO. Der Hinweis, § 153 AO gelte auch für Bilanzierungsfehler, liefe dann leer. Eine derartige Deutung kann nicht gewollt sein. Es darf daher angenommen werden, dass *Klaus Tipke* die Anwendbarkeit des Grundsatzes von der subjektiven Richtigkeit jedenfalls nicht auf § 153 AO ausweiten will.

Anders äußert sich hier *Bernd Heuermann*: „Der im Bilanzrecht praktizierte subjektive Fehlerbegriff ist im Rahmen von § 153 [AO][76] zu beachten.“[77] Hier allerdings reduziert sich der Anwendungsbereich des § 153 AO nicht so drastisch. *Bernd Heuermann* hält § 153 AO auch dann für anwendbar, wenn die Fehler in der Steuererklärung vorsätzlich oder fahrlässig herbeigeführt wurden. In diesen Fällen ist durch den subjektiven Fehlerbegriff kein Schutz zu erwarten.

Die Frage, ob § 153 AO auch auf vorsätzliche oder fahrlässige Falscherklärung anzuwenden ist, und ob dann überhaupt bei bilanzierenden Steuerpflichtigen ein Anwendungsbereich für § 153 AO verbleibt, soll hier nicht weiter erörtert werden.[78] Es ist hinreichend, aufzuzeigen, dass der Steuerpflichtige kein berechtigtes Interesse daran hat, dieser Pflicht nicht nachkommen zu müssen.

75 *Tipke* in *Tipke/Kruse* § 153 AO Rn 11; auch *Seer* in *Tipke/Lang*[19] § 21 Rn 191.

76 Einfügung durch den Verfasser.

77 *Heuermann* in *HHSp* § 153 AO Rn 8.

78 Die Mehrheit der Autoren in der Literatur scheint allerdings der Auffassung zuzuneigen, dass ausschließlich bei nachträglicher Erkenntnis eine Berichtigungspflicht besteht: *Tipke* in *Tipke/Kruse* § 153 AO Rn 11; *Kuhfus* in *Kühn/v. Wedelstädt*[19] § 153 AO Rn 10; *Dumke* in *Schwarz* § 153 AO Rn 14; *Joecks* in *Franzen/Gast/Joecks*[6] § 370 AO Rn 182 m.w.N.; *Kottke* DStR 1996, S. 1351 (1351).

Die tatsächlich bestehenden Interessen beschränken sich in Bezug auf § 153 AO einzig auf den mit der Berichtigung verbundenen Arbeitsaufwand. Das Interesse des Steuerpflichtigen an steuerrechtlicher Planungssicherheit wird sogleich im Rahmen der Bescheidänderung zu erwägen sein. Die Berichtigung selbst schränkt die Planbarkeit nämlich nicht ein. Da aber nicht die Bilanz, sondern nur die Erklärung zu berichtigen ist[79], ist der damit verbundene Aufwand relativ gering. Er übersteigt insbesondere nicht den Aufwand, den die übrigen Steuerpflichtigen tätigen müssen, um ihrerseits den möglichen Verpflichtungen aus § 153 AO nachzukommen. Eine hierauf gerichtete unterschiedliche Behandlung von bilanzierenden und anderen Steuerpflichtigen sähe sich im Verdacht, gegen Art. 3 GG zu verstoßen, zumal ein Hinweis auf unterschiedliche Einkunftsermittlungsarten hier nicht helfen kann.

Wegen subjektiv richtiger Tatsachendarstellung im Rahmen der Bilanz ist die Berichtigungspflicht nach § 153 Abs. 1 Satz 1 Nr. 1 AO nicht eingeschränkt.

b) Rechtsirrtum

Wird nach Einreichung der Steuererklärung samt Bilanz zum Finanzamt die Rechtsprechung oder die Verwaltungsauffassung geändert, so kann den Steuerpflichtigen keine Berichtigungspflicht gemäß § 153 Abs. 1 Satz 1 Nr. 1 AO treffen.[80] Ihrem Zweck nach dienen die Mitwirkungspflichten des Steuerpflichtigen dazu, dem Finanzamt die Tatsachenermittlung zu erleichtern. Insbesondere, wenn steuererhebliche Umstände in der Sphäre des Steuerpflichtigen liegen, ist es dem Finanzamt nicht möglich, diese selbst zu ermitteln.[81] Das ist bei Rechtsfragen anders. Rechtserkenntnisse liegen nicht in der Sphäre des Steuerpflichtigen. Vielmehr ist es Aufgabe der Finanzverwaltung, die Rechtslage bei Erlass des Bescheides richtig anzuwenden. Ändert sich die Rechtsauffassung erst nach Erlass des Bescheides, gilt ein Rückwirkungsverbot.[82]

79 Insoweit siehe oben S 87 ff.

80 FG Berlin v. 11. 3. 1998, Az. 6 K 6305/93, EFG 1998, 1166 (1170); *Tipke* in *Tipke/Kruse* § 153 AO Rn 8; *Dumke* in *Schwarz* § 153 AO Rn 11.

81 *Seer* in *Tipke/Kruse* § 90 AO Rn 1; *Seer* in *Tipke/Lang*[19] § 21 Rn 172.

82 *Tipke* Bd. I[2], S. 168 ff.; *Tipke* in *Tipke/Kruse* § 153 AO Rn 8.

Die subjektiv richtige Erklärung schließt damit die Pflicht zur Berichtigung von Rechtsirrtümern aus. Indessen ist dies kein bilanzielles Spezifikum. Vielmehr trifft dies auf alle Steuerpflichtigen unabhängig von der Ermittlungsart der Besteuerungsgrundlagen zu.

c) Ergebnis

Der Grundsatz der subjektiven Richtigkeit schließt nicht die Berichtigungspflicht der Steuererklärung nach § 153 AO aus.

2. Bestandsschutz in Bezug auf den Steuerbescheid

Da das Finanzamt von dem Fehler unterrichtet werden muss, oder aber selbst Kenntnis davon erlangt, ist zu klären, ob die subjektive Richtigkeit der Bilanz möglicherweise die Änderung des Steuerbescheides ausschließt.

Vorweg sei die Frage aufgeworfen, ob es überhaupt denkbar ist, in Bezug auf den Steuerbescheid einen Bestandsschutz zu gewähren. Immerhin ist die Gesetzmäßigkeit der Besteuerung verfassungsrechtlich geboten. Nur so kann nämlich eine steuerliche Lastengleichheit garantiert werden.

Die Einkommensteuer und die Körperschaftsteuer sind Jahressteuern.[83] Damit gilt das so genannte Periodizitätsprinzip.[84] Zwar wird dies z. T. nur als eine technische Methode gesehen, den anfallenden Totalgewinn abschnittsweise – also zeitnah – zu besteuern;[85] doch ist die Jahresbesteuerung auch ein materielles Besteuerungsprinzip.[86] Es hat nicht nur Auswirkungen auf die Entstehung des materiellen Steueranspruchs und auf den Beginn der Festsetzungsverjäh-

83 Für die Einkommensteuer: § 2 Abs. 7 EStG; *Lang* in *Tipke/Lang*[19] § 9 Rn 44; *Hey* in *Tipke/Lang*[19] § 11 Rn 36; *Seeger* in *Schmidt*[27] § 2 EStG Rn 69; Für die Körperschaftsteuer: § 7 Abs. 3, 4 KStG.

84 § 252 Abs. 1 Nr. 5 HGB; *Winnefeld*[4], Einf. Rn 124; *Winkeljohann/Geißler* in BBK[6] § 252 HGB Rn 51; *Lang* in *Tipke/Lang*[19] § 9 Rn 44; *Hey* in *Tipke/Lang*[19] § 11 Rn 36.

85 *Zugmaier* in *HHR* § 2 EStG Rn 901; *Lang* in *Tipke/Lang*[19] § 9 Rn 44 m.w.N.

86 Ausführlich hierzu: *Drüen,* S. 103; so auch: *Kirchhof* Gutachten F 57 Dt. Juristentag, 75 ff.; *Kirchhof* in *Kirchhof*[8] § 2 EStG Rn 154; *Kirchhof* in *Kirchhof/Söhn* § 2 EStG Rn H 2; wohl auch *Handzik* in *Littmann* § 2 EStG Rn 355.

rung, sondern wegen des progressiv ausgestalteten Jahressteuertarifs auch auf die Höhe der Totalgewinnbesteuerung.[87] Zur Herstellung materieller Steuergerechtigkeit scheint es daher geboten, die materiell – also objektiv anfallende – Steuer auch zu erheben. Stellt sich nachträglich heraus, dass in einem Veranlagungszeitraum einkommensteuerrechtliche Tatbestände verwirklicht wurden, die in der Veranlagung keine Berücksichtigung gefunden haben, würde dies zur Herstellung der steuerlichen Belastungsgleichheit zwingend eine Korrektur erfordern. Die Bedeutung der materiellen Rechtsrichtigkeit ist evident. Auf der anderen Seite steht das „vitale Interesse der Stpfl. an Entscheidungs- und Planungssicherheit“[88]. Dieser wäre möglicherweise von hohen Nachforderungen betroffen.

Die widerstreitenden Prinzipien der Rechtsrichtigkeit und des Vertrauensschutzes[89] sind wesentliche Bestandteile des Rechtsstaatsprinzips.[90] Wegen ihrer gleichrangigen Koexistenz[91] ist es grundsätzlich Aufgabe des Gesetzgebers, diesen Prinzipienwiderspruch aufzulösen.[92] Hierfür hat der Gesetzgeber im steuerlichen Verfahrensrecht das besondere System der Bestandskraft[93] von Steuerbescheiden eingeführt. Wird ein Steuerbescheid bestandskräftig, so besteht für beide Seiten ein Aufhebungs- und Abweichungsverbot.[94] Grundsätzlich hat der

---

87 Siehe hierzu *Zugmaier* in *HHR* § 2 EStG Rn 901.

88 *Seer* in *Tipke/Lang[19]* § 21 Rn 16; so auch *Waldhoff* DStJG 27, S. 129f. m.w.N.

89 Zum Prinzipienwiderspruch zwischen Rechtssicherheit und Rechtsrichtigkeit siehe z. B. *Drüen*, S. 93; *Seer* in *Tipke/Lang[19]* § 21 Rn 381; *Loose* in *Tipke/Kruse* Vor § 172 AO Rn 2; *Waldhoff* DStJG 27, S. 129 (145).

90 BVerfG v. 8. 5. 1973, Az. 2 BvL 5, 6, 7, 13/72, BVerfGE 35, 41 (47); BVerfG v. 13. 5. 1986, Az. 1 BvR 99, 461/85, BVerfGE 72, 175 (196); BVerfG v. 14. 1. 1987, Az. 2 BvR 1052/79, BVerfGE 74, 129 (152); BVerfG v. 12. 3. 1996, Az. 1 BvR 609, 692/90, BVerfGE 94, 241 (258); BVerfG v. 9. 2. 1983, Az. 1 BvL 8/80, 16/81, 1 BvR 257/80, 890/80, 1357/81, BVerfGE 63, 152 (175).

91 *Drüen*, S. 93.

92 BVerfG v. 12. 12. 1957, Az. 1 BvR 678/57, BVerfGE 7, 194 (196); BVerfG v. 9. 5. 1989, Az. 1 BvL 35/86, BVerfGE 80, 103 (108); BVerfG v. 22. 7. 1991, Az. 1 BvR 313/88, NJW 1992, 168 (169); *Drüen*, S. 94; *Waldhoff* DStJG 27, S. 129 (150).

93 *Seer* in *Tipke/Lang[19]* § 21 Rn 80.

94 *Sachs* in *Stelkens/Bonk/Sachs[6]* § 43 VwVfG Rn 12 ff. m.w.N.; *Waldhoff* DStJG 27, S. 129 (150).

Gesetzgeber sich damit für den Vorrang der Rechtssicherheit vor der Rechtsrichtigkeit entschieden.[95] Bestandsschutz ist also immerhin möglich. Dieses System der Bestandskraft hat aber auch Ausnahmen. Wegen der besonderen Fehleranfälligkeit des Abgabenrechts als Massenverfahrensrecht[96] eröffnen die §§ 172 ff. AO der Finanzverwaltung die Möglichkeit, auch nach Eintritt der materiellen Bestandskraft den Steuerbescheid zu ändern.[97] Eine dieser Ausnahmen stellt § 173 AO dar. Wie schon oben beschrieben, ist gerade diese Änderungsvorschrift für die subjektive Richtigkeit von Bedeutung. Wenn also § 173 Abs. 1 AO die Änderung des Steuerbescheids positivrechtlich vorschreibt, muss man sich immerhin fragen, ob ein Bestandsschutz in Form des subjektiven Fehlerbegriffs hier überhaupt zur Anwendung kommen darf. Indessen wird die Möglichkeit der Änderung eines Bescheids durch § 176 AO eingeschränkt.[98] Hierunter würde die oben beschriebene Situation einer Rechtsprechungsänderung fallen, § 176 Abs 1 Nr. 3 AO.[99] Auch ist anerkannt, dass allgemein gültige Rechtsprinzipien – wie der Grundsatz von Treu und Glauben – der Anwendung der Änderungsnormen entgegenstehen können.[100]

Obgleich also das Verfahrensrecht des Besteuerungsverfahrens zwingende Regelungen zur Durchbrechung der Bestandskraft enthält, ist denkbar, dass es von der zwingenden Rechtsfolge Ausnahmen gibt. Damit ist grundsätzlich ein Bestandsschutz im Sinne des subjektiven Fehlerbegriffs möglich.

---

95 *Drüen*, S. 103 f.; *Waldhoff* DStJG 27, S. 129 (144).

96 *Waldhoff* DStJG 27, S. 129 (150).

97 *V. Groll* in *HHSp* Vor §§ 172 – 177 AO Rn 25; *Loose* in *Tipke/Kruse* Vor § 172 AO Rn 6; Birk, S. 121ff.

98 Birk, S. 122.

99 Siehe oben S. 3.

100 BFH v. 23. 6. 1993, Az. VII R 51/94, BFH/NV 1995, 862 (862 ff.); *v. Groll* in *HHSp* Vor § 172 – 177 AO Rn 93; *Woerner/Grube*[8], S. 93; *v. Groll* FR 1995, S. 814 (817) m.w.N.; für eine restriktive Anwendung des Grundsatzes von Treu und Glauben plädiert *Waldhoff* DStJG 27, S. 129 (145), weil angesichts der normierten Korrekturtatbestände ein Vertrauensschutz nur durch den Gesetzgeber gewährt werden kann, S. 150. Die verfassungsrechtlich im Einzelfall gebotene Anwendung dieses Grundsatzes sei immer eine Billigkeitsentscheidung, S. 151.

Im folgenden wird untersucht, ob für neu erkannte Tatsachen auf der einen und für Änderungen in der Rechtslage auf der anderen Seite ein Bestandsschutz wünschenswert ist.

a) Tatsachenirrtum

In Bezug auf neue Tatsachen soll in Ermangelung gesetzlicher Regelungen als Ausgangsgröße für die Abwägung zwischen Rechtsrichtigkeit und Rechtssicherheit der Grundsatz von Treu und Glauben dienen. Zum einen ist dieser Grundsatz als Grenze der Änderungsmöglichkeiten anerkannt[101], zum anderen weist er eine nicht unbedeutende Ähnlichkeit zu dem subjektiven Fehlerbegriff auf.

Die Anwendung des § 173 Abs. 1 Nr. 1 AO ist nämlich ausgeschlossen, wenn das Finanzamt die neu erkannte Tatsache bei Veranlagung schon hätte erkennen können.[102] Einzelfallabhängig müssen die staatliche Ermittlungspflicht (§ 88 AO) einerseits und die Mitwirkungspflicht des Steuerpflichtigen (§ 90 AO) andererseits abgewogen werden. Eine Berufung auf diesen Grundsatz kommt daher nur infrage, wenn der Steuerpflichtige seiner Mitwirkungspflicht gemäß § 90 AO ordentlich nachgekommen ist.[103] Auf der anderen Seite setzt der

101 Zu den Wechselwirkungen zwischen Mitwirkungspflichten des Steuerpflichtigen und Aufklärungspflichten der Verwaltung als Voraussetzung der Übertragung des Grundsatzes von Treu und Glauben auf diese öffentlich-rechtliche Sonderbeziehung, siehe *Isensee*, S. 103 m. w. N.

102 BFH v. 10. 7. 1953, Az. III 139/52, BStBl III 1953, S. 240 (240); BFH v. 28.06.2006, Az. XI R 58/05, BStBl II 2006, 835 (836); BFH v. 28.04.2006, Az. VI B 131/05, BFH/NV 2006, 1445; BFH v. 21. 7. 1968, Az. VI R 135/66 BStBl II 1968, S. 698 (699); BFH v. 17. 4. 1969, Az. V R 112/67, BStBl II 1969, S. 447 (449); BFH v. 5. 11. 1970, Az. V R 71/67, BStBl II 1971, 220 (222 f.).

103 BFH v. 20 1. 1959, Az. I 155/57 U, BStBl III 1959, S. 86, 221 (221 f.); BFH v. 28. 1. 1960, Az. IV 226/58 S, BStBl III 1960, 291 (293 f.); BFH v. 20. 9. 1962, Az. IV 188/60 U, BStBl III 1963, 10 (12); BFH v. 9. 7. 1964, Az. IV 342/61 U, BStBl III 1964, 492 (492 f.); BFH v. 14. 12. 1967, Az. IV 57/65, BStBl II 1968, S. 192 (192).

Grundsatz von Treu und Glauben voraus, dass die festsetzende Finanzbehörde ihrer Ermittlungspflicht aus § 88 AO nicht hinreichend nachgekommen ist.[104]

Setzt aber der Grundsatz von Treu und Glauben eine ordentliche Mitwirkung des Steuerpflichtigen voraus, so muss die Steuererklärung und die mit ihr eingereichte Bilanz in gleichem Maße ordentlich sein. Sorgfältige Sachverhaltsaufklärung zum Zwecke der Bilanzierung ist damit eine Voraussetzung des Bestandsschutzes aufgrund von Treu und Glauben. Damit ist letztlich die subjektive Richtigkeit der Bilanz eine der Voraussetzungen für die Anwendung des Grundsatzes Treu und Glauben zu Gunsten des Steuerpflichtigen.

Fraglich aber muss erscheinen, warum es bei bilanzierungspflichtigen Steuerzahlern nicht erforderlich sein soll, dass die Finanzbehörde gegen ihre Ermittlungspflicht verstößt, damit ein Bestandsschutz greift. Eine derartige Differenzierung zwischen bilanzierungspflichtigen Steuerzahlern auf der einen Seite und den übrigen Steuerzahlern auf der anderen Seite bedarf zumindest eines sachlichen Grundes, um nicht in den Verdacht einer Gleichheitswidrigkeit zu geraten.

Eine Vernachlässigung der finanzbehördlichen Sorgfalt könnte mit einer höheren Auskunftspflicht auf Seiten des Steuerpflichtigen zu begründen sein. So muss der Steuerpflichtige, der keine Bilanz anfertigt, der Finanzverwaltung grundsätzlich nur das anzeigen, was er positiv weiß[105], während der Bilanzierungspflichtige an dem Wissen des sorgfältigen Kaufmanns gemessen wird, also all das mitteilen muss, was der sorgfältige Kaufmann weiß. Auf der einen Seite wird damit ein subjektiver Sorgfaltsmaßstab angelegt, auf der anderen ein normativer. Indessen müsste dann all jenen Steuerpflichtigen Bestandsschutz gewährt werden, die einen Umstand nicht kannten und auch nicht kennen konnten. Ob die Steuerpflichtigen eine Bilanz erstellen oder nicht, kann dann nicht

104 BFH v. 10. 7. 1953, Az. III 139/ 52 S, BStBl III 1953, S. 240 (240); BFH v. 21. 7. 1968, Az. VI R 135/66 BStBl II 1968, S. 698 (699); BFH v. 17. 4. 1969, Az. V R 112/67, BStBl II 1969, S. 447 (449); BFH v. 5. 11. 1970, Az. V R 71/67, BStBl II 1971, 220 (222 f.).

105 Der Steuerpflichtige hat sich auch gegebenenfalls aus seinen Unterlagen zu informieren: *Seer* in *Tipke/Lang*[19] § 21 Rn 172; *Tipke* in *Tipke/Kruse* § 93 AO Rn 30; *Unterhark/Schmitz* in *Schwarz* § 93 AO Rn 40 sprechen von „präsentem Wissen". Eine darüber hinausgehende Sachverhaltsaufklärungspflicht besteht nicht.

entscheidend sein. Der normative Sorgfaltsmaßstab des subjektiv richtig Bilanzierenden ist erfüllt.

Im Übrigen wird auch anderen als den Bilanzierungspflichtigen ein hohes Maß an Sorgfalt abverlangt. So muss zum Beispiel derjenige, der eine betriebliche Überschussrechnung gemäß § 4 Abs. 3 EStG durchführt, Entnahmen mit dem Teilwert ansetzen.[106] Wie schon oben beschrieben, ist der Teilwert aber ein objektiver Wert, der durch Faktoren bestimmt wird, die nicht immer in der Sphäre des Steuerpflichtigen liegen. Auch hier wird dem Steuerpflichtigen also eine Sachverhaltsaufklärung abverlangt, die über seine eigenen Aufzeichnungen hinausgeht. Hier soll es aber – anders als bei der Gewinnermittlung durch Betriebsvermögensvergleich – nicht ausreichend sein, dass der Steuerpflichtige hinreichend sorgfältig tätig war. Erst wenn die Finanzverwaltung ihrer eigenen Ermittlungspflicht nicht nachgekommen ist, greift der Grundsatz von Treu und Glauben. Zwar mag es so sein, dass systembedingt die erheblichen Tatsachen bei einer betrieblichen Überschussrechnung häufiger in der Sphäre des Steuerpflichtigen liegen, als bei einem Betriebsvermögensvergleich. Dass aber der Bilanzierungspflichtige in Bezug auf mehr steuererhebliche Faktoren (oder Bilanzposten) ein gewisses Maß an Sorgfalt an den Tag legen muss, reicht nicht, diese Überstrapazierung des Grundsatzes von Treu und Glauben zu rechtfertigen.

Auch ist daran zu denken, dass der Einzelkaufmann in Bezug auf seine Bilanz die Sorgfalt eines ordentlichen Kaufmanns an den Tag zu legen hat. In Bezug auf Umstände, die nicht bilanzerheblich, wohl aber für die steuerliche Tatbestandsverwirklichung entscheidend sind, wird der Kaufmann gleich sorgfältig sein und auch sein müssen. Unabhängig aber davon, dass ein und derselbe Steuerpflichtige in Bezug auf beide Umstände dieselbe Sorgfalt aufwendet, wird ihm in Bezug auf bilanzrelevante Tatsachen Bestandsschutz gewährt, für die übrigen Umstände aber verwehrt. Ein solches Ergebnis ist nicht sachgerecht. Damit kann aus dem vom Bilanzierungspflichtigen verlangten Sorgfaltsmaßstab kein Grund hergeleitet werden, einen Bestandsschutz unabhängig von dem behördlichen Verhalten zu gewähren.

---

106 „Zur Struktur der betrieblichen Überschußrechnung“ grundlegend: *Groh* FR 1986, S. 393.

Ein anderer Grund dafür, dass trotz der sorgfältigen Sachverhaltsaufklärung durch das Finanzamt ein Bestandsschutz zu Gunsten des Steuerpflichtigen nötig ist, könnte die übliche Handhabung in Bezug auf Außenprüfungen sein. Will die Finanzverwaltung sich eine Änderung wegen neuer Tatsachen vorbehalten, weil eine abschließende Prüfung erst durch eine Außenprüfung gemäß § 193 AO möglich ist, so steht es ihr frei, die Steuerfestsetzung unter den Vorbehalt der Nachprüfung gemäß § 164 AO zu stellen. Dann kann der Steuerpflichtige kein Vertrauen in den Bestand des Bescheides entwickeln; ein Bestandsschutz ist mithin nicht vonnöten. So entspricht es denn auch der regulären Verwaltungspraxis und auch den Verwaltungsanweisungen der Länder, jene Steuerbescheide, deren Grundlagen einer Außenprüfung unterzogen werden sollen, mit einem solchen Vorbehalt auszustatten.[107] Wird die Steuer hingegen vorbehaltsfrei festgesetzt, so könnte der Steuerpflichtige, der üblicherweise mit einer Außenprüfung rechnet, in besonderem Maße Vertrauen in den Bestand des Veranlagungsbescheides entwickeln. Indessen ist zu bemerken, dass die Änderung eines Steuerbescheides keiner weiteren Rechtsgrundlage bedarf, wenn er unter dem Vorbehalt der Nachprüfung gemäß § 164 AO steht. Damit erscheint es widersinnig, dass der fehlende Vorbehalt die Anwendbarkeit der §§ 172 ff. AO ausschließen soll, wo doch der Vorbehalt die Anwendung der §§ 172 ff. AO entbehrlich macht. So meint denn auch *Klaus Tipke*, dass ein jeder Steuerbescheid, dessen Grundlagen durch eine Außenprüfung überprüfbar seien, „stillschweigend unter dem Vorbehalt einer Außenprüfung“[108] stünde. Auch in § 173 Abs. 2 AO kommt zum Ausdruck, dass Steuerbescheide, die einer Außenprüfung offen stehen, einer erhöhten Bestandskraft nur zugänglich sein sollen, wenn diese Au-

107 *Seer* in *Tipke/Lang*[19] § 21 Rn 286; Ländererlasse v. 19. 11. 1996, BStBl I 1996, 1391.

108 *Tipke* in *Tipke/Kruse* § 193 AO Rn 5. Allerdings muss bei dem wohl vorherrschenden Prüfungsturnus ohnehin bezweifelt werden, ob dieser ‚Vorbehalt der Außenprüfung‘ überhaupt besteht. Zu der Regelmäßigkeit von Außenprüfungen siehe die Stellungnahme des BRH v. 16. 10. 1996 BT-Drucks. XIII/5700, S. 132 u. *Eckhoff* in *HHSp* Vor §§ 193 – 203 AO Rn 94 ff. Auch kommt es wohl wegen der internen Effizienzprüfungen dazu, dass schwierige und zeitaufwendige Prüfungsfelder, wie z. B. die Prüfung inländischer Töchter ausländischer Kapitalgesellschaften, überhaupt nicht mehr erfolgt, BRH BT-Drucks. XIII/5700, 133 f.

ßenprüfung auch durchgeführt wurde. Damit ist klar, dass ein Steuerpflichtiger, der mit einer Außenprüfung rechnen muss, stets fürchten muss, dass nach der Prüfung eine Änderung des Steuerbescheides erfolgt. Auch ist die Frage, ob und inwieweit die Prüfungsergebnisse durch Änderungen der Bescheide Berücksichtigung finden können, keine Frage der Zulässigkeit der Prüfung, sondern bestimmt sich einzig nach den Änderungsnormen.[109] Ein besonderes Vertrauen kann der Steuerpflichtige nicht in den Bescheid legen, weil dieser vorbehaltsfrei erlassen wurde. Vielmehr muss der Steuerpflichtige stets mit einer Außenprüfung rechnen.

Ein leichter zu erlangender Bestandsschutz könnte auch deshalb zu rechtfertigen sein, weil der bilanzierende Steuerpflichtige mit seinem Betrieb eine größere Planungssicherheit braucht. Indessen ist die steuerrechtliche Planungssicherheit grundsätzlich allen Steuerpflichtigen wichtig. Nur wenn durch die befürchtete Steuernachzahlung derartige finanzielle Schwierigkeiten entstehen, dass dadurch der Fortbestand des Unternehmens gefährdet ist und damit die Beeinträchtigung des Vermögens über die bloße Steuerzahlung hinausgeht, kann eine derartige Rechtfertigung gelingen. Derartige Gefahren können aber höchstens in den Besonderheiten des Einzelfalls begründet liegen. Hierfür sind die Billigkeitsregeln des § 163 AO und des § 227 AO als probates Mittel gegeben.[110] Die Rechtfertigung eines typisierenden Bestandsschutzes für alle bilanzierenden Steuerpflichtigen muss daher misslingen. Im Übrigen sei abermals darauf verwiesen, dass nicht ein jeder Steuerpflichtiger, der unternehmerisches Risiko trägt, Bilanzen aufstellt.

Damit ist letztlich kein Anlass gegeben, den Bilanzierungspflichtigen besser zu stellen, als die übrigen Steuerpflichtigen. Ein hinreichender Bestandsschutz in Bezug auf Tatsachenirrtümer ist verfahrensrechtlich schon durch den Grundsatz von Treu und Glauben gewährleistet. Stellt sich eine Änderung des Bescheides wegen Verletzung der Ermittlungspflichten als treuwidrig dar, so darf sie nicht durchgeführt werden.[111] Eine derartige Tendenz zeigt sich auch nicht in

109 *Seer* in *Tipke/Lang*[19] § 21 Rn 249; *Schwehm* StBp 1996, S. 172 (172).

110 *Drüen*, S. 105

111 BFH v. 28.10.1998, Az. II R 32/97, BFH/NV 1999, S. 586 (586); FG Brandenburg v. 05.02.1998, Az. 4 K 1659/96 AO, EFG 1998, 711 S. (711); FG Baden-Württemberg v. 26.05.1994, Az. 3 K 278/89, EFG 1995, S. 58 (58).

der Rechtsprechung des BFH. Geht es tatsächlich einmal darum, dem Steuerpflichtigen Bestandsschutz zu gewähren, wird stets eine Verletzung der behördlichen Aufklärungspflicht verlangt[112] und keineswegs ein Grundsatz der subjektiven Richtigkeit als alleiniger Maßstab für einen Bestandsschutz angelegt.

b) Rechtsirrtum bei geänderter Rechtsprechung

Bei der Untersuchung von objektiv vorliegenden Rechtsirrtümern, die bei Steuerfestsetzung nicht erkennbar waren, muss grundsätzlich zwischen der Änderung von höchstrichterlicher Rechtsprechung und erstmaliger höchstrichterlicher Rechtsprechung unterschieden werden. Zunächst soll die Änderung der höchstrichterlichen Rechtsprechung in den Blick genommen werden.

Bei Erlass eines Steuerbescheides muss die Finanzverwaltung nach Maßgabe der Gesetze vorgehen, § 85 AO. Dabei sind insbesondere auch die höchstrichterlichen Urteile in ihrer grundsätzlichen Bedeutung zu berücksichtigen. Entscheidend hierbei ist, wie die relevanten Normen zum Zeitpunkt der Erstellung des Bescheides ausgelegt werden. Grundsätzlich sind damit auch solche Urteile zu berücksichtigen, die nach Einreichung der Steuererklärung ergehen. Der Steuerpflichtige kann keinen Bestandsschutz für sich in Anspruch nehmen. Es mangelt schon an einer Einzelfallregelung, in deren Bestand er hätte vertrauen können.

Überraschend scheint daher die in jüngsten Urteilen zum Ausdruck kommende Auffassung des BFH. In Fortentwicklung des im Bilanzrecht vertretenen subjektiven Fehlerbegriffs erklärt der I. Senat, eine Bilanz könne nicht nach § 4 Abs. 2 Satz 1 EStG berichtigt werden, wenn sie nach dem Maßstab des Erkenntnisstands im Zeitpunkt ihrer Erstellung den Grundsätzen ordnungsmäßiger

112 Erstaunlich deutlich insoweit das Urteil des IV. Senats, der die Amtspflichtverletzung als positives Merkmal des Grundsatzes von Treu und Glauben formuliert, während die fehlende Mitwirkung des Steuerpflichtigen zum negativen Merkmal nach Art einer Rückausnahme wird: BFH v. 18.08.2005, Az. IV R 9/04, BStBl II 2006, S. 581 (582); ähnlich auch der IX. Senat in seinem Urteil v. 09.06.2005, Az. IX R 75/03, BFH/NV 2005, S. 1765 (1766).

Buchführung entsprach.[113] Darüber hinaus sei das Finanzamt an eben diese Bilanz gebunden.[114] Eine Festsetzung müsse also auf Grundlage dieser Bilanz erfolgen, obwohl ihre Rechtsfehlerhaftigkeit bekannt ist.

Zweierlei ist an diesem Urteil vom 5. Juni 2007 bedeutsam. Zunächst wird durch diese Formulierung eine geänderte höchstrichterliche Rechtsprechung einer erstmaligen gleichgestellt. Entscheidend ist nur noch, ob die vom Steuerpflichtigen gewählte Bilanzierung im Rahmen kaufmännischer Sorgfalt als zulässig erschien. Zu den hieraus resultierenden Implikationen für die Festsetzung bei erstmaliger Rechtsprechung soll später eingegangen werden.[115]

Bedeutsam ist aber auch, dass der BFH offenbar den subjektiven Fehlerbegriff auf die Grundsätze ordnungsmäßiger Buchführung beschränkt. Verstöße gegen die durch § 5 Abs. 1 und Abs. 6 EStG in die Pflicht genommenen steuerrechtlichen Normen darf das Finanzamt also nicht tolerieren, auch wenn zum Zeitpunkt der Aufstellung die vom Steuerpflichtigen gewählte Gesetzesauslegung als zulässig erscheinen musste. Eine derartige Differenzierung kann nur in der Dynamik der Grundsätze ordnungsmäßiger Buchführung begründet liegen. Während nämlich die Auslegung steuerrechtlicher Normen auf solche beschränkt ist, die tatsächlich im Gesetz enthalten sind, werden Grundsätze ordnungsmäßiger Buchführung nicht zwingend in Gesetzesform gefasst, sondern lediglich generalklauselartig in das Bilanzrecht inkorporiert. Indessen sind die fundamentalen Grundsätze ordnungsmäßiger Buchführung durchaus im HGB normiert. Soweit ein Grundsatz aber nicht normiert ist, kann die neue oder geänderte Rechtsprechung immerhin als Auslegung der Verweisung auf die Grundsätze in toto gesehen werden. Diese Differenzierung kann also insbesondere für die normierten Grundsätze ordnungsmäßiger Buchführung nicht begründet werden. Muss aber eine derartige Differenzierung unterbleiben, bleibt nur, den Grundsatz der subjektiven Richtigkeit gänzlich abzulehnen oder ihn auch auf die Auslegung steuerrechtlicher Normen zu erstrecken. Diese irreführende Formulierung vom 5. Juni 2007 kann aber in dieser Konsequenz nicht vom BFH gewollt sein. Insoweit soll wohl gelten, dass eine jede, der kaufmän-

113 BFH v. 5. 6. 2007, Az. I R 47/06, BStBl II 2007, S. 818 (818); BFH v. 23. 1. 2008, Az. I R 40/07, DStR 2008, S. 1180 (1180).

114 BFH v. 5. 6. 2007, Az. I R 47/06, BStBl II 2007, S. 818 (820).

115 Siehe unten S. 144.

nischen Sorgfalt entsprechende Bilanzierung von dem Schutz des subjektiven Fehlerbegriffs umfasst ist[116], also auch Verstöße gegen die steuerrechtlichen Normen.

Verleiht man dem Grundsatz subjektiver Richtigkeit aber Geltung, stößt man indessen unweigerlich auf das Problem, dass man die Verwaltung zwingt, den Grundsatz der Gesetzmäßigkeit der Verwaltung außer Acht zu lassen. Dieser Grundsatz zwingt nämlich die Verwaltung dazu, in Übereinstimmung mit der geltenden Rechtslage zu handeln.[117] Dass die geltende Rechtslage dem Steuerpflichtigen nicht erkennbar war, kann hieran nichts ändern. Ferner wird dem Zeitpunkt der Aufstellung ein sehr viel größeres Gewicht beigemessen, als er tatsächlich hat. Zum einen geht es wohl in der Praxis eher um einen Aufstellungszeitraum.[118] Zwar kann man als Aufstellungszeitpunkt die Unterzeichnung[119] oder den Feststellungsbeschluss[120] der Bilanz werten. Zum anderen ist aber der Zeitpunkt der Aufstellung (oder Unterzeichnung?) dem Finanzamt nicht ohne weiteres bekannt.[121] Vor allem aber kann nicht der Zeitpunkt der Bilanzaufstellung Auswirkungen auf die Höhe des steuerlichen Gewinns haben.

Dem Grundsatz der subjektiven Richtigkeit dahingehend Bedeutung beizumessen, dass Rechtsprechungsänderungen nach Einreichung der Bilanz bei der Veranlagung nicht berücksichtigt werden dürfen, ist daher verfehlt. Es bleibt vielmehr bei dem Grundsatz, dass eine (rechts-)fehlerhafte Bilanz der Besteuerung nicht zugrunde gelegt werden darf.[122]

116 BFH v. 5. 4. 2006, Az. I R 46/04, BStBl II 2006, S. 688 (688).

117 Zu den sehr weitreichenden Implikationen auf Tatbestands- wie auch auf Rechtsfolgenseite, siehe *Isensee*, S. 125f.

118 Zu dem Problem ausführlich: *Hüttemann* in FS *Priester*, S. 301 (332).

119 BGH v. 28. 1. 1985, Az. II ZR 79/84, WM 1985, S. 567 (569).

120 BFH v. 8. 3. 1989, Az. X R 9/86, BStBl II 1989, S. 714 (718).

121 So auch im Fall des BFH-Urteils v. 5. 6. 2007, Az. I R 47/06, BStBl II 2007, S. 818 (819): „Jedoch hat das FG zum einen nicht festgestellt, ob die hier in Rede stehende Bilanzen vor oder nach dem Ergehen und dem Bekanntwerden des Urteils aufgestellt worden sind."

122 EStR/H 4.4 EStH.

Mit der Wirksamkeit entfaltet der Bescheid Selbstbindungswirkung für die Verwaltung.[123] Damit ist die Verwaltung an die getroffenen Entscheidungen gebunden. Der Bescheid ist damit inhaltlich verbindlich.[124] Die Finanzverwaltung bedarf einer Befugnisnorm, um den erlassenen Bescheid einer geänderten Rechtsprechung anzupassen. In Bezug auf die Änderung durch die Finanzverwaltung unterscheidet sich die Situation daher nicht von derjenigen nach Eintritt der Bestandskraft. Obgleich sich bei Änderung der höchstrichterlichen Rechtsprechung also die objektive Rechtsfehlerhaftigkeit[125] des Veranlagungsbescheides offenbart, könnte dem Steuerpflichtigen nach Erlass des Bescheides Bestandsschutz zugute kommen. Eine Norm, die die Änderung des Bescheides aufgrund geänderter höchstrichterlicher Rechtsprechung erlaubt, gibt es nicht. Es stellt sich aber die Frage, ob nicht auch bei Anwendung einer anderen Änderungsnorm, zum Beispiel des § 173 Abs. 1 Nr. 1 AO, Bestandsschutz ohnehin gewährt wird. Damit wäre der Grundsatz der subjektiven Richtigkeit insoweit entbehrlich.

Für einen derartigen Fall stehen dem Steuerpflichtigen im System der Bestandskraft die Regelungen des § 176 AO zur Seite. Eine Änderung des Steuerbescheides zu Ungunsten des Steuerpflichtigen ist nämlich – auch wenn die Voraussetzungen einer Änderungsnorm erfüllt sind – ausgeschlossen, wenn

1. ein Gesetz für verfassungswidrig erklärt wurde,
2. eine Norm von einem obersten Bundesgericht für verfassungswidrig gehalten und deshalb nicht angewandt wird oder
3. sich die bisherige Rechtsprechung eines obersten Bundesgerichts in Bezug auf steuererhebliche Rechtsfragen geändert hat.[126]

---

123 *Seer* in *Tipke/Lang*[19] § 21 Rn 381; *Wolff/Bachof/Stober/Kluth*[12] § 50 Rn 3.

124 *Seer* in *Tipke/Lang*[19] § 21 Rn 80.

125 Zum Grundsatz der Rückwirkung von BFH-Urteilen grundlegend: BFH v. 25. 6. 1984, Az. GrS 4/82, BStBl II 1984, 751 (757) und zur objektiven Unrichtigkeit bei sich ändernder Rechtsprechung: *Rose/Telkamp* BB 1977, S. 1713 (1718); so auch -ur-, Unrichtige Bilanzierung abgebrochener Gebäude FR 1960, S. 24; -el-, Bilanzierung des Abbruchs von Gebäuden, DB 1960, S. 894; Wuttke FR 1993, S. 459 (460).

126 § 176 AO.

Damit ist für die Änderung der höchstrichterlichen Rechtsprechung ein positivrechtlicher Bestandsschutz normiert.[127]

Die Anwendung des § 176 Abs. 1 Satz 1 Nr. 3 AO setzt zunächst eine Präjudizierung durch ein oberstes Bundesgericht voraus. Ob es hierzu einer ständigen, gefestigten Rechtsprechung bedarf, ist umstritten.[128] Dem Wortlaut des § 176 Abs. 1 Satz 1 Nr. 3 AO ist eine derartige Beschränkung nicht zu entnehmen. Während diese Beschränkung in § 157 Abs. 1 Satz 1 Nr. 3 EAO 1974[129] noch enthalten war, ist sie in die entsprechende Norm des § 176 AO 1977 nicht aufgenommen worden. Hieran lässt sich die gesetzgeberische Entscheidung erkennen, dass schon eine einzelne Entscheidung objektiv vertrauensbildend sein kann.[130] Richtigerweise ist damit entscheidend, dass eine höchstrichterliche, eindeutige Aussage zu der Rechtsfrage ergangen ist.[131]

Die bisherige höchstrichterliche Rechtsprechung muss bei Erlass des Steuerbescheides berücksichtigt und angewandt worden sein. Wenn der Bescheid nicht zur bisherigen Rechtsprechung im Widerspruch steht, ist davon auszugehen, dass die Rechtsprechung bei Erlass des Bescheides berücksichtigt wurde.[132]

Die Nähe zum subjektiven Fehlerbegriff zeigt sich aber im Vertrauen, das der Steuerpflichtige in den Bestand des Bescheides haben muss. Ein besonderes Vertrauen des Steuerpflichtigen ist Grund und Voraussetzung des § 176 Abs. 1

127 *V. Groll* in *HHSp* § 176 AO Rn 115.

128 Eine ständige Rechtsprechung verlangend: FG Rheinland-Pfalz v. 20. 11. 1995, Az. 3 K 2335/90, EFG 1997, S. 749 (752).

129 Entwurf einer Abgabenordnung 1974, BT-Drucks. VI/1982.

130 So auch *v. Groll* in *HHSp* § 176 AO Rn 173; *Frotscher* in *Schwarz* § 176 AO Rn 11d; *Loose* in *Tipke/Kruse* § 176 AO Rn 16; *Woerner/Grube*[8], S. 146 f.

131 *V. Groll* in *HHSp* § 176 AO Rn 172.

132 *V. Groll* in *HHSp* § 176 AO Rn 190 ff.; *Loose* in *Tipke/Kruse* § 176 AO Rn 17 jeweils m.w.N.; a. A. aber *Woerner/Grube*, S. 148: Die Anwendung der Rechtsprechung „muß anhand der Prüfungsvermerke auf der Steuererklärung und etwaiger Erläuterungen zum Bescheid festgestellt werden.“ Es ist aber völlig unklar, wie der Steuerpflichtige ohne die „Prüfungsvermerke auf der Steuererklärung“ zu kennen, hierauf ein Vertrauen gründen soll. Auch wird bei einer ständigen und gefestigten Rechtsprechung ein solcher Vermerk regelmäßig unterbleiben. Entscheidend für die Vertrauensbildung ist vielmehr, dass der Bescheid nicht im Widerspruch zur Rechtsprechung steht.

Satz 1 Nr. 3 AO.[133] Besonders ist dieses Vertrauen insoweit, als der Steuerpflichtige sich auf die Richtigkeit der Rechtsprechung soll verlassen können und nicht mit einer Änderung der Rechtsprechung zu rechnen braucht. Besonderes Vertrauen kann der Steuerpflichtige in den Bescheid allerdings nur entwickeln, wenn er seiner Mitwirkungspflicht hinreichend nachgekommen ist. Im Falle des Bilanzierungspflichtigen erfordert die Anwendbarkeit des § 176 Abs. 1 Satz 1 Nr. 3 AO damit zwingend die subjektiv richtige Bilanzierung. Entspricht nämlich ein Bilanzansatz „der zur Zeit der Bilanzaufstellung vorliegenden höchstrichterlichen Rechtsprechung“[134], so ist er subjektiv richtig.[135] Deutet sich aber die Änderung der Rechtsprechung schon bei Abgabe der Steuerklärung samt Bilanz an, so kann der Steuerpflichtige kein Vertrauen mehr in den Fortbestand der Rechtsprechung entwickeln.[136] Damit ist auch das durch § 176 Abs. 1 Satz 1 Nr. 3 AO geschützte besondere Vertrauen in den Bestand des Bescheides erschüttert. Die subjektive Richtigkeit ist mithin gleich der Änderung der Rechtsprechung selbst Voraussetzung des § 176 Abs. 1 Satz 1 Nr. 3 AO.

Indessen geht § 176 Abs. 1 Satz 1 Nr. 3 AO in seinen ungeschriebenen Voraussetzungen sogar weiter. Ein Steuerpflichtiger kann nämlich sogar dann kein Vertrauen in den Bestand der bisherigen Rechtslage entwickeln, wenn sich die Rechtsprechungsänderung bei Erlass des Bescheides andeutet.[137] Dies ist auch insoweit klar, als der Steuerpflichtige vor Erlass des Bescheides kein Vertrauen in denselben entwickeln kann.

---

133 *Woerner/Grube*[8], S. 146 f.

134 FG Köln v. 21. 3. 2007, Az. 13 K 4358/06, FR 2007, S. 747 (747).

135 So auch BFH v. 12. 11. 1992, Az. IV R 59/91, BStBl II 1993, S. 392 (392).

136 *Loose* in *Tipke/Kruse* § 176 AO Rn 16; *Frotscher* in *Schwarz* § 176 AO Rn 14; ähnliche Grundsätze gelten auch bei dem Erlass rückwirkender Gesetze, siehe BVerfG v. 10. 3. 1971, Az. 2 BvL 3/68, BVerfGE 30, S. 272 (286); BVerfG v. 16. 10. 1957, Az. 1 BvL 13/56, 46/56, BVerfGE 7, S. 129 (151 ff.); a. A.: *v. Groll* in *HHSp* § 176 AO Rn 118, 194: Dass der Steuerpflichtige im konkreten Fall mit einer Änderung rechnen musste ist unerheblich. Nach § 176 AO wird die Schutzwürdigkeit des Steuerpflichtigen unwiderleglich vermutet, wenn der Tatbestand erfüllt ist.

137 *Loose* in *Tipke/Kruse* § 176 AO Rn 16; *Frotscher* in *Schwarz* § 176 AO Rn 14.

Der subjektive Fehlerbegriff wird nicht von § 176 Abs. 1 AO gedeckt. Nicht schon wegen subjektiv richtiger Bilanzierung in Bezug auf eine später geänderte Rechtsprechung kommt dem Steuerpflichtigen Bestandsschutz nach § 176 AO zu. Ob und inwieweit die übrigen Voraussetzungen des § 176 Abs. 1 Satz 1 Nr. 3 AO bei subjektiv richtiger Bilanzierung regelmäßig vorliegen, ist nicht entscheidend. Würde man dem bilanzierenden Steuerpflichtigen Bestandsschutz wegen seiner subjektiv richtigen Bilanzierung zugestehen, liefe § 176 Abs. 1 AO leer.[138]

Ein Bestandsschutz im Sinne des subjektiven Fehlerbegriffs könnte sich aber auch hier aus dem Grundsatz von Treu und Glauben ergeben. Grundsätzlich gilt nämlich auch neben den Regelungen des § 176 AO der Grundsatz von Treu und Glauben.[139]

Entscheidender Unterschied zwischen dem Grundsatz von Treu und Glauben und dem Grundsatz der subjektiven Richtigkeit ist aber wiederum der Zeitpunkt, in dem die Kenntnisse vorliegen oder – richtiger – nicht vorliegen dürfen. Während der subjektive Fehlerbegriff auf die Aufstellung der Bilanz abstellt, kann eine Vertrauensbildung nur ab Erlass des Bescheides erfolgen. Damit ist aber auch in Bezug auf geänderte Rechtsprechung eine Ableitung des subjektiven Fehlerbegriffs aus dem Grundsatz von Treu und Glauben unmöglich.

Allerdings wird man vielleicht den Grundsatz venire contra factum proprium als besondere Ausprägung des Grundsatzes von Treu und Glauben[140] anwenden müssen. Obgleich also der Steuerpflichtige in den Bestand der bisherigen Rechtsprechung nicht mehr wird vertrauen können, weil sich die Rechtsprechungsänderung abzeichnet, kann der Umstand, dass die Finanzbehörde dennoch der vom Steuerpflichtigen vertretenen Rechtsauffassung folgt, vertrauensbegründend sein. Die Finanzverwaltung wird – dem Steuerpflichtigen gleich –

138 *Wuttke* FR 1993, S. 459 (462); *Ortmann-Babel/Bolik* DStR 2006, S. 1139 (1141 in Fn 22); *Prinz/Schulz* DStR 2007, S. 776 (779).

139 *Loose* in *Tipke/Kruse* § 176 AO Rn 4 m.w.N.

140 *Kreibich*, S. 159; *Waldhoff* DStJG 27, S. 129 (154).

Kenntnis von der Rechtsprechungsänderung haben. Wendet sie dennoch die alte Rechtsprechung an, so kann das den Eindruck vermitteln, als sei dies eine bewusste Entscheidung gegen die zu erwartende neue Rechtsprechung. Eine solche Entscheidung würde aber dann ein späteres gegenläufiges Handeln verbieten. Indessen ist die Rechtslage ungewiss, solange sich die Rechtsprechungsänderung lediglich abzeichnet und nicht schon manifestiert hat. Dem Grundsatz der Gesetzmäßigkeit der Verwaltung folgend, muss das Finanzamt der bisherigen höchstrichterlichen Rechtsprechung folgen. Aus einer derartigen abwartenden Haltung eine bewusste Entscheidung gegen die künftige Rechtsprechung ableiten zu wollen, ist verfehlt. Die Änderung eines Bescheides wegen geänderter Rechtsprechung ist damit kein venire contra factum proprium.

In Anbetracht der detailliert normierten Tatbestände des § 176 AO bedürfte es eines gravierenden Grundes, Bilanzierungspflichtige anders zu behandeln als die übrigen Steuerpflichtigen. Ein solcher Grund ist aber nicht gegeben. Deshalb ist die Änderung eines Bescheides, dessen Rechtswidrigkeit nach geänderter höchstrichterlicher Rechtsprechung offenbar wird, nicht schon deshalb ausgeschlossen, weil der Steuerpflichtige subjektiv richtig bilanziert hat.

Im Verfahrensrecht gibt es keinen Grundsatz, der es der Finanzverwaltung verbietet, nach Aufstellung der Bilanz ergehende Urteile zu berücksichtigen. Die subjektive Richtigkeit der Bilanz ist nicht entscheidend.

c) Rechtsirrtum bei erstmaliger Rechtsprechung

Eine andere Konstellation ist die erstmalige höchstrichterliche Rechtsprechung. Der BFH statuiert in seinen Urteilen zum subjektiven Fehlerbegriff neuerdings[141], dass vor Ergehen einer höchstrichterlichen Rechtsprechung eine jede

141 Die früheren Urteilen des BFH enthielten derartige Formulierungen: „Daß die frühere Bilanzierung im Hinblick auf die bisherige Rechtsprechung zumindest subjektiv richtig gewesen sein mag, hindert nicht. Durch Änderung der Rechtsprechung kann ein Buchansatz fehlerhaft werden ..." BFH v. 29. 10. 1991, Az. VI R 51/84, BStBl II 1992, S. 512 (516).

vertretbare Auslegung des Gesetzes als subjektiv richtig zu werten ist.[142] Dies hat nach Auffassung des BFH zur Folge, dass eine Bilanzberichtigung ausscheidet. Verfahrensrechtlich stellt sich aber dennoch die Frage, ob diese neuen Rechtserkenntnisse zu berücksichtigen sind.

Durch das erstmalige Urteil des BFH wird die zum Zeitpunkt der Steuerentstehung geltende Rechtslage aufgezeigt. Gleich einer Rechtsprechungsänderung muss auch dieses erstmalige Urteil bei Erlass des Bescheides berücksichtigt werden. Auch hier wäre die Außerachtlassung besserer Rechtskenntnis contra legem. Der subjektive Fehlerbegriff kann hier keine Anwendung finden.[143]

Ist der Bescheid allerdings schon erlassen, stellt sich abermals die Frage nach dem Bestandsschutz. Verfahrensrechtlich kann nämlich ein Änderungstatbestand verwirklicht sein, der die Berücksichtigung der erstmaligen Rechtsprechung ermöglicht.

Anders als bei der Änderung der höchstrichterlichen Rechtsprechung ist bei erstmaliger Rechtsprechung keine gesetzliche Grundlage für Bestandsschutz gegeben. § 176 Abs. 1 Satz 1 Nr. 3 AO gilt nicht.[144] In Ermangelung einer bisherigen Rechtsprechung kann keine Rechtsprechungsänderung i. S. d. § 176 Abs. 1 Satz 1 Nr. 3 AO erfolgen.

Der Grundsatz von Treu und Glauben findet als allgemeines Rechtsprinzip auch hier Anwendung.[145] Dieser Grundsatz erfährt aber in Bezug auf erstmalige Rechtsprechung eines obersten Bundesgerichts eine besondere Ausprägung. Erkennt die Verwaltung nach Erlass des Bescheides wegen ergangener höchstrichterlicher Rechtsprechung, dass die dem Bescheid zugrunde gelegte Auffassung

142 Grundlegend: BFH v. 5. 4. 2006, Az. I R 46/04, BStBl II 2006, S. 688 (691); Zuletzt BFH v. 23. 1. 2008, Az. I R 40/07, DStR 2008, S. 1180 und BFH v. 05. 06. 2007, Az. I R 47/06, BStBl II 2007, S. 818 (818).

143 Anders aber wohl neuerdings der BFH in seinem Urteil v. 05. 06. 2007, Az. I R 47/06, BStBl II 2007, S. 818 (820).

144 BFH v. 8. 12. 1998, Az. IX R 49/95, BStBl II 1999, S. 468 (468); *Loose* in *Tipke/Kruse* § 176 AO Rn 16.

145 *V. Groll* in *HHSp* Vor §§ 172 – 177 AO Rn 93 ff.

rechtsirrig ist, so kann sie den Bescheid nicht ändern.[146] In der fehlerhaften Rechtsanwendung liegt das Fehlverhalten der Verwaltung begründet. Diese hatte nämlich bei der Veranlagung die Pflicht, die Steuer rechtmäßig festzusetzen, insbesondere, die richtige Rechtsanwendung sicherzustellen.[147] Hierbei kommt es nicht darauf an, ob auch der Steuerpflichtige diese Auffassung rechtsirrig in seiner Erklärung vertreten hat.[148] Damit gewährt der Grundsatz von Treu und Glauben für die erstmalige höchstrichterliche Rechtsprechung nach Erlass des Bescheides den gleichen Bestandsschutz wie der subjektive Fehlerbegriff.

Auch bei der erstmaligen höchstrichterlichen Rechtsprechung ist Bestandsschutz in hinreichendem Maße gewährt. Für einen Grundsatz der subjektiven Richtigkeit besteht kein Bedarf.

d) Ergebnis

Es ist festzuhalten, dass dem Steuerpflichtigen in Bezug auf den erlassenen und wirksam gewordenen Bescheid hinreichend Bestandsschutz zugedacht wird. Das abgeschlossene System der Bestandskraft und ihrer Durchbrechung verbietet sogar eine weitergehende Gewährung von Bestandsschutz. Die Gewährung weiteren Bestandsschutzes läge in der Hand des Gesetzgebers.[149] Nur durch allgemeine Rechtsprinzipien, wie den Grundsatz von Treu und Glauben, werden die geschriebenen Änderungsnormen begrenzt, nicht aber durch einen ohnehin nur für bilanzierende Steuerpflichtige geltenden Grundsatz der subjektiven

146 So wohl auch OFD München/Nürnberg v. 1. 4. 2005, Az. OFD-M: S 2176 – 54 St 41/42, OFD-N: S 2176 – 155/St 31, BB 2005, S. 1049; Finanzministerium Schleswig-Holstein v. 8. 9. 2005, Az. VI 304-S 2141-009, ESt-Kartei SH § 4 Abs 2 EStG Karte 2.1, die zwar auf die Bilanzberichtigung abzielen, aber wegen ihres Verständnisses vom Zusammenwirken des materiellen und formellen Rechts auch die Änderung der Bescheide meinen. Insoweit auch BFH v. 5. 4. 2006, Az. I R 46/04, BStBl II 2006, S. 688 (691), wobei hier nicht der Bestandsschutz des Steuerpflichtigen im Vordergrund stand. Dieser wollte nämlich die Bilanz berichtigen und damit die Änderung des Bescheides herbeiführen.

147 *Hartmann* in *Beermann/Gosch* § 85 AO Rn 15.

148 *V. Wedelstädt* DB 1981, S. 2574 (2575).

149 *Waldhoff* DStJG 27, S. 129 (150).

Richtigkeit. Damit ist es richtig, „die allgemeinen – nicht nur für bilanzierende Steuerpflichtige, sondern für alle Steuerpflichtige – geltenden Verfahrensregeln der Abgabenordnung in Bezug zu nehmen, wenn es um Bestandsschutz zu Gunsten des Steuerpflichtigen und zu Gunsten der Finanzverwaltung geht“[150].

3. Ergebnis

Im Steuerverfahrensrecht ist damit – gleich wie im Steuerbilanzrecht – kein Bestandsschutz im Sinne des subjektiven Fehlerbegriffs gegeben.

III. Ergebnis

Im Steuerrecht stellt sich das Bild anders als im Handelsrecht dar. In Ermangelung einer steuerbilanzrechtlichen Berichtigungspflicht bedarf es auch keines Bestandsschutzes. Die im Steuerverfahrensrecht bestehenden Berichtigungspflichten nach § 153 Abs. 1 Satz 1 Nr. 1 AO bestehen trotz subjektiv richtiger Bilanzierung fort. Auch in Bezug auf den Bescheid gewährt der Grundsatz der subjektiven Richtigkeit keinen Bestandsschutz. Vielmehr ist es recht und billig, den Steuerpflichtigen – unabhängig von der Einkunftsermittlungsart – auf das Bestandsschutzsystem der Abgabenordnung, namentlich der §§ 172 ff. AO zu verweisen.[151]

C) Ausschluss des Berichtigungsrechts

Nachdem die Auswirkungen der subjektiven Bilanzrichtigkeit auf die steuerrechtlichen Berichtigungspflichten dargelegt wurden, ist nun zu klären, ob die Berichtigungsrechte des Steuerpflichtigen durch den Grundsatz der subjektiven Richtigkeit beeinflusst werden. Es stellt sich also die Frage, ob es tatsächlich einen subjektiven Fehlerbegriff gibt.

150 *Schön* DStR 2007, Beihefter Heft 39, S. 20 (23).

151 *Schön* DStR 2007, Beihefter Heft 39, S. 20 (23).

I. Steuerbilanzrecht

Rechtsgrundlage der Bilanzberichtigung im Steuerbilanzrecht ist § 4 Abs. 2 Satz 1 EStG. Hier stellt sich also die Frage, ob das in § 4 Abs. 2 Satz 1 EStG eingeräumte Recht auf Bilanzberichtigung eingeschränkt ist, wenn die Bilanz subjektiv richtig ist, also bei Aufstellung dem Kenntnisstande eines sorgfältigen Kaufmannes entsprach.

Auch hier soll wieder differenziert werden zwischen der späten Erkenntnis von Tatsachen, der geänderten höchstrichterlichen Rechtsprechung und der erstmaligen höchstrichterlichen Rechtsprechung.

1. Tatsachenirrtum

Zunächst sollen wieder die Tatsachenirrtümer in den Mittelpunkt gestellt werden. Es gilt also zu klären, ob das Recht zur Bilanzberichtigung eingeschränkt ist, wenn nachträglich Tatsachen bekannt werden, die die Bilanz objektiv unrichtig erscheinen lassen.

Der Wortlaut des § 4 Abs. 2 EStG lässt eine derartige Einschränkung des Berichtigungsrechts nicht vermuten. Systematische Überlegungen könnten aber Anlass dazu geben, eine derartige Einschränkung für geboten zu halten. So wird gemeinhin postuliert, dass die Bilanzberichtigungen durch die Änderungen der Steuerbescheide der betroffenen Jahre nachzuvollziehen sind.[152] Ein Einfluss auf das Berichtigungsrecht könnte daher aus dem Verfahrensrecht zu erwarten sein. Es stellt sich daher die Frage, ob das Verfahrensrecht tatsächlich in das materielle Recht hinein wirken kann und welcher dieser beiden Kategorien § 4 Abs. 2 EStG überhaupt zuzurechnen ist.

Da § 4 Abs. 2 EStG dem Steuerpflichtigen dem Wortlaut nach die Möglichkeit eröffnet, eine Handlung vorzunehmen, könnte man die Auffassung vertreten, § 4 Abs. 2 EStG sei ein Norm des formellen Rechts. Diesen Schluss kann und muss man dann auch auf das gesamte Bilanzrecht erweitern. Durch das Bilanzrecht werden dem Steuerpflichtigen Handlungsmöglichkeiten in Form von Wahlrechten eingeräumt, aber auch Handlungspflichten – zunächst diejenige, überhaupt Bilanzen zu erstellen – auferlegt.

152 *Stapperfend* in *HHR* § 4 EStG Rn 414.

Betrachtet man aber die Stellung der Bilanz im System der Einkommensteuer, so wird bald klar, dass eine derartige Einschätzung verfehlt ist. Unumstritten eine Norm des materiellen Rechts ist § 2 Abs. 2 Nr. 1 EStG.[153] Der Gewinn wird hierdurch zum Steuerobjekt, also einer der materiellen Voraussetzungen einer Steuer.[154] Wie der Gewinn zu ermitteln ist, ergibt sich für die entsprechenden Einkunftsarten aus § 4 EStG. Unterliegt ein Steuerpflichtiger der Pflicht zur Bilanzierung oder bilanziert er freiwillig, so ist der in § 2 Abs. 2 Nr. 1 EStG angesprochene Gewinn der Bilanzgewinn.[155] Darf der Bilanzierende aber die Bilanz ändern, so verändert er nicht die Durchsetzbarkeit des Rechts, sondern den Inhalt des Recht selbst. Dass die Bilanzierungsregeln materielles Recht sind, zeigt sich schon an den Wahlrechten, die dem Bilanzierenden eingeräumt werden. Erst durch Ausübung der Wahlrechte kann überhaupt der Gewinn festgestellt werden und ein Besteuerungsrecht entstehen. Alle Normen des Bilanzrechts sind damit materielles Recht.

Während aber das materielle Steuerrecht – und damit das Bilanzrecht einschließlich des § 4 Abs. 2 EStG – der Frage nachgeht, was die richtige Besteuerungsgrundlage ist, geht es im formellen Recht darum, das materiell bestehende Steuerverhältnis zu konkretisieren, die Durchsetzbarkeit eines Steueranspruchs zu gewährleisten und im Anschluss daran Rechtssicherheit zu garantieren.[156]

Voraussetzung des Steuerrechtsverhälnisses[157] ist die Verwirklichung eines Steuertatbestandes.[158] Normen, die das Steuerschuldverhältnis regeln, können aber nicht auf die Tatbestandsverwirklichung einwirken. Gerade an Bestandskraft und Festsetzungsverjahrung zeigt sich, dass die formellen Regeln keinen Einfluss auf die materiellen Voraussetzungen haben können. So ist es doch gerade Aufgabe der beiden genannten Institute, den Widerstreit zwischen Rechtsrichtigkeit und Rechtssicherheit zu entscheiden. Spätestens mit Ablauf der Fest-

153 Zum Begriff des steuerlichen Tatbestandes: *Kruse* in *Tipke/Kruse* § 38 AO Rn 6; *Hensel*[3], S. 58 f.

154 *Herzig/Nitzschke* DB 2007, S. 304 (306).

155 *Zugmaier* in *HHR* § 2 EStG Rn 527; *Herzig/Nitzschke* DB 2007, S. 304 (306).

156 *Lang* in *Tipke/Lang*[19] § 2 Rn 17.

157 Siehe § 37 AO.

158 *Kruse* in *Tipke/Kruse* § 38 AO Rn 6; *Hensel*[3], S. 56 f.

setzungsverjährung[159] gibt der Staat seinen über die festgesetzte Steuer möglicherweise materiell bestehenden Besteuerungsanspruch auf[160] und gewährt so Rechtssicherheit.[161] Mit Eintritt der Festsetzungsverjährung gemäß § 169 AO wird der Steueranspruch gehemmt.[162] Gemäß § 47 AO – der aber eine Norm des materiellen Rechts ist[163] – erlischt sodann der Steueranspruch. Es bedarf also zwingend der materiell-rechtlichen Norm des § 47 AO, um das materiell bestehende Rechtsverhältnis an das Verfahrensrecht anzupassen. Gleichermaßen ist die Berichtigung der Bilanz beschränkt, soweit die Bilanz einer Veranlagung zugrunde liegt, die nicht mehr geändert werden kann. Die häufig geäußerte Forderung[164] nach einer derartigen Beschränkung wurde durch das Jahressteuergestz 2007[165] in den zweiten Halbsatz des § 4 Abs. 2 Satz 1 EStG übernommen. Nur durch diese materiell-rechtliche Regelung des § 4 Abs. 2 Satz 1 Hs. 2 EStG kann das formelle Recht in das materielle Recht einwirken. Diese Norm würde aber auch die Berichtigung eines Bilanzierungsfehlers ausschließen, wenn eine Bescheidänderung wegen der subjektiven Richtigkeit der Bilanz ausgeschlossen ist.

De lege lata ist damit das Hineinwirken eines im Verfahrensrecht möglicherweise gegebenen subjektiven Fehlerbegriffs in das Bilanzrecht möglich. Ob eine solche Beschränkung der Änderungsmöglichkeit wegen der subjektiven Richtigkeit der Bilanz aber gegeben ist, wird später erörtert werden.[166]

---

159 § 169 AO.

160 *Ruban* in *HHSp* Vor § 169 AO Rn 3 f.

161 So schon RFH v. 28. 5. 1938, GrS D 4/38, RStBl 1938, S. 595; BFH v. 31. 1. 1989, Az. VII R 77/86, BStBl II 1989, S. 442 (442).

162 *Kruse* in *Tipke/Kruse* § 169 AO Rn 34.

163 *Kruse* in *Tipke/Kruse* § 169 AO Rn 34.

164 Grundlegend RFH v. 15. 2. 1939, VI 841/842/38, RStBl 1939, S. 393 (393) u. BFH v. 1. 12. 1950; Az. IV 302/50 S, BStBl III 1951, S. 10 (11); seither ständige Rechtsprechung, vgl. die zahlreichen Nachweise bei *Stapperfend* in *HHR* § 4 EStG Rn 419. Auch die Finanzverwaltung fordert die Änderbarkeit der Veranlagung: R 4.4 EStR/H 4.4 EStH. Gleichermaßen die Literatur: *Schoor* DStZ 2007, S. 274 (276); *Sikorski/Zbanyszek* NWB Fach 17, S. 1683 (1683); a. A. aber z. B.: *Ortmann-Babel/Bolik* DStR 2006, S. 1139 (1140).

165 JStG 2007 v. 13. 12. 2006, BGBl I 2006, S. 2878 (2880).

166 Siehe unten S. 138.

Bei der systematischen Einordnung des § 4 Abs. 2 Satz 1 EStG ist auch an Art. 3 GG zu denken. Man könnte es für gleichheitswidrig halten, die Höhe der Besteuerung in die Hand des Steuerpflichtigen zu legen. Er selbst kann nämlich wegen seines Berichtigungsrechts entscheiden, ob er positive Auswirkungen geltend macht und negative Auswirkungen unberücksichtigt lässt. Indessen führt die Berichtigung selbst keine Ungleichbehandlung herbei. Vielmehr wird durch die Berichtigung die gesetzmäßige Besteuerung erst ermöglicht. Durch die Bilanzberichtigung wird also Rechtsrichtigkeit hergestellt, während dem einzelnen Steuerpflichtigen Rechtssicherheit gewährt wird. Das Berichtigungsrecht aufgrund des Hinweises auf Art. 3 GG auszuschließen, verbietet sich mithin.

Ein Ausschluss des Berichtigungsrecht könnte sich damit systematisch aus der möglicherweise durch den Grundsatz der subjektiven Richtigkeit begründeten Beschränkung der Änderungsmöglichkeiten des Verfahrensrechts ergeben. Im Übrigen gebietet die Systematik des § 4 Abs. 2 Satz 1 EStG keine Beschränkung des Berichtigungsrechts.

Auch aus der historischen Auslegung des § 4 Abs. 2 Satz 1 EStG kann keine Beschränkung des Berichtigungsrechts abgeleitet werden. Eingeführt wurden die Vorschriften über Bilanzberichtigung und Bilanzänderung mit § 5 Abs. 2 EStG 1934.[167] Vor Erlass des Gesetzes hielt der RFH eine Bilanzänderung solange für zulässig, als im Veranlagungs- oder Rechtsmittelverfahren noch neue Tatsachen vorgebracht werden durften.[168] Der insoweit sehr weitreichenden Möglichkeit einer Bilanzänderung im engeren Sinne sollte ein Riegel vorgeschoben werden. „Die Erledigung der Veranlagungs- und Rechtsmittelverfahren [wurde zu][169] häufig stark verzögert."[170] Die Bilanzänderung im engeren Sinne durfte nur noch mit Zustimmung des Finanzamtes erfolgen. Die Bilanzberichtigung indessen blieb wie bisher zulässig.[171] 1938 wurden die Regelungen zu Bilanzänderung und Bilanzberichtigung in § 4 EStG 1938 verschoben. Sie sollten nicht nur für buchführungspflichtige Kaufleute gelten, sondern auch für

167 RGBl I 1934, S. 1005 (1007).

168 St. Rsp. Grundlegend: RFH v. 17. 4. 1929, Az. VI A 879/27, RStBl 1929, S. 455.

169 Einfügung durch den Verfasser.

170 Begründung zu § 5 Abs. 2 EStG 1934, RStBl 1935, S. 33 (37 f.).

171 Begründung zu § 5 Abs. 2 EStG 1934, RStBl 1935, S. 33 (37 f.).

all jene bilanzierenden Steuerpflichtigen, die nicht unter § 5 EStG fielen.[172] Eine weitere Änderung erfuhr § 4 Abs. 2 EStG dann 1965[173]. Das Zustimmungserfordernis für Bilanzänderungen wurde durch den nunmehr notwendigen engen zeitlichen Zusammenhang mit einer Bilanzberichtigung ersetzt. Sowohl die Einführung des § 5 Abs. 2 EStG 1934, seine Verschiebung in § 4 Abs. 2 EStG im Jahre 1938 als auch die Änderungen 1965 ändern nichts an der Rechtslage bezüglich der Bilanzberichtigung. Vielmehr wurde die Norm mit deklaratorischem Charakter eingeführt, um die Bilanzberichtigung von der Bilanzänderung abzugrenzen. Die Beschränkungen sollen nur für die Bilanzänderung gelten. Die Bilanzberichtigung bleibt mithin im bisherigen Rahmen zulässig.[174] Die historische Entwicklung des § 4 Abs. 2 Satz 1 EStG lässt damit auch keinen Schluss auf den Grundsatz der subjektiven Richtigkeit zu. Aus der Differenzierung zwischen Bilanzberichtigung auf der einen Seite und Bilanzänderung auf der anderen Seite lässt sich sogar eher das Gegenteil entnehmen. Das Bestreben nach einer materiell richtigen Bilanz ist dem Gesetzgeber so wichtig, dass die im Sinne der Rechtssicherheit eingeführte Beschränkung der Bilanzänderungsmöglichkeit ausdrücklich nicht für die Berichtigung gelten soll. Es erscheint auch völlig widersinnig, eine fahrlässige oder gar vorsätzliche Falschbilanzierung zu fordern, um dem Steuerpflichtigen das Recht zur Berichtigung einzuräumen. Auch die letzte Änderung des § 4 Abs. 2 EStG durch das Jahressteuergesetz 2007[175] lässt keinen Schluss auf einen im Steuerbilanzrecht verankerten subjektiven Fehlerbegriff zu. Zwar kann diese Regelung einen möglicherweise im Verfahrensrecht geltenden subjektiven Fehlerbegriff in das Steuerbilanzrecht inkorporieren, doch ist dies nicht der Grund für ihre Einführung gewesen. Der Hintergrund dieser Regelung ist vielmehr der lange Streit über die Frage des richtigen Bilanzzusammenhangs. Diesen Streit hat der Gesetzgeber völlig unsystematisch[176] zu Gunsten der formellen Theorie entschieden. Die historische Auslegung führt damit nicht zu der Annahme, dass die Möglichkeit der Bilanzberichtigung auf

172 So die Begründung zu § 4 Abs. 2 EStG 1938, RStBl 1938, S. 97 (100).

173 FGO v. 6. 10. 1965, BStBl I 1965, 564 (593).

174 Zu den Beschränkungen die gemeinhin angenommen werden, siehe schon *Kaemmel*[3], § 5 EStG Anm. 9.

175 JStG 2007 v. 13. 12. 2006, BGBl I 2006, S. 2878 (2880).

176 Zur Kritik am formellen Bilanzzusammenhang siehe beispielhaft den „Grünen Brief Nr. 237" des Institutes für Finanzen und Steuern.

subjektiv falsche Werte beschränkt ist.

Die schon im Rahmen der historischen Auslegung angeführten Gründe für die Einführung der Norm lassen ebenfalls keine gesetzgeberische Absicht erkennen, im Steuerbilanzrecht einen Grundsatz der subjektiven Richtigkeit zu verankern.

Damit ist klar, dass das dem Steuerpflichtigen gemäß § 4 Abs. 2 Satz 1 EStG zustehende Recht, neue Tatsachenerkenntnisse im Wege der Bilanzberichtigung zu berücksichtigen, nur insoweit wegen der subjektiven Richtigkeit eingeschränkt ist, als das Steuerverfahrensrecht dies vorschreibt. Einen Grundsatz der subjektiven Richtigkeit gibt es im Steuerbilanzrecht nicht.

2. Rechtsirrtum bei geänderter Rechtsprechung

Die in Übereinstimmung mit der bisherigen Rechtsprechung gewählte Bilanzierung entsprach subjektiv der geltenden Rechtslage. Ändert sich aber die Auslegung einer Norm, so stellt sich die Frage, ob diese neue Auslegung im Wege der Bilanzberichtigung berücksichtigt werden kann. Immerhin muss die bisherige Rechtsauffassung als objektiv falsch bewertet werden.

Entsprechend der Lehre der subjektiven Richtigkeit wird die Möglichkeit der Bilanzberichtigung von der Judikatur[177] ausgeschlossen. Allerdings stellt sich die Lage bei geänderter höchstrichterlicher Rechtsprechung genau so dar wie bei Tatsachenirrtümern. So sind aus Wortlaut, Systematik und Historie des § 4 Abs. 2 Satz 1 EStG keine der subjektiven Richtigkeit entsprechenden Beschränkungen zu entnehmen. Insoweit kann nach oben verwiesen werden.[178] Gerade aber in diesen Fällen sprechen noch weitere Überlegungen gegen den subjektiven Fehlerbegriff.

Nimmt man das erste neue Judikat – also die Änderung der Rechtsprechung selbst – in den Blick, so ist offenbar, dass der Grundsatz der subjektiven Richtigkeit jedenfalls hier nicht greifen kann. Andernfalls wäre es dem Steuerpflichtigen verwehrt, seine nun als objektiv falsch erkannte Bilanz dem Urteil anzu-

177 BFH v. 12. 11. 1992, Az. IV R 59/91, BStBl II 1993, S. 392; FG Köln v. 20. 9. 2007, Az. 13 K 3156/05, EFG 2008, S. 285 (286).

178 Siehe unten S. 138.

passen, weil ihm die Berichtigung aufgrund der subjektiven Richtigkeit verwehrt ist. Zwar wurde in der vorliegenden Arbeit abgelehnt, dass aus dem ergangenen, rechtskräftigen Urteil eine Pflicht zur Bilanzberichtigung resultiert; das Recht auszuschließen wäre aber gleichermaßen verfehlt. Zumindest also in diesem Fall kann der Grundsatz der subjektiven Richtigkeit das Recht zur Berichtigung nicht ausschließen.[179]

Warum aber sollte man dann einen derartigen Ausschluss für die übrigen Steuerpflichtigen annehmen? Immerhin, der entschiedene Streit war wegen des laufenden Verfahrens noch nicht in Bestandskraft erwachsen. Eine Beschränkung des subjektiven Fehlerbegriffs nur auf bestandskräftige Verfahren wird aber nicht vertreten und ist insoweit auch nicht zielführend. Denn die geänderte Rechtsprechung kann ergehen, bevor ein Bescheid erlassen ist oder Bestandskraft erlangt hat. Allen betroffenen Bilanzierungspflichtigen würde man zumuten, trotz schon erfolgter Klärung einer materiellen Rechtsfrage den Rechtsweg zu beschreiten, um eine Einzelfallentscheidung und damit die Berechtigung zur Bilanzberichtigung herbeizuführen. Sogar dieser Weg wäre möglicherweise in Ermangelung einer Beschwer verwehrt, weil in dem Bescheid – anders als in der ihm zugrunde liegenden Bilanz – die Rechtsprechungsänderung zu berücksichtigen wäre.[180]

Will man aber die Berichtigungsmöglichkeit nur jenen streitbaren Steuerpflichtigen gewähren, die entgegen der bisherigen höchstrichterlichen Rechtsprechung bilanzieren und dann auch ihre Auffassung gerichtlich durchsetzen, so wird gerade die zur Begründung des Grundsatzes von der subjektiven Richtigkeit herangezogene Prozessökonomie sowie der Rechtsfrieden[181] eingeschränkt. Mehren sich zum Beispiel die Stimmen in der Literatur, die einen Rechtsprechungswandel herbeisehnen, so werden die Steuerpflichtigen und ihre steuerlichen Berater einen solchen Wandel wittern. Damit könnte eine Unzahl von Verfahren auf die Finanzgerichte und infolge auf den BFH zukommen. Sogar wenn sich keine Rechtsprechungsänderung abzeichnet, würden die Steuerpflichtigen der derzeit herrschenden Auffassung zuwider bilanzieren, um sich

179 Siehe insoweit auch *Wuttke* FR 1993, S. 459 (462).

180 *Isensee*, S. 180; *Herzig/Nitzschke* DB 2007, S. 304 (307).

181 Beispielhaft *Herzig/Nitzschke* DB 2007, S. 304 (306).

die Möglichkeit einer späteren Berichtigung offenzuhalten.[182] Die Finanzverwaltung könnte also kaum eine der eingereichten Bilanzen tatsächlich der Veranlagung zugrunde legen. Hierunter leidet in eklatanter Weise die Verfahrensökonomie. Das Massenverfahren der steuerrechtlichen Veranlagung könnte hierüber zum Erliegen kommen.

Es stellt sich ohnehin die Frage, wie zu verfahren ist, wenn verschiedene Bundesgerichte oder aber unterschiedliche Senate eines Bundesgerichts zu einer Rechtsfrage widerläufige Auffassungen vertreten. Muss der Steuerpflichtige die günstige BGH-Rechtsprechung anwenden, um später, wenn sich der BFH dem BGH anschließt, eine Berichtigung durchführen zu dürfen? Ist dann überhaupt Raum für eine Bilanzberichtigung? Ist nicht vielmehr der bisherige Bilanzansatz, obgleich in der Veranlagung unberücksichtigt, der objektiv richtige?[183] Oder muss, weil man die Anpassung der Steuerbilanz an die der Veranlagung zugrunde liegenden Werte für geboten hält, die sich später als objektiv richtig herausstellende Bilanz in eine nur subjektiv richtige ‚berichtigt' werden, was dann allerdings später die Berichtigung hin zu einer objektiv richtigen Bilanz ausschließt? Dies alles sind Fragen, die Vertreter des subjektiven Fehlerbegriffs nicht geklärt haben. Sie sind auch keiner Beantwortung zuzuführen.

Auch könnte das Finanzamt keine Änderung der Gerichtsauffassung herbeiführen. Ist eine Rechtsfrage zu Gunsten des Steuerpflichtigen einmal höchstrichterlich geklärt, wären alle darauf gestützten Bilanzansätze subjektiv richtig. Eine richterliche Überprüfung der materiellen Richtigkeit eines solchen Bi-

182 So zum Beispiel der Vorschlag *Strahls* KÖSDI 2007, S. 15700 (15709), der allerdings meint, die Buchung einen „symbolischen Betrages" wäre hinreichend, um die eigene Rechtsauffassung zu dokumentieren.

183 So hat der BFH es für zulässig gehalten einen bei Aufstellung der Bilanz subjektiv fehlerhaften Bilanzansatz beizubehalten, wenn er sich nachträglich als objektiv richtig erweist, BFH v. 3.7. 1962, BStBl III 1962, S. 388 (388).

lanzansatzes ist dann aber zur Klärung des Verfahrens nicht vonnöten.[184] Nur im Rahmen eines obiter dictums könnte dann die Rechtsprechung geändert werden.

Eine eigenartige Konsequenz ergäbe sich auch im Hinblick auf die Wechselwirkungen zwischen Verfahrens- und Bilanzrecht. Ergeht eine neue Rechtsprechung, die die Steuerlast mindert, so ist eine Änderung des Bescheides nicht ausgeschlossen. § 176 Abs. 1 Satz 1 Nr. 3 AO ist nur auf dem Steuerpflichtigen nachteilige Änderungen beschränkt. Während aber der Bescheid zu Gunsten des Steuerpflichtigen geändert wird, muss die Bilanz erhalten bleiben, wenn man den subjektiven Fehlerbegriff auch auf Rechtsirrtümer anwenden will. Die objektiv falsche Bilanz hätte dann eine höhere Bestandskraft als der auf ihr beruhende Bescheid.[185]

Mithin gibt es keinen Grund, das gemäß § 4 Abs. 2 Satz 1 EStG gewährte Recht auf Bilanzberichtigung wegen subjektiver Richtigkeit einzuschränken, wenn der Bilanzierungspflichtige aufgrund ständiger Rechtsprechung die Rechtslage verkennt und daher objektiv fehlerhaft bilanziert.

3. Rechtsirrtum bei erstmaliger Rechtsprechung

Nicht vergleichbar mit einer Rechtsprechungsänderung ist der Fall erstmaliger höchstrichterlicher Rechtsprechung. Für derart gelagerte Fälle hat der BFH judiziert, dass eine jede der kaufmännischen Sorgfalt entsprechende Bilanzierung richtig sei.[186] Einer Bilanzberichtigung sind solche Ansätze auch dann nicht zu-

---

184 So auch *Wuttke* FR 1993, S. 459 (462). Eine ähnliche Situation ergibt sich in Bezug auf die Rückwirkung eines Urteils. Versagt man dem Urteil die Rückwirkung, so z. B. Tipke, Steuerrecht 9. A. 1983, S. 47 f. m.w.N., so wäre die schon vormals entschiedene Rechtsfrage nicht entscheidungserheblich. Nur im Rahmen von obiter dicta könnte sich die Änderung der Rechtsauffassung ergeben, BFH v. 25. 6. 1984, Az. GrS 4/82, BStBl II 1984, S. 751 (757).

185 *Herzig/Nitzschke* DB 2007, S. 304 (307); *Tetzlaff/Schallock* StBp 2007, S. 148 (150).

186 FG Köln v. 21. 3. 2007, Az. 13 K 4358/06, FR 2007, S. 747 (747); so auch FG Köln v. 20. 9. 2007, Az. 13 K 3156/05, EFG 2008, S. 285 (286); BFH v. 5. 4. 2006, Az. I R 46/04, BStBl II 2006, S. 688 (691).

gänglich, wenn sich durch spätere erstmalige Rechtsprechung ihre objektive Unrichtigkeit erweist.[187]

In diesem Sinne haben denn auch die Oberfinanzdirektionen München und Nürnberg[188] eine Regelung zur zeitlichen Anwendung erstmaliger höchstrichterlicher Rechtsprechung im Wege der Verwaltungsanweisung gefasst. Hiernach kann die erstmalige höchstrichterliche Rechtsprechung frühestens in der ersten nach Verkündung der Entscheidung aufzustellenden Bilanz Berücksichtigung finden. Zwingend ist eine erstmalige Entscheidung des BFH erst in der ersten nach Veröffentlichung der Entscheidung im Bundessteuerblatt zu erstellenden Bilanz zu berücksichtigen.

Zweifelhaft erscheint diese Verwaltungsanweisung in zweierlei Hinsicht. Zum einen kann der Eindruck entstehen, dass vor Ergehen der erstmaligen höchstrichterlichen Entscheidung die nun als richtig erkannte Auffassung nicht vertreten werden darf. Einem solchen Irrtum kann man aber nicht erliegen, betrachtet man die insoweit eindeutige Rechtsprechung des BFH. Deutlich hat der BFH nämlich formuliert, dass eine jede der kaufmännischen Sorgfalt entsprechende Bilanzierung zulässig sei.[189] Damit kann diese Regelung nur die Berücksichtigung der Entscheidung im Wege der Bilanzberichtigung meinen. Ist aber eine Bilanzberichtigung möglich, wenn eine Bilanz nach Ergehen der Entscheidung diese Entscheidung nicht berücksichtigt, so bedeutet dies eine Einschränkung der subjektiven Richtigkeit. Obwohl der Steuerpflichtige bei Aufstellung der Bilanz von der höchstrichterlichen Entscheidung keine Kenntnis hatte, also subjektiv richtig bilanziert hat, darf er die Bilanz berichtigen. Die Entscheidung des BFH prägt also geltendes Recht. Wird aber gegen geltendes Recht verstoßen, darf berichtigt werden, auch wenn die gewählte Bilanzierung subjektiv richtig war. Dies unterstreicht das für Änderungen der höchstrichterlichen Rechtsprechung gefundene Ergebnis. Dort allerdings verkennt die Finanzverwaltung aber, dass es sich bei der Änderung der Rechtsprechung nicht um eine

187 BFH v. 5. 4. 2006, Az. I R 46/04, BStBl II 2006, S. 688 (691).

188 OFD München, OFD Nürnberg, v. 1. 4. 2005, Az. S 2176 – 54 St 41/42, S 2176 – 155/St31, BB S. 1049.

189 BFH v. 5. 4. 2006, Az. I R 46/04, BStBl II 2006, 688 (688).

Änderung der Rechtslage handelt[190] und verwehrt dem Steuerpflichtigen mit Hinweis auf die subjektive Richtigkeit die Berichtigung.

Zum anderen beschränkt sich diese Verwaltungsanweisung auf die Rechtsprechung des BFH. Indessen teilt sich der BFH gerade im Bilanzrecht die Auslegungskompetenz mit dem BGH.[191] Die dem Handelsrecht entlehnten Grundsätze ordnungsmäßiger Buchführung können auch in einem Zivilverfahren vor den ordentlichen Gerichten infrage stehen. Eine authentische Auslegung kann damit auch einem Judikat des BGH zu entnehmen sein.

Man wird sich aber in Bezug auf erstmalige höchstrichterliche Rechtsprechung fragen müssen, ob und inwieweit sie eine Veränderung der Rechtslage darstellen oder lediglich das bestehende Recht einer richtigen Auslegung zuführen. Geht es um die Auslegung geltenden Rechts, muss hier wiederum gelten: Wer dem geltenden Recht zuwider bilanziert, darf die Bilanz berichtigen. Dies gilt unabhängig davon, ob er den Fehler erkennen konnte. Auf eine subjektive Richtigkeit kommt es also insoweit nicht an. Geht es aber um die Prägung neuen Rechts, insbesondere der Grundsätze ordnungsmäßiger Buchführung, so stellt dies eine Veränderung des Rechtszustandes dar. Insoweit stellt sich in der Tat die Frage, ab wann dieses neue Recht gilt.

Damit dieses neu gesetzte Recht Grundlage der Entscheidung sein kann, muss es schon im streitbefangenen Veranlagungszeitraum Bestand gehabt haben. Wurde nach diesem Veranlagungszeitraum dem neu erlangten Grundsatz zuwider bilanziert, ist die Bilanz objektiv fehlerhaft. Die dem ordentlichen Kaufmann abverlangte Sorgfalt zwingt dazu, das geltende Recht zu berücksichtigen. Im Sinne einer Übergangsfrist kann zu Gunsten des Steuerpflichtigen die zwingende Geltung dieser neuen Regelungen bis auf den Tag der Veröffentlichung der Entscheidung verschoben werden. Ohnehin stehen dem Steuerpflichtigen insoweit Instrumente des Bestandsschutzes zur Seite. Zum Nachteil des Steuerpflichtigen kann dies aber nicht gereichen. Eine Berichtigung bleibt zulässig.

Macht man hingegen den Zeitpunkt der Urteilsverkündung zum maßgeblichen, sieht man sich der Kritik ausgesetzt, dass der Zeitpunkt der Bilanzaufstel-

190 *Rose/Telkamp* BB 1977, S. 1713 (1714).

191 *Schön* in FG BGH Bd. II, S. 153 (154).

lung materiellen Gehalt bekommt, obwohl er nicht zeitlich fixiert ist.[192] Je nachdem, ob die Bilanz für einen bestimmten Veranlagungszeitraum vor oder nach dem Urteil aufgestellt wird, gelten unterschiedliche Verhaltensnormen, mithin unterschiedliche Rechtslagen. Eines Rückgriffs auf den Zeitpunkt der Aufstellung bedarf es aber nach der hier vertretenen Auffassung nicht. Die gebotene Zeitnähe der Bilanzierung bringt es mit sich, dass die Bilanzen für das Streitjahr schon aufgestellt sind, wenn das Urteil ergeht. Selbst wenn man das Urteil als Kodifikation von Verhaltensregeln begreift und das hernach vorgenommene Verhalten an diesen Regeln messen will, so wie die Oberfinanzdirektionen München und Nürnberg vorschlagen, so muss doch immerhin der ebenfalls in Bezug genommene Zeitpunkt der Urteilsveröffentlichung im Bundessteuerblatt sehr zweifelhaft erscheinen. Nicht nur, dass diesem Zeitpunkt die gesetzliche Grundlage fehlt, er ist auch willkürlich und einzig durch das Bundesministerium der Finanzen bestimmt. Darüber hinaus stünde es nach dieser Auffassung dem Steuerpflichtigen frei, wie er zwischen Urteilsverkündung und dessen Veröffentlichung im Bundessteuerblatt bilanziert.[193] Kann der Steuerpflichtige aber den Grundsätzen des Urteils folgen, so setzt dies Kenntnis von dem Urteil voraus. Dem subjektiven Fehlerbegriff indessen ist immanent, dass der Steuerpflichtige nicht nur alle Kenntnisse berücksichtigt, die ein ordentlicher Kaufmann hat, sondern auch solche, die er darüber hinausgehend hat. Allerdings erlaubt die Verwaltung es dem Steuerpflichtigen, diese positive Kenntnis zu vernachlässigen und auch noch so zu bilanzieren, als sei das Urteil nicht ergangen. Ein derartiges Wahlrecht ließe sich auch gestalterisch nutzen.[194] Das aber ist keineswegs im Sinne des Fiskus. Bezeichnend für diese Situation ist, dass im Fachschrifttum die Steuerpflichtigen und ihre Berater aufgefordert werden, „in den Steuerbilanzen (das sind die Bilanzen i. S. d. § 4 Abs. 2 EStG) für das entsprechende Rechtsproblem die Auffassung zugrunde zu legen, die im Rahmen kaufmännischer Sorgfalt zu seinen Gunsten gerade noch vertretbar ist.“[195] Andere Vertreter fordern, dass der Steuerpflichtige durch Buchung eines zumindest

---

192 *V. Beckerath* DStJG 14, S. 65 (115).

193 So die OFD Düsseldorf v. 10. 5. 2005, Az. S 2141 A – St 11 D, S 2141 – 008 – St 112 K und OFD Münster v. 10. 5. 2005, Az. S 2141 – 63 – St 12 – 33, MS, DB 2005, S. 1083.

194 *Ortmann-Babel/Bolik* DStR 2006, S. 1139 (1141); *Prinz/Schulz* DStR 2007, S. 776 (778 f.).

symbolischen Betrages seine Rechtsauffassung auch schon vor Erlass des Urteils kundtut.[196] Die Buchung des vollen Betrages soll nicht erforderlich sein. Ähnlich sieht offenbar inzwischen auch der BMF die Lage. In einem Entwurf zur Änderung der Einkommensteuerrichtlinien vom 16. Mai 2008 wird eine Bilanzberichtigung auch dann für zulässig gehalten, wenn der Steuerpflichtige entsprechend der Verwaltungsauffassung bilanziert hat, seine widerstreitende Auffassung aber „durch Zusätze oder Vermerke bei der Aufstellung der Bilanz dokumentiert hat“[197]. Wie aber stellt sich das Ganze dar, wenn der Steuerpflichtige die nun von der Rechtsprechung vertretene Rechtsauffassung für völlig abwegig hielt und möglicherweise zu Gunsten des Fiskus nicht vertreten hat?[198] Oder aber der Steuerpflichtige hat nur in Entsprechung der bisherigen Verwaltungsauffassung bilanziert, um Streitigkeiten aus dem Wege zu gehen.[199] Diese Frage sei nach *Matthias Werra* und *Jürgen Rieß* durch Auslegung der Bilanz zu entscheiden.[200] Schließt nun der Grundsatz von Treu und Glauben oder der Grundsatz der subjektiven Richtigkeit eine Berichtigung aus, wenn die Rechtsprechung die Verwaltungsauffassung für rechtsirrig erklärt? Schon diese Auswüchse, die der Verwaltungsanweisung nachfolgen, zeigen, dass der subjektive Fehlerbegriff hier nicht geeignet ist, Rechtssicherheit zu bringen.

---

195 Zuletzt *Rödder/Hageböke* UBg 2008, S. 401 (405); so auch *Werra/Rieß* DB 2007, S. 2502 (2507); *Tetzlaff/Schallock* StBp 2007, S. 148 (151) und *Schießl* StuB 2007, S. 549 (551). Sie weisen auch auf die Gefahr permanenter Auseinandersetzung hin.

196 *Strahl* KÖSDI 2007, S. 15700 (15709).

197 http://www.bundesfinanzministerium.de/nn_53848/sid_CEE801E52A02E7253029015D85D2E61F/DE/BMF__Startseite/Service/Downloads/Abt__IV/BMF__Schreiben/167__ESt_C3_84r__Entwurf,property=publicationFile.pdf.

198 So wohl im Fall des BFH-Urteils v. 5. 4. 2006, I R 46/04, BStBl II 2006, S. 688. Die von der Finanzverwaltung vertretene Auffassung, eine Rückstellungsbildung sei unzulässig, war zum Zeitpunkt der Bilanzaufstellung noch unumstritten.

199 So die bisherige Praxis: *Vliegen* Stbg 2007, S. 111 (115). Dies schon wegen der Gefahr in den Verdacht der Steuerverkürzung zu kommen, wenn man entgegen der erklärten Rechtsauffassung der Verwaltung bilanziert, ohne explizit darauf hinzuweisen. Zu der Hinweispflicht auf abweichende Bilanzierung siehe BGH v. 10. 11. 1999, Az. 5 StR 22/99, wistra 2000, S. 137.

200 *Werra/Rieß* DB 2007, S. 2502 (2507), zugleich empfehlen sie aber die deutliche Kundgabe des eigenen Willens.

So ist ein erstmaliges Judikat letztlich nicht anders zu behandeln, als die Änderung der bisherigen Rechtsprechung. Auch hier wird „ein Rechtszustand B, der bisher ... durch die Rechtsprechung, durch das Schrifttum und/oder durch den Bilanzierenden selbst nicht als solcher (sondern als Rechtszustand A) behandelt wurde, nunmehr zutreffend als Rechtszustand B erkannt“[201]. Im Ergebnis ist daher kein Raum für den Ausschluss des Berichtigungsrechts, wenn vor der erstmaligen höchstrichterlichen Rechtsprechung ein Bilanzansatz als subjektiv richtig erschien. Vielmehr ist eine neue Rechtsprechung „als eine zutreffende Erkenntnis der Rechtslage ... grundsätzlich auf alle noch offenen Fälle anzuwenden“[202]. Eine Rechtsgrundlage für diese zeitlich abgestufte Geltung eines neuen Urteils sucht man vergeblich.[203]

4. Ergebnis

Festzuhalten ist im Ergebnis, dass es keinen im Steuerbilanzrecht angelegten Grundsatz der subjektiven Richtigkeit gibt. Vielmehr ist eine Bilanzberichtigung möglich, soweit und solange die Änderung des korrespondierenden Bescheides durchführbar ist. Das gebietet schon der Hintergrund des § 4 Abs. 2 Satz 1 Hs. 2 EStG. Grund für dessen Einführung war nämlich der Wunsch, Divergenzen zwischen der Veranlagungsbilanz und der Eröffnungsbilanz des Folgejahres zu vermeiden. Dieser Zweck würde aber völlig verfehlt, wenn man die Berichtigung verwehren würde, obwohl der Bescheid noch geändert wird. Solange die Veranlagung noch änderbar ist, ist die Bilanzberichtigung zulässig.[204]

Gäbe es dennoch einen steuerbilanzrechtlichen Grundsatz von der subjektiven Richtigkeit, wäre der Anwendungsbereich des § 4 Abs. 2 Satz 1 EStG auf Fälle reduziert, in denen der Bilanzierungspflichtige schuldhaft gehandelt hat. Einem Steuerpflichtigen, der „absichtlich unrichtig gehandelt oder ein willkürliches und kaufmännisch nicht mehr vertretbares Verhalten an den Tag gelegt“[205]

---

201 *Rose/Telkamp* BB 1977, S. 1713 (1714).

202 FG München v. 30. 10. 1997, Az. 7 K 1974/93, EFG 1998, S. 433 (433).

203 *Prinz/Schulz* FR 2007, S. 749 (750).

204 *Prinz/Schulz* DStR 2007, S. 776 (778).

205 *Sauer* StBp 1977, S. 173 (174); RG v. 29. 11. 1935, Az. II 135/35, JW 1936, S. 919; RG v. 25. 1. 1939, Az. II 94/38, RGZ 159, S. 321 (336); RFH v. 23. 5. 1935, Az. I A 110/33, RStBl 1935, S. 1467 (1469).

hat, mehr Rechte einzuräumen als dem redlichen Bilanzierungspflichtigen, ist weder sinnvoll noch gewollt.

Vom BFH gewollt ist vielmehr ein Element des Bestandsschutzes zu Gunsten des Steuerpflichtigen.[206] Auch Stimmen in der Literatur haben sich dem angeschlossen.[207] Erstaunen muss – neben dem Fehlen jeglicher weitergehender Begründung[208] – um so mehr, dass die Fälle, in denen der BFH den Grundsatz von der subjektiven Richtigkeit heranzieht, zumeist zu Lasten des Steuerpflichtigen ausgehen.[209] Sucht der Steuerpflichtige tatsächlich einmal um Bestandsschutz nach, so wird er auf das Bestandsschutzinstrumentarium der Abgabenordnung verwiesen.[210] Der also als Bestandsschutzelement getarnte Begriff der subjektiven Richtigkeit wirkt nur gegen den Steuerpflichtigen und zu Gunsten der Finanzverwaltung.[211] Auch ist bemerkenswert, dass der Grundsatz der subjektiven Richtigkeit sich auf die Bilanz beschränkt, während die außerbilanziellen Gewinnkorrekturen, wie zum Beispiel die Hinzurechnung von verdeckten Gewinnausschüttungen[212] hiervon nicht erfasst werden.[213] „Hinsichtlich einer objektiven Fehlerberichtigung müssen erste und zweite Stufe der Gewinnermittlung [aber][214] gleich behandelt werden.“[215] Richtigkeit bleibt damit im Steuerbi-

206 Das zeigt das prägende Urteil des BFH v. 11. 10. 1960, Az. I 56/60 U, BStBl III 1961, S. 3 ganz deutlich.

207 *Prinz/Schulz* DStR 2007, S. 776 (778).

208 *Sauer* StBp 1963, S. 93 (97).

209 **Zu Lasten (4):** BFH v. 5. 6. 2007, Az. I R 47/06, BStBl II 2007, S. 818; BFH v. 5. 4. 2006, Az. I R 46/04, BStBl II 2006, S. 688; BFH v. 5. 9. 2001, Az. I R 107/00, BStBl II 2002, 134; BFH v. 11. 10. 1960, Az. I 56/60 U, BStBl III 1961, S. 3. **Zu Gunsten (3):** BFH v. 19. 1. 1984, Az. IV R 111/81, nicht veröffentlicht, Bilanz war aber subjektiv fehlerhaft; BFH v. 17. 11. 1987, Az. VIII R 348/82, BStBl II 1988, S. 430, Bilanz war aber subjektiv fehlerhaft; BFH v. 12. 11. 1992, Az. IV R 59/91, BStBl II 1993, S. 392, aber aus anderen Gründen.

210 Anders wohl neuerdings der BFH in seinem Urteil v. 5. 6. 2007, Az. I R 47/06, BStBl II 2007, S. 818 (820), der eine Bindung der Finanzverwaltung an die subjektiv richtige Bilanz andeutet.

211 *Prinz/Schulz* FR 2007, S. 749 (750).

212 Siehe hierzu *Heinicke* in *Schmidt*[27] § 4 EStG Rn 43.

213 *Prinz/Schulz* DStR 2007, S. 776 (778).

214 Einfügung vom Verfasser.

215 *Prinz/Schulz* DStR 2007, S. 776 (778).

lanzrecht eine objektive Größe, die nicht von der subjektiven Erkenntnis des Bilanzierungspflichtigen abhängt.[216] Man ist eben nicht „so leistungsfähig, wie man sich ‚fühlt'"[217].

II. Steuerverfahrensrecht

Letztlich ist nun für das Steuerverfahrensrecht zu prüfen, ob es einen Grundsatz der subjektiven Richtigkeit gibt, der die Rechte des Steuerpflichtigen beschränkt. In Betracht kommen hier mögliche Ansprüche auf Änderung des Steuerbescheides.

1. Tatsachenirrtum

Unterliegt der Steuerpflichtige einem Tatsachenirrtum, so stellt sich die Frage, ob er dennoch Anspruch darauf hat, dass diese Tatsachen berücksichtigt werden. Diese Frage ist für die unterschiedlichen Stadien des Festsetzungsverfahrens getrennt zu beantworten.

Wird nach Einreichung der Bilanz zum Finanzamt offenbar, dass der Bilanz ein Fehler innewohnt, weil der Bilanzierende steuermindernde Tatsachen nicht kannte, so kann er diese dem Finanzamt zur Kenntnis bringen. Die Finanzverwaltung muss diese neuen Erkenntnisse bei Erstellung und Erlass des Steuerbescheides berücksichtigen.[218] So wird auch in § 85 AO klargestellt, dass die „Finanzbehörden ... die Steuern nach Maßgabe der Gesetze gleichmäßig festzusetzen und zu erheben" haben. Hierbei sind sie verpflichtet, alle erlangten Kenntnisse zu berücksichtigen, insbesondere auch solche, die für den Steuerpflichtigen günstig sind, § 88 Abs. 2 AO.[219] Dies gilt unabhängig von einem Verschulden des Steuerpflichtigen und auch unabhängig davon, wie der Steuerpflichtige

216 *Sauer* StBp 1963, S. 93 (97); *Sauer* StBp 1977, S. 173 (175); *Flume* DB 1981, S. 2505 (2507); *Prinz/Schulz* FR 2007, S. 749 (750).

217 *Schön* DStR 2007, Beihefter Heft 39, S. 20 (22).

218 *Rödder/Hageböke* UBg 2008, S. 401 (401).

219 *Rödder/Hageböke* UBg 2008, S. 401 (401); *Herzig/Nitzschke* DB 2007, S. 304 (307).

seine Einkünfte ermittelt hat. Die Einführung eines subjektiven Fehlerbegriffs für die Zeit zwischen Einreichung der Bilanz und Erlass des Bescheides wäre damit schlicht contra legem.

Solange der Bescheid keine Bestandskraft erlangt hat und ein gemäß § 347 Abs. 1 Satz 1 AO eingelegter Einspruch nicht nach § 355 Abs. 1 Satz 1 AO verfristet ist, kann der Bescheid von der Finanzbehörde geändert werden. Wird ein Einspruch eingelegt, so ist die Finanzbehörde sogar verpflichtet, die Sache „in vollem Umfang erneut zu prüfen", § 367 Abs. 2 Satz 1 AO.[220] Hierbei gelten die für den Erlass des Steuerbescheides geltenden Verfahrensvorschriften fort, § 365 Abs. 1 AO.[221] In diesem „verlängerten Veranlagungsverfahren"[222] gilt also abermals die Amtsermittlungspflicht gemäß § 88 AO. Bei der Einspruchsentscheidung müssen alle (nunmehr) bekannten rechtserheblichen Tatsachen berücksichtigt werden.[223] Diesen Grundsatz einzuschränken, bedeutete zugleich eine Einschränkung der Gesetzmäßigkeit der Besteuerung. Also darf es auch insoweit keinen Grundsatz subjektiver Richtigkeit geben.

Einen Anspruch auf Berücksichtigung neuer Tatsachen im Wege der Änderung des bereits ergangenen und in Bestandskraft erwachsenen Steuerbescheides hat der Steuerpflichtige gemäß § 173 Abs. 1 Nr. 2 AO. Dies allerdings nur, soweit den Steuerpflichtigen kein grobes Verschulden an der späten Erkenntnis der Tatsachen trifft.

Dem Wortlaut des § 173 Abs. 1 Nr. 2 AO ist keine Sonderregelung für bilanzierende Steuerpflichtige zu entnehmen. Es ist keine Tatbestandsvoraussetzung des § 173 Abs. 1 Nr. 2 AO, dass der Steuerpflichtige subjektiv fehlerhaft bilanziert hat. Auch wird der Anwendungsbereich des § 173 Abs. 1 Nr. 2 AO für bilanzierende Steuerpflichtige auf Fälle der fahrlässigen Unkenntnis der Tatsachen beschränkt. Trifft den Steuerpflichtigen nämlich grobes Verschulden, grei-

---

220 *Brockmeyer* in *Klein*[9] § 367 AO Rn 3; *Rödder/Hageböke* UBg 2008, S. 401 (401); *Isensee*, S. 181.

221 *Birkenfeld* in *HHSp* § 367 AO Rn 166.

222 *Birkenfeld* in *HHSp* § 367 AO Rn 166.

223 *Rödder/Hageböke* UBg 2008, S. 401 (401).

fen die negativen Tatbestandsmerkmale des § 173 Abs. 1 Nr. 2 AO. Leidet er aber an unverschuldeter Unkenntnis, würde die subjektive Richtigkeit die Anwendung des § 173 Abs. 1 Nr. 2 AO verbieten. Die Rechte des schuldlosen Steuerpflichtigen würden damit eingeschränkt, während die des fahrlässig handelnden Bilanzierers bestehen bleiben. Schon dieser Umstand verbietet die Einführung eine Grundsatzes von der subjektiven Richtigkeit in Fällen eines Tatsachenirrtums. Darüber hinaus ist aber auch nicht ersichtlich, warum dem schuldlosen Bilanzierer die gewünschte Rechtsfolge versagt wird, während sie jedem anderen schuldlosen Steuerpflichtigen zugute kommt. Vielmehr zwingt der Grundsatz der gesetzmäßigen Besteuerung dazu, eine Bindungswirkung wegen (nur) subjektiv richtiger Bilanz zu verneinen. Dies wird explizit auch in § 85 Satz 2 AO deutlich:[224] „Insbesondere haben sie sicherzustellen, daß ... Steuervergütungen nicht zu Unrecht ... versagt werden."

Auch eine rechtsdogmatisch immerhin mögliche Anwendung[225] des Grundsatzes von Treu und Glauben auf den Fall des § 173 Abs. 1 Nr. 2 AO kann nicht helfen. Vielmehr müsste man, wenn man dies überhaupt für treuwidrig halten will, das fahrlässige Verhalten ausreichen lassen, um die Rechtsfolge des § 173 Abs. 1 Nr. 2 AO auszuschließen. Schuldloses Vorverhalten aber kann die nachträgliche Geltendmachung des Anspruch nie als treuwidrig erscheinen lassen.

Damit ist klar, dass es in keinem Stadium des Bescheides – weder vor noch nach seiner Bekanntgabe noch nach Erlangung der Bestandskraft – einen Grundsatz gibt, der das Recht des Steuerpflichtigen, nachträglich erkannte Tatsachen bei der Veranlagung zu berücksichtigen, schon deshalb beschränkt, weil er die Bilanz sorgfältig erstellt hat. Vielmehr gilt das auch durch die Verwaltung

224 *Herzig/Nitzschke* DB 2007, S. 304 (307).

225 FG Münster v. 10. 8. 2005, Az. 1 K 5419/02 E, EFG 2006, S. 7 (8) m.w.N; Adamek EFG 2006, S. 9 (9 f.); zu der Frage, ob es überhaupt eine Fallkonstellation gibt, bei deren Vorliegen der Grundsatz von Treu und Glauben die Änderungsmöglichkeit nach § 173 Abs. 1 Nr. 2 AO einschränkt, siehe *Adamek* ebenda; *v. Groll* in *HHSp* § 173 AO Rn 231, Vor §§ 172 – 177 AO Rn 94;

anerkannte Postulat[226], dass die Finanzämter keine fehlerhafte Bilanz der Besteuerung zugrunde legen dürfen.[227]

2. Rechtsirrtum bei geänderter Rechtsprechung

Auch für einen möglichen Anspruch des Steuerpflichtigen auf Anpassung des Steuerbescheides an eine geänderte Rechtsprechung ist zu prüfen, ob er durch die subjektive Richtigkeit eingeschränkt wird.

Ändert sich die höchstrichterliche Rechtsprechung vor Erlass eines Steuerbescheides, so ist die neue Rechtsprechung bei Erlass des Bescheides zu berücksichtigen.[228] Dies gilt unabhängig davon, ob der Steuerpflichtige die Besteuerungsgrundlagen subjektiv richtig erklärt hat.[229] Gerade bei Rechtsprechungsänderungen wird dies deutlich. Die rechtliche Einordnung von steuererheblichen Tatsachen steht nämlich ohnehin in der Verantwortung der Finanzverwaltung.[230] Erklärt der Steuerpflichtige also alle Tatsachen richtig, zieht aber aufgrund der früheren Rechtsprechung falsche rechtliche Schlüsse, so ist die Finanzverwaltung an diese rechtlichen Schlüsse nicht gebunden, sondern muss diese vielmehr durch ihre eigenen ersetzen. Wie hier die subjektiv richtige Bilanzierung das Finanzamt von seiner Pflicht zur gleichmäßigen Besteuerung entbinden soll, ist nicht ersichtlich. Weder der BFH noch die Vertreter des subjektiven Fehlerbegriffs liefern hierfür eine Begründung.

Solange die Einspruchsfrist währt, sind auch die rechtlichen Einschätzungen des Finanzamtes im Wege des außergerichtlichen Rechtsbehelfsverfahrens vollumfänglich überprüfbar, § 367 Abs. 2 AO.[231] Bei der Einspruchsentscheidung muss

226 EStH H 4.4 zweiter Spiegelstrich.

227 So auch z. B. *Rödder/Hageböke* UBg 2008, S. 401 (401).

228 *Rödder/Hageböke* UBg 2008, S. 401 (401); *Herzig/Nitzschke* DB 2007, S. 304 (307).

229 *Rödder/Hageböke* UBg 2008, S. 401 (401).

230 *Herzig/Nitzschke* DB 2007, S. 304 (307).

231 Siehe insoweit die Ausführungen zur Änderung wegen Tatsachenirrtums oben S. 139.

also auch die geänderte Rechtsprechung berücksichtigt werden.[232] Wirkt die Rechtsprechungsänderung zu Gunsten des Steuerpflichtigen, muss insoweit eine Abhilfeentscheidung ergehen. Das gilt wegen der vollumfänglichen Prüfungspflicht sogar dann, wenn der Steuerpflichtige den Einspruch aus anderen Gründen eingelegt hat. Eine Einschränkung dieses Rechts auf eine rechtsfehlerfreie Einspruchsentscheidung kann nicht darauf beruhen, dass der Steuerpflichtige (schuldlos) die Rechtsprechungsänderung nicht vorhergesehen hat. Die subjektive Richtigkeit der Bilanzierung hindert also die Änderung des Bescheides nicht.

Nach Ablauf der Einspruchsfrist erlangt der Bescheid Bestandskraft. Für die Änderung eines bestandskräftigen Bescheides bedarf es einer besonderen rechtlichen Grundlage. Diese Grundlagen sind in den §§ 172 – 177 AO geregelt. Eine dem § 173 Abs. 1 AO entsprechende Regelung für Rechtsirrtümer existiert allerdings nicht. Durch eine solche würde auch das gesamte System der Bestandskraft ausgehebelt. Ein jeder Fehler wäre nämlich zu korrigieren. Damit würden Rechtssicherheit und Rechtsfrieden erst mit der Festsetzungsverjährung eintreten. Das zeigt auch § 177 AO, der die Korrektur von materiellen Fehlern als so genannte passive Änderungsnorm[233] nur dann und soweit erlaubt, wie eine ohnehin durchgeführte Bescheidänderung wirkt. Da nämlich durch die Bescheidänderung – außer im Falle des § 164 Abs. 2 Satz 1 AO – keine Gesamtaufrollung erfolgt, soll durch § 177 AO die Auswirkung auf die Zahllast ausgeschlossen werden, soweit mehrere gegenläufige Fehler bestehen.

Aber auch dieser Regelung wohnt kein subjektives Element inne. Noch nicht einmal das in § 173 Abs. 1 Nr. 2 AO geforderte grobe Verschulden wird in § 177 AO verlangt. Völlig verschuldensunabhängig kann der Steuerpflichtige die aus § 177 AO resultierenden Ansprüche geltend machen.[234] Auch hier muss abgelehnt werden, dass dem völlig verschuldensfrei bilanzierenden Steuerpflichtigen dieses Recht abgesprochen wird, gerade weil er ohne Verschulden

232 *Tipke* in *Tipke/Kruse* Vor § 347 AO Rn 11, 18, § 365 AO Rn 19

233 *V. Groll* in *HHSp* Vor §§ 172 – 177 AO Rn 28.

234 BFH v. 5. 8. 1986, Az. IX R 13/81, BStBl II 1987, S. 297 (299); BFH v. 10. 4. 2003, Az. V R 26/02, BStBl II 2003, S. 785 (787); *Loose* in *Tipke/Kruse* § 177 AO Rn 3; *Szymczak* in *Koch/Scholtz*[5] § 177 AO Rn 10.

gehandelt hat. Ferner ist auch hier keine Differenzierung zwischen unterschiedlichen Einkunftsermittlungsarten vorgesehen.

Trotz des Fehlens eines gerade für Fälle des Rechtsirrtums geschaffenen Änderungstatbestandes ist durchaus denkbar, dass im gegebenen Korrektursystem der AO Änderungstatbestände einschlägig sind, wenn der Steuerpflichtige wegen Rechtsunkenntnis fehlerhaft bilanziert. So ist gemeinhin anerkannt, dass der Steuerpflichtige Tatsachen nachträglich dem Finanzamt zur Kenntnis bringen kann, wenn ihm wegen eines Rechtsirrtums die Rechtserheblichkeit der Tatsachen nicht klar war. Diese Rechtsunkenntnis begründet auch kein grobes Verschulden, was die Änderung nach § 173 Abs. 1 Satz 1 Nr. 2 AO ausschließen würde.[235] Ein grobes Verschulden kann den Steuerpflichtigen aber dann treffen, wenn er trotz Kenntnis vom anhängigen Verfahren vor dem BFH bewusst eine der bisherigen Rechtsprechung entsprechende Bilanzierung wählt.[236] Soweit aber diese Änderungsvorschrift herangezogen werden kann, um einer geänderten Rechtsprechung Rechnung zu tragen, ist kein Grundsatz der subjektiven Richtigkeit gegeben. Vielmehr ist die Änderung eines Steuerbescheides gemäß § 173 Abs. 1 Satz 1 Nr. 2 AO nur durch das grobe Verschulden des Steuerpflichtigen beschränkt.

Als Korrekturvorschrift für eine Berücksichtigung einer geänderten höchstrichterlichen Rechtsprechung kommt auch § 175 Abs. 1 Satz 1 Nr. 2 AO in Betracht. Eine Gerichtsentscheidung kann nämlich durchaus ein rückwirkendes Ereignis sein.[237] Dies gilt aber nur insoweit, als sie den steuerlich relevanten Lebenssachverhalt gestalten.[238] So wirkt die gerichtliche Feststellung der Wirksamkeit einer Anfechtung sachverhaltsgestaltend in die Vergangenheit. Wird indessen der steuerrechtliche Tatbestand durch die Gerichtsentscheidung beeinflusst, greift § 175 Abs. 1 Satz 1 Nr. 2 AO nicht.[239]

---

235 *Woerner/Grube*[8], S. 99; *Loose* in *Tipke/Kruse* § 173 AO Rn 77 Rn 77 f.; AEAO v. 6. 8. 2001, Az. IV A 4 – S 0062 – 7/01, BStBl I 2001, S. 504 (507 f.) zu § 173 AO Ziff. 5.1.1.

236 *Woerner/Grube*[8], S. 99; *Loose* in *Tipke/Kruse* § 173 AO Rn 77.

237 *Loose* in *Tipke/Kruse* § 175 AO Rn 25.

238 *Seer* in *Tipke/Lang*[19] § 21 Rn 438; *Loose* in *Tipke/Kruse* § 175 AO Rn 25.

239 St. Rsp.: BFH v. 26. 10. 1988, Az. II R 55/86, BStBl II 1989, S. 75 (75), BFH v. 9. 9. 1994, Az. III B 78/94, BStBl II 1995, S. 385 (387); weitere Nachweise bei *Loose* in *Tipke/Kruse* § 175 AO Rn 25.

Soweit also Ansprüche auf Änderung des Steuerbescheides aus den §§ 173 Abs. 1 Satz 1 Nr. 2, 177 AO bestehen, weil die Rechtsprechungsänderung gezeigt hat, dass dem ursprünglichen Bescheid eine fehlerhafte Rechtsauffassung zugrunde lag, schließt die subjektive Richtigkeit diesen Anspruch nicht aus.

Bestätigt wird dies durch den Befund, dass § 176 Abs. 1 Satz 1 Nr. 3 AO nur zu Gunsten des Steuerpflichtigen wirkt.[240] Rechtsprechungsänderung zu Gunsten des Steuerpflichtigen müssen im Rahmen der Korrekturvorschriften berücksichtigt werden.[241] Einen selbständigen Anspruch auf Bescheidänderung gewährt § 176 AO allerdings nicht.[242]

3. Rechtsirrtum bei erstmaliger Rechtsprechung

Auch für die Rechtsfehler, die infolge erstmaliger höchstrichterlicher Rechtsprechung als solche erkannt werden, könnten Ansprüche des Steuerpflichtigen auf Änderung des Steuerbescheides gegeben sein. Auch hier würde sich ein Grundsatz subjektiver Richtigkeit auswirken.

Ergeht das präjudizielle Urteil des BFH vor Erlass des Steuerbescheides, so muss es bei Erlass des Bescheides berücksichtigt werden. Eine Differnzierung zwischen Urteilen, die eine bestimmte Auslegung geschriebener Gesetze propagieren, und solchen, die eine Rechtsauffassung in den Rang eine Grundsatzes ordnungsmäßiger Buchführung erheben und damit rechtssetzend sind, ist nicht vonnöten.[243] So obliegt die Auslegung der Gesetze zum Zwecke der Veranlagung den Finanzbehörden, nicht etwa dem Steuerpflichtigen.[244] Sind damit in einer Bilanz rechtliche Würdigungen enthalten, die nicht der Rechtslage entsprechen, so darf das Finanzamt die Bilanz in dieser Form der Besteuerung nicht zugrunde legen.[245] Der Zeitpunkt der Bilanzaufstellung oder -einreichung kann für die Rechtslage nicht von entscheidender Bedeutung sein. Gleichermaßen wie

240 *Loose* in *Tipke/Kruse* § 176 AO Rn 6.

241 *Loose* in *Tipke/Kruse* § 176 AO Rn 6; *Herzig/Nitzschke* DB 2007, S. 304 (307).

242 *Loose* in *Tipke/Kruse* § 176 AO Rn 2 m.w.N.

243 Siehe insoweit oben S. 133.

244 *Wuttke* FR 1993, S. 459 (461).

245 So sogar EStH H 4.4 zweiter Spiegelstrich.

bei bilanziell unberücksichtigten Tatsachen, von denen das Finanzamt im Rahmen seiner Ermittlungspflicht erfährt, müssen auch Rechtserkenntnisse berücksichtigt werden. So steht das Finanzamt ohnehin in der Pflicht, die vom Steuerpflichtigen vorgenommenen rechtlichen Würdigungen des erklärten Sachverhalts zu überprüfen. Hierbei kann es keine Rolle spielen, ob der Steuerpflichtige seine Einkünfte bilanziell ermittelt oder nicht.

Begehrt der Steuerpflichtige durch fristgerechte Einlegung eines Einspruchs die Berücksichtigung eines erstmaligen Judikats, so muss die Finanzbehörde dem Einspruch abhelfen. Gleich der besseren Rechtskenntnis aufgrund einer geänderten Rechtsprechung ist auch ein erstmaliges höchstrichterliches Urteil bei der Einspruchsentscheidung zu berücksichtigen. Es kann nicht darauf ankommen, worauf der beiderseitige Rechtsirrtum beruht hat. Ob er also die in Bilanz und Steuerbescheid zum Ausdruck kommende Rechtsauffassung in Ermangelung bisheriger Rechtsprechung vertretbar war, ist nicht erheblich.

Auch für die Berücksichtigung einer erstmaligen höchstrichterlichen Rechtsprechung nach Ablauf der Einspruchsfrist gemäß § 355 AO kann nichts anderes gelten. Soweit die Änderungsnormen der §§ 172 – 177 AO einen Anspruch auf Änderung wegen eines Rechtsfehlers gewähren, wird dieser nicht durch die subjektive Richtigkeit der Bilanz eingeschränkt. Ob erstmaliges Urteil oder geänderte Rechtsprechung: Immer kommt in einem derartigen Urteil die richtige (oder zumindest richtigere) Rechtsauffassung zum Ausdruck. Diese muss dann im Rahmen des Korrektursystems der Abgabenordnung berücksichtigt werden.

4. Ergebnis

Im Steuerverfahrensrecht ist kein Raum für einen subjektiven Fehlerbegriff. Hier wird ein solcher auch nicht gefordert.[246] Vielmehr sind die ohnehin bestehenden Bestandsschutzmechanismen ausreichend, zu Gunsten wie auch zu Lasten des Fiskus. Der Grundsatz der subjektiven Richtigkeit scheint damit tatsäch-

246 So wohl aber erstmals der BFH in seinem Urteil v. 5. 6. 2007, Az. I R 47/06, BStBl II 2007, S. 818 (820).

lich ein unzulässiges, bilanzrechtliches Mittel zu sein, dem Steuerpflichtigen die ihm zustehende Anpassung des Bescheides an neue Erkenntnisse zu verweigern.[247] Ihm wird es verwehrt, die Bilanz als Grundlage der Veranlagung zu berichtigen. Auf der anderen Seite bleibt es aber dem Finanzamt zulässig, die Veranlagung zum Nachteil des Steuerpflichtigen anzupassen.[248] Eine derartige Auflösung des Prinzipienwiderspruchs zwischen Rechtsrichtigkeit und Rechtssicherheit ist weder gerecht, noch im Gesetz angelegt. Dem hat der BFH versucht, gerecht zu werden. So hat der I. Senat in seinem Urteil vom 5. Juni 2007[249] eine Bindung der Finanzverwaltung an die (nur subjektiv richtige) Bilanz angedeutet.[250] Solches Flickwerk kann aber nicht darüber hinwegtäuschen, dass es Aufgabe des allgemeinen Steuerrechts sein und bleiben muss, klarzustellen, wann und inwieweit neue Erkenntnisse auch nach Einreichung der Steuererklärung bei der Veranlagung zu berücksichtigen sind.[251] Der Bindung an eine objektiv falsche Bilanz stehen der Grundsatz der Gesetzmäßigkeit der Verwaltung sowie einfachgesetzlich der § 85 AO entgegen.[252] „Das Finanzamt ist ... verpflichtet, grundsätzlich alle bekannten Bilanzierungsfehler bei der Veranlagung (§§ 85, 88 AO) und in außergerichtlichen Rechtsbehelfsverfahren (§ 367 Abs. 2 AO) von Amts wegen zu korrigieren ...“[253].

III. Ergebnis

Im Steuerrecht gibt es keinen Grundsatz der subjektiven Richtigkeit. Zwar ist das Bestreben der Finanzverwaltung nach einem solchen Grundsatz zu verstehen. So gewährleistet doch die Zweischneidigkeit der Bilanz, dass sich Bilanzierungsfehler steuerwirksam in einer Folgeperiode ausgleichen. Es wird also der Arbeitsaufwand der Verwaltung minimiert. Indessen ermöglicht der Grund-

247 *Prinz/Schulz* FR 2007, S. 749 (750).

248 Anders insoweit wohl neuerdings der BFH v. 05. 06. 2007, Az. I R 47/06, BStBl II 2007, S. 818 (820).

249 BFH v. 05. 06. 2007, Az. I R 47/06, BStBl II 2007, S. 818.

250 Diese Bindung ging aber im entschiedenen Fall abermals zu Lasten des Steuerpflichtigen.

251 *Prinz/Schulz* FR 2007, S. 749 (750).

252 *Herzig/Nitzschke* DB 2007, S. 304 (307).

253 *Rödder/Hageböke* UBg 2008, S. 401 (401).

satz der subjektiven Richtigkeit, dass neue Erkenntnisse, die sich zu Gunsten des Fiskus auswirken, sofort berücksichtigt werden, solche aber, die dem Steuerpflichtigen zugute kommen würden, in Folgejahre zu verlagern. Eine derartige Verschiebung der Berücksichtigung von Sachverhalten in die eine oder die andere Periode ist nur möglich, weil die Bilanz zweischneidig ist. Allerdings wird dabei vergessen, dass sich die periodengerechte Abgrenzung durchaus auch monetär auswirken kann und damit von „kardinaler Bedeutung“[254] ist.[255] Bei Steuerpflichtigen, die keine Bilanzen erstellen, ist ein derartiges Vorgehen nicht möglich und wird mithin auch nicht versucht. Indessen ist kein Grund ersichtlich, warum der Bilanz eine höhere Bestandskraft zukommen soll, als sie dem Bescheid beigemessen wird.[256]

254 *Hüttemann* in FS *Priester*, S. 301 (303).

255 Siehe oben S. 5.

256 *Tetzlaff/Schallock* StBp 2007, S. 158 (150).

Teil 4: Fazit

Die Ausführungen haben gezeigt, dass es keinen Grundsatz subjektiver Richtigkeit gibt. Der Fehlerbegriff ist sowohl im Handelsbilanzrecht als auch im Steuerbilanz- und Steuerverfahrensrecht ein objektiver. Daher kann dem Bilanzierenden die Bilanzberichtigung nicht mit Hinweis auf die subjektive Richtigkeit seiner Bilanz verwehrt werden. Im Einzelnen hat sich folgendes ergeben:

1. Das Handelsrecht zwingt den Kaufmann grundsätzlich dazu, fehlerhafte Bilanzen zu berichtigen. Dieser Grundsatz kennt allerdings derart viele Ausnahmen, dass häufig nur noch von einem Berichtigungsrecht ausgegangen wird. Indessen zwingen die Bilanzzwecke zu einer materiell richtigen Bilanzierung. Der gegebenen Aufstellungspflicht wird nicht vollumfänglich entsprochen, wenn die Bilanz fehlerhaft ist. Eine nachträgliche Berücksichtigung neuer Erkenntnisse ist damit dem Grundsatz nach geboten.

2. Dieser Grundsatz ist allerdings wegen der berechtigten Interessen des Kaufmanns am Bestand seiner Bilanz einzuschränken. Neben dem mit der Berichtigung verbundenen Arbeitsaufwand fällt vor allem die Glaubwürdigkeit des Unternehmens ins Gewicht. Einer derartigen Einschränkung der grundsätzliche bestehenden Berichtigungspflicht stehen die Interessen der anderen Bilanzadressaten nicht entgegen. Ihnen kann auch durch einen entsprechenden Hinweis des Bilanzierungspflichtigen Rechnung getragen werden. Daher ist die handelsrechtliche Pflicht zur Bilanzberichtigung ausgeschlossen, wenn der Kaufmann subjektiv richtig bilanziert hat. Hat der Bilanzierende bei Aufstellung der Bilanz die Sorgfalt eines ordentlichen Kaufmanns an den Tag gelegt, so muss er die Bilanz nicht berichtigen. Sein Interesse am Bestand der subjektiv richtigen Bilanz überwiegt das Interesse der übrigen Bilanzadressaten an einer materiell richtigen Bilanz.

3. Die subjektive Richtigkeit der Bilanz, die den Bilanzierungspflichtigen im Handelsbilanzrecht von der Pflicht zur Bilanzberichtigung freimacht, hindert den Kaufmann nicht an der freiwilligen Berichtigung der Bilanz. Ein dem Kaufmann zustehendes Wahlrecht gefährdet in keiner Weise die übrigen Bilanzadressaten.

4. Im Steuerbilanzrecht ist keine Berichtigungspflicht gegeben. § 4 Abs. 2 Satz 1 EStG räumt dem Steuerpflichtigen das Recht ein, seine Bilanz zu berichtigen; eine Pflicht resultiert hieraus allerdings nicht. Wegen des rein fiskalischen Zwecks der Steuerbilanz ist keine Berichtigung derselben erforderlich, wenn sie schon zum Finanzamt eingereicht wurde.

   Der Bilanz anhaftende Fehler muss der Steuerpflichtige dem Finanzamt melden, wenn es aufgrund der Fehler zu einer Steuerverkürzung gekommen ist oder kommen kann, § 153 Abs. 1 Satz 1 Nr. 1 AO. Hierfür ist aber die Berichtigung der Bilanz nicht nötig. Auch eine nachfolgende Änderung des Bescheides gemäß § 173 Abs. 1 Nr. 1 AO zwingt nicht zur Berichtigung der Bilanz.

5. Die Pflicht, fehlerhafte Tatsachenerklärungen zu berichtigen, trifft den Steuerpflichtigen verschuldensunabhängig und unabhängig von seiner Einkünfteermittlungsart. Eine fehlerhafte rechtliche Einordnung muss der Steuerpflichtige nur dann richtigstellen, wenn die ihr zugrunde liegenden Tatsachen nicht vollständig und richtig erklärt wurden. Die richtige Rechtsanwendung steht hingegen in der Verantwortung der Verwaltung.

   Die Anpassung des Bescheides zu Ungunsten des Steuerpflichtigen erfolgt unabhängig von seinem Verschulden. Die subjektive Richtigkeit der Bilanz schützt den Bilanzierer nicht vor der Änderung des Bescheides.

6. Soweit dies steuerverfahrensrechtlich nachvollziehbar ist, kann der Steuerpflichtige seine Bilanz gemäß § 4 Abs. 2 Satz 1 EStG berichti-

gen. Dass er bei Aufstellung der Bilanz den geforderten Sorgfaltsmaßstab an den Tag gelegt hat, hindert ihn nicht an der Bilanzberichtigung. Ein Fehler im Sinne des § 4 Abs. 2 Satz 1 EStG liegt vor, wenn die Bilanz die tatsächlichen Verhältnisse unzutreffend widerspiegelt. Ein subjektives Element muss nicht hinzutreten, um die Bilanzberichtigung zu ermöglichen.

Gleiches gilt im Steuerverfahrensrecht. Hat der Steuerpflichtige einen Anspruch auf Berücksichtigung neuer Erkenntnisse im Wege der Bescheidänderung, ist dieser nicht wegen seiner subjektiv richtigen Bilanz ausgeschlossen. Auf die Art der Einkünfteermittlung kann es nicht ankommen.

Literaturverzeichnis

Aden, Menno: Wissenszurechnung in der Körperschaft, NJW 1999, S. 3098 – 3099.

Adler, Hans / Düring, Walther / Schmaltz, Kurt: Rechnungslegung und Prüfung der Unternehmen, 6. Auflage, Stuttgart, 1997.

Baetge, Jörg / Kirsch, Hans-Jürgen / Thiele, Stefan: Bilanzen, 9. Auflage, Düsseldorf, 2007, 8. Auflage, Düsseldorf, 2005.

Balthasar, Helmut: Die Bestandskraft handelsrechtlicher Jahresabschlüsse, Berlin, 1999.

Barz, Carl Hans: Abänderung festgestellter Jahresabschlüsse einer Aktiengesellschaft, in: Gesellschaftsrecht und Unternehmensrecht – Festschrift für Wolfgang Schilling zum 65. Geburtstag am 5. Juni, Berlin, 1973, S. 127 – 144.

Baumbach, Adolf / Hopt, Klaus: Handelsgesetzbuch – Kommentar, 33. Auflage, München, 2008.

Baumbach, Adolf / Hueck, Alfred: GmbHG – Kommentar, 18. Auflage München, 2006, 17. Auflage, München, 2000.

Beckerath, Hans-Jochem von: Bilanzberichtigung und Bilanzänderung, DstJG 14, S. 65 – 122.

Beermann, Albert / Gosch, Dietmar: Abgabenordnung, Finanzgerichtsordnung – Kommentar, 68. Aktualisierung, Bonn, 1995.

Biener, Herbert / Berneke, Wilhelm: Bilanzrichtlinien-Gesetz - Textausgabe des Bilanzrichtlinien-Gesetzes vom 19. 12. 1985 (Bundesgesetzblatt I S. 2355) mit Bericht des Rechtsausschusses des Deutschen Bundestages, Regierungsentwürfe mit Begründung, EG-Richtlinien mit Begründung, Entstehung und Erläuterungen der Gesetzes, Düsseldorf, 1986.

Biergans, Enno: Einkommensteuer - Systematische Darstellung und Kommentar, 6. Auflage, München, 1992.

Birk, Dieter: Steuerrecht, 11. Auflage, Heidelberg, 2008.

Bohnenberg, Heinrich: Handelsgesetzbuch mit Erläuterungen, Köln, 1980.

Braunbehrens, Otto von: Bilanzänderung, AG 1956, S. 28 – 32.

Budde, Dieter / Förschle, Gerhart: Ausgewählte Fragen zum Inhalt des Anhangs, DB 1988, S. 1457 – 1465.

Budde, Wolfgang Dieter / Clemm, Hermann / Pankow, Max / Sarx, Manfred: Beck'scher Bilanzkommentar, 6. Auflage, München, 2006.

Chenaux-Repond, Julius / Gimmy, Theodor: Wie liest man eine Bilanz? Einführung in das Lesen und Verstehen einer Bilanz, 33. Auflage, Stuttgart, 1971.

Cluse, Michael / Engels, Jörg: Basel II: Handbuch zur praktischen Umsetzung des neuen Bankaufsichtsrechts, Berlin, 2005.

Crezelius, Georg: Das sogenannte schwebende Geschäft im Handels-, Gesellschafts- und Steuerrecht, in: Handelsrecht und Steuerrecht – Festschrift für Georg Döllerer, Düsseldorf, 1988, S. 81 – 95.

Döllerer, Georg: Rechnungslegung nach dem neuen Aktiengesetz und ihre Auswirkungen auf das Steuerrecht, BB 1965, S. 1405 – 1417.

Doralt, Werner: Der Teilwert als Anwenungsfall des Going-Concern-Prinzips – Eine Kritik an der Teilwertkritik – , in: DStJG, S. 141 – 153.

Drüen, Klaus-Dieter: Periodengewinn und Totalgewinn, Berlin, 1999.

Ensthaler, Jürgen: Gemeinschaftskommentar zum Handelsgesetzbuch, 7. Auflage, Neuwied 2007.

Erman, Walter / Westermann, Harm Peter: Bürgerliches Gesetzbuch, Handkommentar , 12. Auflage, Köln, 2008.

Falterbaum, Hermann / Beckmann, Heinz: Buchführung und Bilanz, 14. Auflage, Achim, 1992.

Federmann, Rudolf: Bilanzierung nach Handelsrecht und Steuerrecht, 9. Auflage, Berlin, 1992.

Flume, Werner: Bilanzberichtigung und Bilanzänderung bei „subjektiv richtigen“, objektiv falschen Bilanzansätzen nach § 4 Abs. 2 EStG, DB 1981, S. 2505 – 2507.

Franzen, Klaus / Gast-de Haan, Brigitte / Joecks, Wolfgang: Steuerstrafrecht, 6. Auflage, München, 2005.

Fuisting, Bernhard: Die Grundzüge der Steuerlehre
Berlin, 1902.

Gadow, Wilhelm / Heinichen, Eduard: Aktiengesetz – Großkommentar, 3. Auflage Berlin 1973, 2. Auflage, Berlin, 1965.

Gattinger, Maximilian Kurt: Kosten – Nutzen – Überlegungen zur internen Revision, Berlin, 1991.

Geist, Reinhard: Die Pflicht zur Berichtigung nichtiger Jahresabschlüsse bei Kapitalgesellschaften, DStR 1996, S. 306 – 309.

Geßler, Ernst / Hefermehl, Wolfgang / Eckardt, Ulrich / Kropff, Bruno: Aktiengesetz – Kommentar, München, 1973.

Geßler, Ernst: Nichtigkeit und Anfechtung des GmbH-Jahresabschlusses nach dem Bilanzrichtlinien-Gesetz, in: Bilanz- und Konzernrecht – Festschrift zum 65. Geburtstag von Dr. Dr. h.c. Reinhard Goerdeler, Düsseldorf, 1987, S. 127 – 148.

Gnam, Arnulf: Handbuch der Bilanzierung, 33. Ergänzungslieferung, Freiburg, Oktober 1981.

Godin, Reinhard Frhr. Von / Wilhelmi, Hans: Aktiengesetz – Kommentar, 4. Auflage, Berlin, 1971.

Griem, Heinrich: Der Prozeß der Unternehmensentscheidung bei unvollkommener Information, Berlin, 1968.

Groh, Manfred: Aufgabe des formellen Bilanzzusammenhangs im Steuerrecht?, DB 1998, S. 1931 – 1937.

Groh, Manfred: Zur Struktur der betrieblichen Überschußrechnung, FR 1986, S. 393 – 395.

Groll, Rüdiger von: Der formelle Bilanzzussammenhang – eine unendliche Geschichte?, in: Festschrift für Heinrich Wilhelm Kruse zum 70. Geburtstag, Köln, 2001, S. 445 – 456.

Groll, Rüdiger von: Treu und Glauben im Steuerrecht, FR 1995, S. 814 – 819.

Großmann, Bernhard / Diekmann, Hans: Gemeinsame Grundlagen des europäischen Bilanzrechts, WPg 1988, S. 419 – 429.

Grunewald, Barbara: Gesellschaftsrecht; 7. Auflage, Tübingen, 2008.

Günkel, Manfred: Ausgewählte Probleme zum Bilanzsteuerrecht, StBJb 2004/2005, S. 295 – 321.

Hachenburg, Max: Gesetz betreffend die Gesellschaften mit beschränkter Haftung, 8. Auflage, Berlin, 1992.

Helmrich, Herbert: Gesetzgeberische Grundsatzentscheidungen beim Bilanzrichtlinien-Gesetz, in: Handelsrecht und Steuerrecht – Festschrift für Dr. Dr. h.c. Georg Döllerer, S. 217 – 224 Düsseldorf, 1988.

Hensel, Albert: Steuerrecht, 3. Auflage, Berlin, 1933.

Hermann, Carl / Heuer, Gerhard / Raupach, Arndt: Einkommensteuer- und Körperschaftsteuergesetz – Kommentar, 232. Ergänzungslieferung, Köln, Oktober 2008.

Herzig, Norbert / Nitzschke, Dirk: Bilanzberichtigung in den Fällen erstmaliger höchstrichterlicher Rechtsprechung, DB 2007, S. 304 – 308.

Hofbauer, Max A. / Kupsch, Peter / Albrecht, Werner / Scherrer, Gerhard: Bonner Handbuch der Rechnungslegung, 41. Ergänzungslieferung, Bonn, Juni 2008.

Hoffmann, Wolf-Dieter: Bilanzierungsfehler, Vermögensvergleich und steuerliche Verjährung, in: Festschrift für Klaus Korn, Bonn, 2005, S. 63 – 75.

Horschitz, Harald / Groß, Walter / Franck, Bernfried: Bilanzsteuerrecht und Buchführung; 11. Auflage, Stuttgart, 2007.

Horschitz, Harald / Groß, Walter / Weidner, Werner: Bilanzsteuerrecht und Buchführung, 8. Auflage, Stuttgart, 2000.

Hübschmann, Walter / Hepp, Ernst / Spitaler, Armin: Abgabenordnung / Finanzgerichtsordnung – Kommentar, 201. Ergänzungslieferung, Köln, Dezember 2008.

Hüffer, Uwe: Aktiengesetz – Kommentar, 8. Auflage, München, 2008.

Hundertmark, Dedo / Herms, Volkmar: Handelsrechtliche Zulässigkeit von Bilanzberichtigungen auf Grund von Steuerklauseln, BB 1973, S. 1051 – 1055.

Hüttemann, Rainer: Stichtagsprinzip und Wertaufhellung, In: Festschrift für Hans-Joachim Priester zum 70. Geburtstag, Köln, 2007, S. 301 – 335.

Isensee, Josef: Die typisierende Verwaltung, Gesetzesvollzug im Massenverfahren am Beispiel der typisierenden Betrachtungsweise des Steuerrechts, Berlin, 1976.

Kaiser, Thomas: Berichtigung und Änderung des handelsrechtlichen Jahresabschlusses, Herne, 2000.

Kallmeyer, Harald: GmbH-Handbuch, 126. Ergänzungslieferung, Köln, November 2008.

Kindler, Peter: Grundkurs Handels- und Gesellschaftsrecht, 3. Auflage, München, 2008.

Kirchhof, Paul / Söhn, Hartmut / Mellinghoff, Rudolf: Einkommensteuergesetz – Kommentar, 192. Ergänzungslieferung, Heidelberg, Dezember 2008.

Kirchhof, Paul: EStG Kompaktkommentar Einkommensteuergesetz, 8. Auflage, Heidelberg, 2008.

Klein, Franz: Abgabenordnung – Kommentar, 9. Auflage, München, 2006.

Knobbe-Keuk, Brigitte: Bilanz- und Unternehmenssteuerrecht, 9. Auflage, Köln, 1993.

Koch, Karl / Scholtz, Rolf-Detlev: Abgabenordnung, 5. Auflage, Köln, 1996.

Koenige, Heinrich: Handausgabe des Handelsgesetzbuchs, 3. Auflage, Mannheim, 1932.

Koschmieder, Kurt-Dieter: Bilanzberichtigung in der Kritik, FR 1997, S. 130 – 134.

Kottke, Klaus: Zum Verhältnis von Selbstanzeige und Steuererklärung-Berichtigungspflicht, DStR 1996, S. 1350 – 1353.

Kreibich, Roland: Der Grundsatz von Treu und Glauben im Steuerrecht, Heidelberg, 1992.

Krey, Volker / Hellmann, Uwe: Strafrecht Besonderer Teil – Band 2 Vermögensdelikte, 14. Auflage, Stuttgart, 2005.

Kropff, Bruno / Semler, Johannes: Münchener Kommentar zum Aktiengesetz, 2. Auflage, München, 2004.

Kropff, Bruno: Auswirkungen der Nichtigkeit eines Jahresabschlusses auf die Folgeabschlüsse, in: Rechenschaftslegung im Wandel – Festschrift für Wolfgang Dieter Budde, München, 1995, S. 341 – 360.

Kropff, Bruno: Der Lagebericht nach geltendem und künftigem Recht, BFuP 1980, S. 514 – 532.

Kübler, Friedrich / Assmann, Heinz-Dieter: Gesellschaftsrecht, 6. Auflage, Heidelberg, 2006.

Kühn, Rolf / Wedelstädt, Alexander von: Abgabenordnung und Finanzgerichtsordnung – Kommentar, 19. Auflage, Stuttgart, 2008.

Küting, Karlheinz / Weber, Claus-Peter: Handbuch der Rechnungslegung, 4. Auflage, Stuttgart, 1995.

Lackner, Karl / Kühl, Kristian: Strafgesetzbuch – Kommentar, 26. Auflage, München, 2007.

Lambert, Sascha: Die Rolle des § 264 Abs. 2 HGB - true and fair view - im deutschen Bilanzrecht, Berlin, 2005.

Leffson, Ulrich / Rückle, Dieter / Großfeld, Bernhard: Handwörterbuch unbestimmter Rechtsbegriffe im Bilanzrecht des HGB, Köln, 1986.

Leffson, Ulrich: Die beiden Generalnormen, in: Bilanz- und Konzernrecht – Festschrift zum 65. Geburtstag von Dr. Dr. h. c. Reinhard Goerdeler, S. 315 – 325.

Leffson, Ulrich: Die Grundsätze ordnungsmäßiger Buchführung, 7. Auflage, Düsseldorf, 1987.

Lohmeyer, Heinz: Das Verhältnis der Bilanzberichtigung zur Anzeigepflicht nach § 165e AO und zur Selbstanzeige nach §§ 410, 411 AO, DStR 1968, S. 274 – 275.

Lutter, Marcus: Der Streit um die Gültigkeit des Jahresabschlusses einer Aktiengesellschaft, in: Für Recht und Staat – Festschrift für Herbert Helmrich zum 60. Geburtstag, S. 685 - 707 München, 1994.

Mangoldt, Hermann von / Klein, Friedrich / Starck, Christian: Kommentar zum Grundgesetz Band 2 – Artikel 20 bis 82, 5. Auflage, München, 2005.

Michalski, Lutz: Kommentar zum Gesetz betreffend die Gesellschaften mit beschränkter Haftung, 2. Auflage, München, 2008.

Moxter, Adolf: Die handelsrechtlichen Grundsätze ordnungmäßiger Buchführung und das neue Bilanzrecht, ZGR 1980, 254 – 276.

Moxter, Adolf: Ulrich Leffson und die Bilanzrechtsprechung, WPg 1986, S. 173 – 177.

Müller, Welf: Die Äderung von Jahresabschlüssen, Möglichkeiten und Grenzen, in: Festschrift für Karlheinz Quack zum 65. Geburtstag am 3. Januar 1991, Berlin, 1991, S. 359 - 372.

Niehus, Rudolf J.: Der Anhang in nationaler und internationaler Bedeutung, in: Handlesbilanz und Steuerbilanz, Wiesbaden, 1989 S. 181 – 216.

Nolte, Karl-Heinz: Die Abänderung von Bilanzen im Ertragsteuerrecht, DB 1963, Beilage 12.

Offerhaus, Klaus: Bilanzänderung bei Organschaft mit Ergebnisabführungsvertrag, DB 1966, S. 1705 – 1708.

Ortmann-Babel, Martina / Bolik, Andreas: Rückwirkende Bilanzberichtigung zu Gunsten der Steuerpflichtigen, DStR 2007, S. 1139 – 1143.

Otto, Harro: Probleme des Kreditbetrugs, des Scheck- und Wechselmißbrauchs, Jura 1983, S. 16 – 30.

Palandt, Otto: Bürgerliches Gesetzbuch, 68. Auflage, München, 2009.

Peiffer, Hans-Hubert: Möglichkeiten und Grenzen der Prüfung von Prognosen im Geschäftsbericht (2. Teil), WPg 1974, S. 186 – 197.

Pezzer, Heinz-Jürgen: Bilanzierungsprinzipien als sachgerechte Maßstäbe der Besteuerung, DStJG 14 (1991), S. 3 – 27.

Pezzer, Heinz-Jürgen: Finanzgerichtsbarkeit im gewaltengeteilten Verfassungsstaat, DStR 2004, S. 525 – 534.

Pochmann, Heinz Gerhard: Zur Frage der Bilanzänderung bei Aktiengesellschaften, DB 1963, 1369 – 1370.

Priester, Hans-Joachim: Ausschüttungen bei Abschreibungsgesellschaften und Wiederaufleben der Kommanditistenhaftung, BB 1976, S. 1004 – 1009.

Prinz, Ulrich / Schulz, Markus: Verweigerte Bilanzberichtigung als Instrument zur Versagung „unliebsamer" Rechtsprechung?, DStR 2007, S. 776 – 779.

Prinz, Ulrich / Schulz, Markus: Zweite Chance für den BFH: Verweigerte Bilanzberichtigung wegen günstiger BFH-Rechtsprechung auf dem höchstrichterlichen Prüfstand, FR 2007, S. 749 – 750.

Prinz, Ulrich: Die handels- und steuerrechtliche Änderung von Bilanzen – Gemeinsamkeiten und Unterschiede, aktuelle Entwicklungen, in: Gesellschaftsrecht, Rechnungslegung, Steuerrecht – Festschrift für Welf Müller zum 65. Geburtstag, S. 687 – 703.

Quiel, Thorsten Alexander: Rechtsfolgen unrechtmäßiger offener Gewinnausschüttungen, Bonn, 2005.

Raupach, Arndt: Von der Maßgeblichkeit der Handelsbilanz für die steuerliche Gewinnermittlung zur Prädominanz des Steuerrechts in der Handelsbilanz, BFuP 1990, S. 515 – 526.

Reischl, Klaus: „Wissenszusammenrechnung" auch bei Personengesellschaften? JuS 1997, S. 783 – 788

Rödder, Thomas / Hagebröke, Jens: Die neuere BFH-Rechtsprechung zur Bilanzberichtigung bei unsicherer Rechtslage, UBg 2008, S. 401 – 407.

Röhricht, Volker / Westphalen, Friedrich Graf von: Handelsgesetzbuch – Kommentar, 3. Auflage, Köln, 2008.

Rose, Gerd / Telkamp, Heinz-Jürgen: Zur Berichtigung und Fortführung fehlerhafter Wertansätze aus Dauersachverhalten in Handels- und Steuerbilanz, BB 1977, S. 1713 - 1723.

Roth, Günter / Altmeppen, Holger: Gesetz betreffend die Gesellschaften mit beschränkter Haftung – Kommentar, 5. Auflage, München, 2005.

Sahner, Friedhelm / Kammers, Heinz: Der Lagebericht – Gegenwart und Zukunft, DB 1984, S. 2309 – 2316.

Sarx, Manfred: Ausgewählte Einzelprobleme der Bilanzierung, in: Handelsbilanz und Steuerbilanz, Wiesbaden, 1989, S. 127 – 144.

Sauer, Otto: Berücksichtigung neuer, nach dem Bilanzstichtag erlangter Kenntnisse in der Steuerbilanz, StBp 1963, S. 93 – 97.

Sauer, Otto: Bilanzberichtigung und Bilanzänderung, StBp 1977, S. 173 – 181.

Schedlbauer, Hans: Die Gefährdung der Bestandskraft von Jahresabschlüssen durch Bewertungsfehler, DB 1992, S. 2097 - 2103.

Schick, Walter: Steuerverfahrensrechtliche Aspekte der Bilanz, BB 1987, S. 133 – 139.

Schießl, Harald: Praxisrelevante Entwicklungen zur Bilanzberichtigung, StuB 2007, S. 549 – 551.

Schildbach, Thomas: Die neue Generalklausel für den Jahresabschluß von Kapitalgesellschaften – zur Interpretation des Paragraphen 264 Abs. 2 HGB, BFuP 1987, S. 1 – 15.

Schlegelberger, Franz: Handelsgesetzbuch, 5. Auflage, München, 1977.

Schmidt, Karsten: Der gutgläubige Empfang von Scheingewinnen und die Kapitalsicherung im Aktienrecht, im Recht der GmbH und im Kommanditgesellschaftsrecht, BB 1984, S. 1588 – 1593.

Schmidt, Karsten: Gesellschaftsrecht, 4. Auflage, Köln, 2002.

Schmidt, Karsten: Münchener Kommentar zum Handelsgesetzbuch, 2. Auflage, München, 2005.

Schmidt, Ludwig: Einkommensteurgesetz, 27. Auflage, München, 2008.

Scholz, Franz: Kommentar zum GmbH-Gesetz, 10. Auflage, Köln, 2006.

Schön, Wolfgang: Bestandskraft fehlerhafter Bilanzen - Information, Gewinnverteilung, Kapitalerhaltung, in :50 Jahre Bundesgerichtshof - Festgabe aus der Wissenschaft - Band II: Handels- und Wirtschaftsrecht, Europäisches und Internationales Recht, S. 153 - 179.

Schön, Wolfgang: Subjektive Tatbestandsmerkmale in der Einkommensermittlung, DStR 2007, Beihefter Heft 39, S. 20 – 23.

Schönke, Adolf / Schröder, Horst: Strafgesetzbuch – Kommentar, 27. Auflage, München, 2006.

Schoor, Hans Walter: Neues und Problematisches zur Bilanzberichtigung, DStZ 2007, S. 274 – 278.

Schülen, Werner: Die Aufstellung des Anhangs, WPg 1987, S. 223 – 231.

Schwab,Martin: Der Standardisierungsvertrag für das DRSC – Eine kritische Würdigung (Teil I), BB 1999, S. 731 – 738.

Schwehm, Thomas: Die Änderung von Steuerbescheiden nach Betriebsprüfungen, StBp 1996, S. 172 – 176.

Sikorski, Ralf / Zbanyszek, Hans-Peter: Ertragsteuerliche Bilanzänderung und Korrekturvorschrift der AO, NWB Fach 17, S. 1683 – 1686.

Simon, Hermann Veit: Die Bilanzen der Aktiengesellschaften und Kommanditgesellschaften auf Aktien, 4. Auflage, Berlin, 1910.

Söffing, Günter: Die Bilanzberichtigung nach § 4 Abs. 2 Satz 1 EStG, DB 1969, S. 185 – 190.

Staehle, Wolfgang: Kennzahlen und Kennzahlensysteme, Wiesbaden, 1969.

Staub, Hermann / Canaris, Claus-Wilhelm / Schilling, Wolfgang / Ulmer, Peter: Handelsgesetzbuch – Großkommentar, 4. Auflage, Berlin, 2002, 3. Auflage, Berlin, 1970.

Staudinger, Julius von: Kommentar zum Bürgerlichen Gesetzbuch mit Einführungsgesetz und Nebengesetzen Band 2 – Recht der Schuldverhältnisse, 14. Auflage, Berlin, 2006.

Strahl, Martin: Neues zur Bilanzierung und Bilanzberichtigung, KÖSDI 2007, S. 15700 – 15711.

Strahl, Martin: Rückstellungen: Rechtsprechungsentwicklungen und Konsequenzen, KÖSDI 2004, S. 14179.

Tetzlaff, Gunnar / Schallock, Alexander: Probleme bei der Bilanzberichtigung, StBp 2007, S. 148 – 151.

Thiel, Jochen / Lüdtke-Handjery, Alexander: Bilanzrecht, 5. Auflage, Heidelberg, 2005.

Thoma, Hans: Bilanzberichtigung und Bestandskraft, DStR 1988, S. 346 – 349.

Thommen, Jean-Paul / Achleitner, Ann-Kristin: Allgemeine Betriebswirtschaftslehre, 5. Auflage, Wiesbaden, 2006.

Tipke, Klaus / Kruse, Heinrich Wilhelm: Abgabenordnung und Finanzgerichtsordnung – Kommentar, 117. Ergänzungslieferung, Köln, November 2008.

Tipke, Klaus / Lang, Joachim: Steuerrecht, 19. Auflage, Köln, 2008.

Tipke, Klaus: Steuerrechtsordnung - Bd. I: Wissenschaftsorganisatorische, systematische und grundrechtlich-rechtsstaatliche Grundlagen, 2. Auflage, Köln, 2000.

Tröndle, Herbert / Fischer, Thomas: Strafgesetzbuch und Nebengesetze, Kommentar, 54. Auflage, München, 2007.

Ulmer, Peter: Gesellschafterhaftung gegenüber der GmbH bei Vorteilsgewährung unter Verstoß gegen § 30 Abs. 1 GmbHG, in: Festschrift 100 Jahre GmbH-Gesetz, Köln, 1992, S. 363 – 389.

Vliegen, Detlef: Bilanzzusammenhang, Bilanzberichtigung und Bilanzänderung, Stbg 2007, S. 111 – 118.

Wabnitz, Heinz-Bernd / Janovsky, Thomas: Handbuch des Wirtschafts- und Steuerstrafrechts, 3. Auflage, München, 2007.

Waldhoff, Christian: Vertrauensschutz im Steuerrechtsverhältnis, DStJG 27, 129 – 160.

Weber-Grellet, Heinrich: BilMoG - Wo bleibt die Reform des Bilanzsteuerrechts?, DB 2008, 2451 – 2453.

Weber-Grellet, Heinrich: Die Unterschiede handels- und steuerrechtlicher Wertaufhellung – Ein Beitrag zur weiteren Objektivierung des Steuerrechts, in: Festschrift für Wolfram Reiß, Köln, 2008, S. 483 – 493.

Weber-Grellet, Heinrich: Keine Bilanzberichtigung durch das Finanzamt, FR 2000, S. 269 – 270.

Weber-Grellet, Heinrich: Steuerbilanzrecht, 2. Auflage, München, 1996.

Wedelstädt, Alexander von: Vertrauensschutz als Voraussetzung und Beschränkung der Aufhebung und Änderung nach § 174 AO, DB 1981, S. 2574 – 2575.

Werner, Winfried: Der erste Kommentar zum neuen Aktiengesetz, AG 1967, S. 122 – 127.

Werra, Matthias / Rieß, Jürgen: Zur Bindungswirkung von Bilanzen, DB 2007, S. 2502 – 2507.

Westermann, Harm Peter: Handbuch der Personengesellschaften, 43. Ergänzungslieferung, Köln, November 2008.

Wichmann, Gerd: Die Gefährdung der Bestandskraft von Jahresabschlüssen durch wesentliche Überbewertung? - Erwiderung zu dem Beitrag von Schedlbauer DB 1992, S. 2097 ff, DB 1993, S. 340 – 341.

Wiedemann, Herbert: Rechte und Pflichten des Personengesellschafters, WM 1992, Sonderbeilage 7.

Wieland, Karl: Handelsrecht – Erster Band, München, 1921.

Winnefeld, Robert: Bilanzhandbuch, 4. Auflage, München, 2006.

Woerner, Lothar / Grube, Georg: Die Aufhebung und Änderung von Steuerverwaltugnsakten, 8. Auflage, Stuttgart, 1988.

Woerner, Lothar: Der schwebende Vertrag im Gefüge der Grundsätze ordnungsmäßiger Buchführung – Vollständigkeitsgebot, Vorsichtsprinzip, Realisationsprinzip, in: Handelsbilanz und Steuerbilanz, Wiesbaden, 1989, S. 33 – 55.

Wolff, Hans J. / Bachof, Otto / Stober, Rolf / Kluth, Winfried: Verwaltungsrecht I, 12. Auflage, München 2007.

Wuttke, Ralf: Die subjektiv richtige Bilanz, FR 1993, S. 459 – 463.

Wysocki, Klaus von / Schulze-Osterloh, Joachim / Hennrichs, Joachim / Kuhner, Christoph: Handbuch des Jahresabschlusses, 43. Ergänzungslieferung, Köln, März 2008.

Zöllner, Wolfgang: Kölner Kommentar zum Aktiengesetz, 2. Auflage, Köln, 1991, 1. Auflage, Köln, 1985.